猿谷 要 編

アメリカ大統領物語

増補新版

新書館

アメリカ大統領物語 増補新版 ● 目次

アメリカ大統領／出身地マップ 4

「まえがき」にかえて 壮大な歴史ドラマ 猿谷 要 6

初 代 1789～1797 ワシントン George WASHINGTON 猿谷 要 12

第2代 1797～1801 J・アダムズ John ADAMS 猿谷 要 18

第3代 1801～1809 ジェファソン Thomas JEFFERSON 中村安子 22

第4代 1809～1817 マディソン James MADISON 中村安子 28

第5代 1817～1825 モンロー James MONROE 中村安子 32

第6代 1825～1829 J・Q・アダムス John Quincy ADAMS 中村安子 36

第7代 1829～1837 ジャクソン Andrew JACKSON 中村安子 40

第8代 1837～1841 ヴァン・ビューレン Martin VAN BUREN 中村安子 46

第9代 1841 W・H・ハリソン William Henry HARRISON 山本茂美 50

第10代 1841～1845 タイラー John TYLER 山本茂美 52

第11代 1845～1849 ポーク James Knox POLK 山本茂美 54

第12代 1849～1850 テイラー Zachary TAYLOR 山本茂美 58

「増補新版」によせて 岩本裕子 9

第13代 1850～1853 フィルモア Millard FILLMORE 山本茂美 60

第14代 1853～1857 ピアース Franklin PIERCE 山本茂美 62

第15代 1857～1861 ブキャナン James BUCHANAN 岩本裕子 66

第16代 1861～1865 リンカン Abraham LINCOLN 岩本裕子 70

第17代 1865～1869 A・ジョンソン Andrew JOHONSON 岩本裕子 76

第18代 1869～1877 グラント Ulysses S. GRANT 岩本裕子 80

第19代 1877～1881 ヘイズ Rutherford Birchard HAYES 岩本裕子 84

第20代 1881 ガーフィールド James Abram GARFIELD 岩本裕子 86

第21代 1881～1885 アーサー Chester Alan ARTHUR 田中美子 90

第22・24代 1885～1889/1893～1897 クリーヴランド Grover CLEVELAND 田中美子 92

第23代 1889～1893 B・ハリソン Benjamin HARRISON 田中美子 96

第25代 1897〜1901 マッキンレー William McKINLEY 田中美子 98
第26代 1901〜1909 T・ローズヴェルト Theodore ROOSEVELT 田中美子 102
第27代 1909〜1913 タフト William Howard TAFT 藤田文子 110
第28代 1913〜1921 ウィルソン Thomas Woodrow WILSON 藤田文子 114
第29代 1921〜1923 ハーディング Warren Gamaliel HARDING 藤田文子 120
第30代 1923〜1929 クーリッジ Calvin COOLIDGE 藤田文子 122
第31代 1929〜1933 フーヴァー Herbert Clerk HOOVER 藤田文子 124
第32代 1933〜1945 F・D・ローズヴェルト Franklin Delano ROOSEVELT 藤田文子 128
第33代 1945〜1953 トルーマン Harry S. TRUMAN 北詰洋一 136
第34代 1953〜1961 アイゼンハワー Dwight David EISENHOWER 北詰洋一 142
第35代 1961〜1963 ケネディ John Fitzgerald KENNEDY 北詰洋一 146
第36代 1963〜1969 L・ジョンソン Lyndon Baines JOHNSON 北詰洋一 152
第37代 1969〜1974 ニクソン Richard Milhous NIXON 北詰洋一 156
第38代 1974〜1977 フォード Gerald Rudolph FORD 北詰洋一 160
第39代 1977〜1981 カーター James Earl CARTER Jr. 芝生瑞和 164
第40代 1981〜1989 レーガン Ronald Wilson REAGAN 芝生瑞和 168
第41代 1989〜1993 G・H・ブッシュ George Herbert BUSH 芝生瑞和 174
第42代 1993〜2001 クリントン William Jefferson CLINTON 芝生瑞和 178
第43代 2001〜2009 G・W・ブッシュ George Walker BUSH 岩本裕子 186
第44代 2009〜2017 オバマ Barack Hussein OBAMA II 岩本裕子 190
第45代 2017〜 トランプ Donald John TRUMP 岩本裕子 196

コラム
1◆アメリカ大統領になるには 砂田一郎 48
2◆南部同盟政府の大統領 砂田一郎 64
3◆アメリカ大統領の暗殺 砂田一郎 88
4◆副大統領物語 砂田一郎 108
5◆ファーストレディ物語 砂田一郎 134
6◆映画と大統領 岩本裕子 162
7◆続 映画と大統領 岩本裕子 184

付録 歴代アメリカ大統領データ集 211
人名索引 217

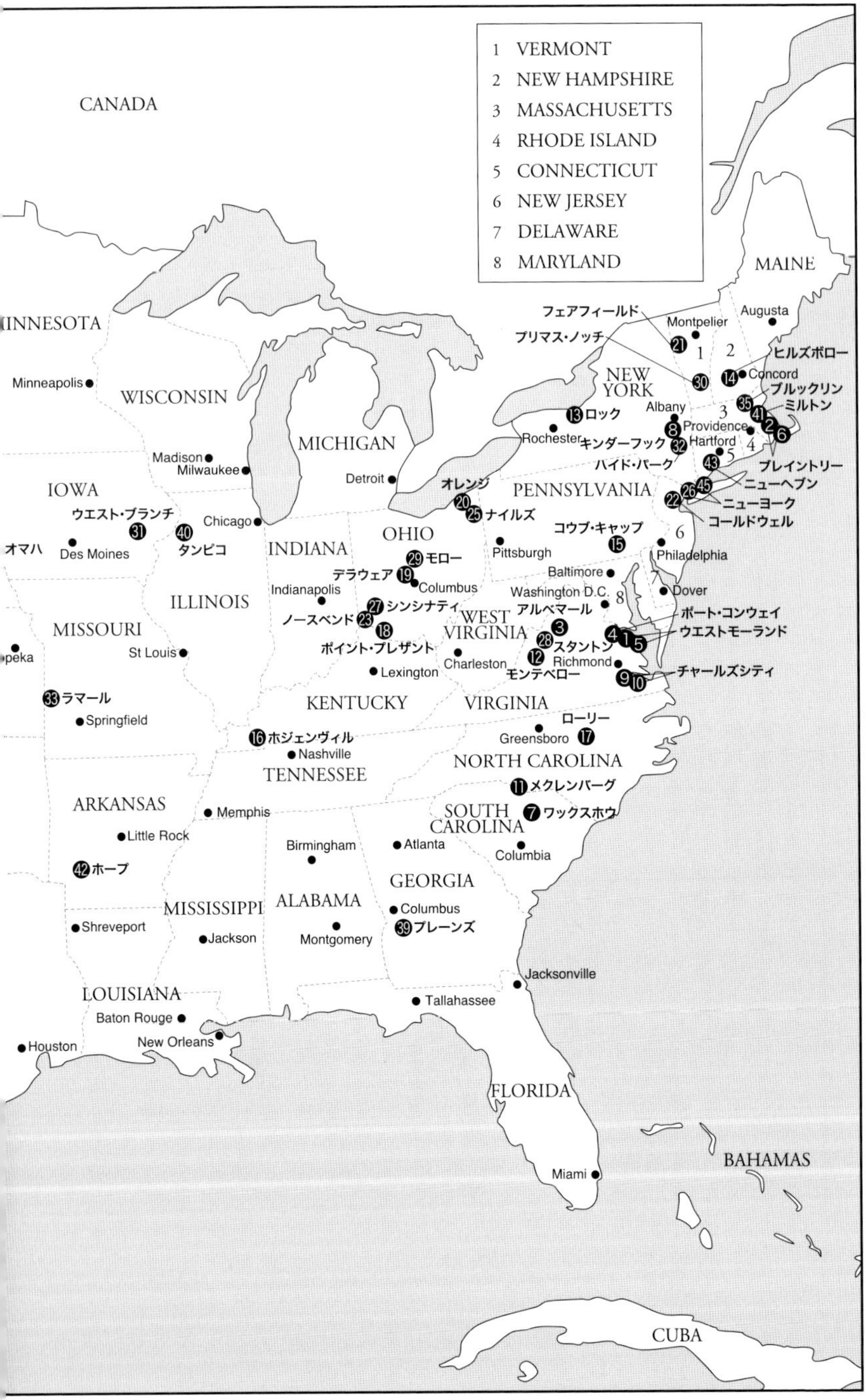

1 VERMONT
2 NEW HAMPSHIRE
3 MASSACHUSETTS
4 RHODE ISLAND
5 CONNECTICUT
6 NEW JERSEY
7 DELAWARE
8 MARYLAND
CANADA
INNESOTA
Minneapolis
WISCONSIN
Madison
Milwaukee
MICHIGAN
Detroit
IOWA
ウエスト・ブランチ
31
40
Chicago
オマハ
Des Moines
タンピコ
INDIANA
ILLINOIS
Indianapolis
MISSOURI
St Louis
peka
33 ラマール
Springfield
OHIO
29 モロー
デラウェア 19
Columbus
27 シンシナティ
ノースベンド 23
18
ポイント・プレザント
Lexington
KENTUCKY
16 ホジェンヴィル
Nashville
TENNESSEE
ARKANSAS
Memphis
Little Rock
42 ホープ
MISSISSIPPI
ALABAMA
Birmingham
Shreveport
Jackson
Montgomery
LOUISIANA
Baton Rouge
New Orleans
Houston
Atlanta
GEORGIA
Columbus
39 プレーンズ
Jacksonville
Tallahassee
FLORIDA
Miami
BAHAMAS
CUBA
MAINE
Augusta
フェアフィールド
プリマス・ノッチ
Montpelier
21
30
14
Concord
ヒルズボロー
ブルックリン
ミルトン
35
41
2
6
NEW YORK
13 ロック
Rochester
Albany
8
キンダーフック
32
Providence
Hartford
ハイド・パーク
43
ブレイントリー
ニューヘブン
ニューヨーク
コールドウェル
26
45
22
オレンジ
20
25 ナイルズ
PENNSYLVANIA
コウブ・キャップ
15
Pittsburgh
Philadelphia
Baltimore
Washington D.C.
Dover
WEST VIRGINIA
アルベマール
3
28 スタントン
12
Charleston
Richmond
モンテベロー
4
1
5
ポート・コンウェイ
ウエストモーランド
9
10
チャールズシティ
VIRGINIA
ローリー
Greensboro
17
NORTH CAROLINA
11 メクレンバーグ
SOUTH CAROLINA
7 ワックスホウ
Columbia

アメリカ大統領／出身地マップ

白抜き数字は歴代大統領を示す。（第 22、24 代大統領クリーヴランドは㉒で表記）

「まえがき」にかえて

壮大な歴史ドラマ

猿谷 要

本書はアメリカ歴代大統領の流れを追いながら、アメリカという立憲共和国の性格と、これにかかわる世界の情勢をも明らかにしようとしたものである。

二十一世紀が始まった現在、アメリカの大統領は世界最強の権力を掌握する存在となった。その一挙手一投足は、世界中の人びとの注目を浴びている。

十八世紀末に人口四百万という小国でスタートしたアメリカが、今では大西洋から太平洋にまたがる大陸国家となり、洋上にもその勢力を拡大して、人口二億数千万という大国に発展した。

とくに第二次大戦後のパックス・アメリカーナの時代から、さらにソ連邦の崩壊を経て、誰の目にも世界唯一の超大国となっている。大統領の権力がこういう国家の進展と共に強まったのはいうまでもない。

アメリカの大統領は、ヨーロッパの各国とは少し違った特色をもっている。まず国家の元首であり、行政府の長であると同時に、一朝事が起れば全軍の総司令官となる。さらに政党の党首でもあって、道徳的リーダーとしてアメリカ国民を代表する役目も果さなければならない。

大統領はいつも、アメリカ人の心の中心にいる。アメリカ人の求心力は、大統領に向かって収斂されるのだ。これほどの権力が集中しているのだから、その時々の大統領によって色合いが違ってくるのは当然であろう。

どのような個性の違いをみせながら、初代ジョージ・ワシントンから第四十三代のジョージ・W・ブッシュにまで至ったのだろうか。一人々々のキャラクターをみていくことはまさに興味津々、一国の流れをみるだけではなく、具体的に浮かび上る人間像を眺めることになるだろう。

さらに私たち日本人は、ペリー来航以来の日米関係という点でも、愛憎こもごもの歴史の背景をも知ることになるのである。

いま四十二人もの大統領をふり返ってみると、実にさまざまなタイプの人たちがいた。カリスマ性が高く、指導力が抜群だった人もいれば、平々凡々で存在があまり記憶に残らないような人もいた。つまりいつも強力なカリスマ性を求められていたのではなかったのだ。

しかし国家的な危機がくるとすぐれた大統領が現われたのは時代の要請だったのだろうが、アメリカという国にとってはどれほど幸運だったか分らない。

建国期の困難を乗り越えて新しい共和制国家の基礎を固めたジョージ・ワシントン、国論が二分して国家が分裂しかかった時、連邦を維持した上に奴隷解放という偉業をなしとげたエイブラハム・リンカン、資本主義が崩壊しかねないほどの経済大恐慌に際会し、強力なリーダーシップを発揮してその解決に挑戦した上、第二次大戦では連合国を勝利に導いたF・D・ローズヴェルト。この三人は誰もが一致して推す偉大な大統領である。

反対に国家にとって政治も経済もあまり問題がなく、繁栄が順調に続いているような時代には、指導力の乏しい凡庸な大統領が就任している。

一人々々の大統領をそう思いながら眺めていくと、これはアメリカという国家を舞台とした壮大なドラマをみていることになるのである。

ところでアメリカ人は、自分たちが選んだ大統領の業績を評価するのに熱心で、次の選挙では少しでもいい候補を選ぶために、過去の大統領の評価、より具体的にいえばランクづけに深い関心を抱いている。

こういう評価は今までくり返し行われてきたので、そのつど評価に多少の変動はあるものの、ほぼ全体的に固定しかかっているといってもいいだろう。

評価に当るものは政治学や歴史学の大学教授や研究者、それにホワイトハウス専門のジャーナリストたちで、毎回少なくとも数十名が参加して行われる。

アメリカでよくみられるＡＢＣＤＥの五段階のランクがここでも適用されている。Ａは偉大、Ｂは偉大に近い、Ｃは平均、Ｄは平均以下、Ｅは最低という規準である。このように分けていくとＣの該当者が非常に多く、そのため最近ではＣをさらに二つに分類し、Ｃの上とＣの下とするようになった。そうなると実質的には六段階に分けることになる。

本書ではこういう評価を参考にしながら、その重要度に応じてａｂｃの三ランクに分け、ページ数の割り当てを行った。実際には業績の評価だけに頼らない場合もあった。たとえばケネディ大統領は三年たらずの在任期間で評価はＣの上であるが、ａのランクとした。ニクソン大統領は評価が最低に近いが、話題性の多さのためｂランクのページ数を割り当ててある。

それぞれ気鋭の研究者に執筆をお願いしたが、お一人が年代順の大統領を数名ずつ担当しているのは、一人々々の大統領に焦点をあてながらも、読者が時代の流れを理解しやすいように配慮したからである。なお、数ヵ所に興味深い内容のコラムを配置し、巻末には大統領に関する各種の資料をデータ集の形で一覧にし、掲載した。

同類の著書がはとんど見当らない現在、この本は読者のアメリカ理解の一助としての役割を果しうるものと期待している。その上もし日本をはじめ諸外国にもこれをあてはめて、指導者のリーダーシップを考察するときの参考にして頂ければ、執筆者一同これにまさる喜びはないと思う。

終りに、こういう本にまつわる各種の資料の整理など、困難な仕事に取り組んだ新書館編集部の方々に深くお礼申し上げたい。

二〇〇一年初冬

増補新版によせて

岩本裕子《ひろこ》

初版出版から十五年、二〇一六年大統領選挙の結果が「増補新版」出版の契機となった。初版で執筆された先輩方が、逝去、退職と現役引退なさったため、当時若輩の筆者がこの欄を預かることになった。

二〇〇一年の「まえがき」で猿谷要先生は「大統領はいつも、アメリカ人の心の中心にいる」と言われ「国家的な危機がくると優れた大統領が現れたのは時代の要請だったのだろう」と書いていらした。今回猿谷先生がご存命なら、どのような「増補新版によせて」を書かれただろう。二〇一六年選挙の結果について、新大統領が果たしてアメリカ人の心の中心にいられるのか、現在国家的危機ではないのかなど、猿谷先生のご意見を伺うことはできない。二〇一一年一月三日に逝去された猿谷先生は「三月十一日」を目撃なさることもなく、天国から日本の大惨事を眺め、心をつぶされたことだろう。

巻末の「歴代アメリカ大統領データ集」は、二〇一七年に発表されたばかりの最新評価に基づいて作成された。初版では二〇〇〇年情報を反映し、その後〇九年に調査、さらに今回の調査となった。二月の第三月曜日は「大統領の日」という連邦祝日で、この日に合わせて発表されたのだろう。ワシントン大統領とリンカン大統領は、共に二月生まれで、二人の大統領の誕生日を記念した連邦祝日である。

歴史家たちの総合評価で、リンカン、ワシントン、FDR、セオドア・ローズヴェルトの定番四人は上位を譲らない。新版で増補したオバマは十二位でBランクと善戦、二〇〇〇年に対象外だったブッシュ（息子）は、〇九年には三十六位、今回少し挽回して三十三位、いずれにせよDランクである。

増補された本書が、読者に「壮大な歴史ドラマ」を届けられることを念じて、大統領の日に。　合掌。

［凡例］

○本書は、初代のジョージ・ワシントンから四十三代のジョージ・W・ブッシュまで、歴代のアメリカ大統領について、編者自身を含む九人が「解説」と「コラム」を担当したものである。

※増補新版刊行にあたり、四十三代ジョージ・W・ブッシュを改稿し、四十四代オバマ、四十五代トランプをあらたに加えた。

○大統領は就任順に配列した。

○大統領名はカタカナのファミリーネームで表記し、ファーストネーム、所属政党、任期、欧文名と生没年を併記した。

○各大統領はページ数によって重要度をａｂｃの三ランクに分けている。ａランク（六ページ）は十一人で、ワシントン、ジェファソン、ジャクソン、リンカン、セオドア・ローズヴェルト、ウィルソン、フランクリン・D・ローズヴェルト、トルーマン、ケネディ、レーガン、クリントンである。ｂランク（四ページ）は十八人、ｃランク（二ページ）は十三人となっている。

※あらたに加えたオバマ、トランプは評価、話題性などを考慮し六ページ項目とした。なおこのランクは明記しなかった。個々人で確かめてほしい。

○さまざまな視点でアメリカ大統領を捉えるために、大統領をめぐるエピソードを紹介する「コラム」を七本収めた。

○付録の「歴代大統領データ集」は大統領のパーソナルデータを一覧にしたものである。最新の大統領リーダーシップ・ランキングを併記した。

○巻末の索引も原則としてファミリーネームの五十音順に配列した。ファーストレディおよび大統領の家族の場合に限り、大統領のファミリーネームの下に配列してある。

アメリカ大統領物語

増補新版

初代

ワシントン ジョージ

任期一七八九年四月～九七年三月

George WASHINGTON:1732.2.22–99.12.14

測量技師からの出発

一七三二年二月二十二日、ヴァジニア植民地ウェストモーランド郡に生まれた。この年はイギリス領北米植民地で最後のジョージアが建設を認められ、十三植民地が出揃った年である。

富裕なプランター（農園主）の十人の子のうちの五人目だった。当時の教育制度はまったく不備だったので、正式の教育をほとんど受けていない。

一七四〇年の北米イギリス植民地の人口は推定九十万、そのうち彼の生まれた南部のヴァジニアが最大の十八万、次いで北部のマサチューセッツが十五万、結局この二つの植民地がやがて起こる独立革命の主役を果たすことになる。ワシントンはそういう環境のなかで育ったのである。

一七四九年には正式の土地測量技師となって働いた。一七五二年には大尉の地位でヴァジニア民兵軍の副官に任命される。若い頃から人望が高かったことを示している。

それまで北米のイギリス植民地とフランス植民地はくり返し戦争をしてきたが、一七五四年に最後の植民地戦争となった「フランス人とインディアン」を相手にする戦争が始まった。

ワシントンはヴァジニア総督の命を受けてル・ブーフ要塞に出かけ、フランス軍の撤退を求めたが効果はなかった。ワシントンは再度オハイオ河畔に作られたフランスのデュケーヌ要塞に派遣されたが、これを契機に両軍で戦闘が開始された。

勝敗はすぐに決せず、戦争が長びいたので、ワシントンは五八年にヴァジニア防衛軍の司令官を辞任し、翌五九年にはマーサ・カスティスと結婚する。

サインと未完の肖像（1796年）。G・スチュアート画、ボストン図書館蔵。

独立革命戦争のなかで

この年ワシントン二十六歳、マーサは一歳年長の二十七歳、マーサには死別した夫との間に四人の子供があった。そのうち二人の子は早く世を去っていたので、マーサは二人の子供を連れてワシントンと再婚したのである。

しかしマーサは莫大な財産を持っていた。広大な農園の所有者で二百人あまりの黒人奴隷も持っていたので、この結婚によってワシントンは植民地有数の資産家となり、ポトマック川に面したマウント・ヴァーノンの農場経営に専念した。

イギリス植民地はフランス植民地を打ち破ったあと、本国イギリスから独立しようという気運が高まり、七〇年代に入るとその動きは一層激しさを増した。ワシントンはこの間ヴァジニア植民地議会の議員をつとめ、七四年に行われた各植民地代表による第一回大陸会議にはヴァジニア代表として参加した。

「デラウェア川を渡るワシントン」トレントンに立てこもる、英軍の傭兵であるドイツ人兵に夜間奇襲をかけた、1776年のクリスマスのワシントンの勇姿を描いた絵（1851年）。E・ロイツェ画、メトロポリタン美術館蔵。星条旗は当時存在していない。

すでにイギリス駐屯軍との間に戦闘が始まっていた七五年の第二回大陸会議で、ワシントンは将軍として全植民地軍の司令官に選ばれた。寄せ集めの軍隊を率いて、彼は当時最強のイギリス軍を相手にしなければならなかったのである。

ニューヨークのマンハッタン北部には、彼の名をつけた地名が多い。ジョージ・ワシントン・ブリッジを始め、ワシントン・ハイツとかフォート・ワシントン・パークなど、彼の足跡を示すものばかりである。

彼のもとに集まったのは一万数千人、それまでバラバラだった植民地としてはよく集まったものだが、大船団で殺到したイギリス兵はドイツ人の傭兵を含めて三万人あまり、彼はニューヨークを守りきれないと分かるや、兵力の温存を図って北方へ撤退する。こういうところが、将軍として大局をにらんだ戦略というべきだろうか。

戦局は勝ったり負けたりで長びいたが、それでもなお彼に対する評価が高いのは、敗北が続いて他の将軍ならば部下が四散してしまいそうな状況になっても、彼が部下を掌握して戦い続けるだけの人望を保っていたからである。

フランス軍の応援で戦局が好転し、イギリス軍は一七八一年に降伏する。しかし十三の植民地がそれまで別々に発展してきたのだから、独立を宣言した（一七七六年七月四日、大陸会議が公布）とはいっても、この国がこれからどんな道をたどるのか、実は誰にも分からなかったのである。いま独立して連合の形をとることになったが、十三の植民地はやがて分裂したり崩壊したりするかもしれなかった。その前に強力なリーダーが軍事的な独裁政治をとることも、大いにありえたかもしれない。

事実、具体的な動きが一部からもう始まっていた。独立戦争の最中にワシントン司令官の部下として戦ったルイス・ニコラ大佐は、かねてからワシントンに心酔していた。この人以外に、新しい国のリーダーはいないと信じ、ワシントンに手紙を出して、この国のキングとなるように進言したのである。

するとワシントンは、一七八二年五月二十二日付の返事を書いて、その部下を叱責した。「確かにあなたがのべたように、軍隊のなかにそういう考えがあったことほど、私を苦しめることは戦争の間にもありませんでした――」以下言葉を強めて、彼は部下の提言を退けたのだった。

アメリカの独立が革命である理由は、自由と平等を実現させる共和制の国家を世界にさきがけて樹立したことにある。ワシントンはその最も重要な精神を身につけていたのだ。

その後彼はマーサの待つマウント・ヴァーノンの農園に帰った。しかし彼の名声を慕って来客が多く、まるでホテルのようだとこぼしたという。その農園生活も長くは続かなかった。八七年にフィラデルフィアで行われた憲法制定会議では議長をつとめ、その憲法に従って九二年十二月五日、満場一致で大統領に選ばれたからである。

初代の大統領とは

当時は一般投票が行われず、直接選挙人団の投票で決められた。前例がなく、すべて自分の言動が今後のアメリカで先例になるというのは、考えてみれば恐ろしい事態だったが、ワシントンは大過なくこの難局に対処したといっていいだろう。

選挙で選ばれた副大統領はジョン・アダムズだった。大統領が任命したのは独立宣言書の原文を起草したトマス・ジェファソンを国務長官に、若くて才能豊かなアレクサンダー・ハミルトンを財務長官に、という人事だった。この二人を中心に計五人の閣僚が決められたが、おそらく当時としては最強の人材を集めたといえる。

一七八九年四月三十日、就任式は臨時の首都に定められたニューヨークのフェデラル・ホールでとり行われた。群衆は歓喜してこの就任式を迎えたが、そのあとワシントン夫妻には冷厳な事実が待っていた。住居はとくに与えられず、年俸二万五千ドルで衣食住から外交上の仕事までまかなうことになったのだ。

彼が就任式を行ったフェデラル・ホール二階のバルコニーは、

その後倒壊して建て直され、今ではその前に大きな彼の像が立っている。夫妻が住んだパール・ストリートとチェリー・ストリートの角の邸宅は、ブルックリン・ブリッジ建設のときに残念ながら取り壊されてしまった。

当時の人口は、ニューヨークでわずか三万人あまりだったから、いかにも狭い範囲に国家の中枢がたて混んでいた。そこで議会は九〇年に未来の首都をもっと南のコロンビア特別区に建設するという法案を通過させ、それまでとりあえず首都をフィラデルフィアに移すことになった。そこでニューヨークが首都だったのはわずか一年三ヵ月で終ったが、ハミルトン財務長官はあくまでニューヨークに金融の中心をおくことに固執した。

大統領就任式でのワシントン（1789年）。ニューヨークのフェデラル・ホールで行われた。

フィラデルフィアは当時人口約五万、アメリカ最大の都市だった。ワシントン夫妻はここで友人の邸宅を借りて住み、大統領官邸とした。二期八年間の任期の終りまで、ワシントンはここに住んだ。彼の名をとった新しい首都は、それまでに完成しなかったからである。

ヨーロッパにまだ存在しなかった共和制の国家の元首とは、どの程度の生活をすればよかったのか。夫人のマーサは夫以上に気を遣ったに違いない。六頭立ての馬車を使うとゼイタクだと非難され、四頭立ての馬車に乗るといやしくも一国の代表なのにと批判されたという。結局夫妻はかつて住んだ南部ヴァジニアの上流社会をモデルにした。それが身についた自然の暮しぶりでもあったのだ。マーサは他の人に対して、夫を将軍と呼ぶことが多かった。彼女は正直のところ、故郷の農園マウント・ヴァーノンに帰りたかったのだ。

近代のなかで行われた多くの国の革命を振り返ってみると、革命の初期の指導者がそのまま革命の収束期にも指導者であった例はほとんど見当らない。その後十年足らずのうちに始まるフランス革命では、初期の指導者がどんどん後継者によって処刑されてしまうのである。その点ワシントンは稀有な存在だといっていい。彼は革命の経過のあらゆる局面で、多くの人たちを惹きつける指導者であり続けたのだ。

その上彼は、地方自治を主張して農業を基盤とする国家をめざしたジェファソンと、中央集権こそこれからの形だと唱え、工業化に将来をおいたハミルトンという、異質な二人の才能を傍におき、バランスをとりながら政治を行った。だからどちらにも偏しない中庸の道を歩むことができたのだ。

やがて相反するこの二人の才能を中心に、アメリカ最初の二大政党が誕生する。ワシントン大統領は初めのうち、どちらにも偏らないことを理想としていたが、どちらかというとジェファソンの共和党（デモクラティック・リパブリカン。民主党の前身）よりも、ハミルトンの連邦党（フェデラリスト）に近づいていった。

ワシントンとアダムズの正副大統領は、一七九二年の大統領選挙で再選された。もちろん政治の世界のことなので、ワシントンに対する批判も絶えなかったが、衆目のみるところ、彼の再選はゆるぎのないほど名声が高まっていた。

彼は就任後まもなく始まったフランス革命と、その後に続いたヨーロッパ各国の紛争にまきこまれず、最後まで中立を保った。出発してまもない共和国の足腰の弱さを思えば、これは賢明な政策だったといえよう。今や国民的統合のシンボルとして、彼自身が気がつかないうちに、カリスマ性を身につけていたのである。

アメリカの教訓

ワシントンは一七九六年に三選されたが、これを辞退して引退した。もし引き受けてつとめれば、十二年間も国家の象徴となり続けるわけで、これは彼の信じる共和制の国家にふさわしいことではなかった。彼は後輩たちへの思いをこめて告別の演説を行ったが、これは歴代大統領の演説のうち、三大名演説の一つに数えられている。

大統領の任期について、憲法には明確な規定がない。ただ再選を妨げないとのべられているだけである。しかし初代のワシントンが三選されたのに辞退したという事実は、明文化されない先例となって、その後長く歴代大統領に影響を与え続けた。

ワシントンはマウント・ヴァーノンの農園に戻り、静かにマーサとの生活を楽しんだ。公職の激務に縛られることの多かった夫が、すべての公務から解放された姿をみることが、マーサにとってはこの上ない幸せだった。

しかしその幸せも、長くは続かなかった。二年半あまりたった一七九九年十二月十四日、ジョージ・ワシントンは六十八歳の誕生日を迎える前にこの世を去った。「初代ファーストレディ」のマーサも、それから二年あまりたって、同じマウント・ヴァーノンで夫の後を追った。二人とも初代であるため神格化されたのは、ある程度やむをえないのかもしれない。

ワシントンが世を去ってから約二十年後、イギリスの植民地から独立してアメリカが共和国を樹立したように、中南米の各地でもスペインの植民地が立ち上がる。

そのとき〝解放の父〟と呼ばれたシモン・ボリーバルは、こいってワシントンを讃えている。

「アメリカ共和国の偉大なる父である市民の英雄が残してくれた立派な教訓は、我々にとって無駄であるわけがない。アメリカ人は再度彼を最高権力者の地位に指名しようとしたが、あの高徳な将軍は国民に対して、一個人の掌中に公権力が際限なくとどまることの危険性をはっきりと説いた。——今日アメリカ共和国は、栄光と自由と道義に基づく幸運の模範である」

　これは最高の讃辞である。自ら〝解放の父〟と呼ばれながら、その南米では解放が中途で挫折しなければならない現実を前にして、ボリーバルは北米のアメリカを羨望の目差しで眺め、その原因が一人の偉大な人物にあったことを、賞讃しながらふり仰いだのだった。

ワシントン夫妻と妻の連れ子ジャックの子ジョージ（左端）とエレノア（右から2人目）。夫妻には実子がなく、妻の先夫の子供たちも次々と夭折した。E・サヴェージ画、ワシントン・ナショナル・ギャラリー蔵。

　アメリカの教訓を学ばなかったこれらラテンアメリカの諸国は、独立後二世紀近くもたっているのに、まだ途上国の域を出ていないではないか。世界の歴史の大きな流れに照らして、初代大統領ワシントンの存在意義は、ますますその輝きを加えているようにみえる。

　いずれにしても建国の最も困難な時期に、ワシントンのような人物を迎えることができたのは、アメリカという国家にとってすばらしい幸運だったといわなければならない。（**猿谷　要**）

ジョージ・ワシントン　George WASHINGTON
一七三二年ヴァジニア植民地ウェストモーランド郡生まれ。五四年フレンチ・インディアン戦争に大佐として参加。五九年マーサ・ダンドリッジ・カスティスと結婚。七四年大陸会議代表。七五年独立革命軍総司令官。八三年パリ講和条約締結、国王になれとの勧めを退け帰郷。八七年憲法制定会議議長。八九年大統領（五十七歳、九二年再任）。九六年三選を辞退、政界引退。九九年マウント・ヴァーノンにて死去（六十七歳）。

第2代
アダムズ ジョン

連邦党／任期一七九七年三月〜一八〇一年三月

John ADAMS:1735.10.30–1826.7.4

独立宣言起草委員となる

偉大な大統領のすぐ後に就任する場合は、比較されて低い評価を受けがちだが、重大な建国期を担ったジョン・アダムズは、決して凡庸な政治家ではなかった。

初代大統領は南部ヴァジニアの出身だったのに対し、彼は北部のマサチューセッツ植民地のブレイントリー（今のクィンシー）で、一七三五年十月三十日に生まれた。

父は農夫で靴屋を兼業し、息子の教育には熱心だったので、彼はハーバード・カレッジに進むことができた。法律を学んだことが、その後の彼の歩みかたに決定的な役割を果した。

一七五八年にボストンで正式に弁護士の資格を受け、六四年には二十九歳で、のちに才色兼備の誉れが高くなるアビゲイルと結婚する。

ずんぐりした姿で少し我が強かったが、生来の謹厳実直な仕事ぶりで人望を高め、六八年にはマサチューセッツ植民地議会の議員となった。

サインと肖像（1788年）。M・ブラウン画、ボストン図書館蔵。

本国イギリスの過酷な植民地政策に対して、従兄のサミュエル・アダムズと共に独立革命運動の先頭に立った。

さらに七四年にはフィラデルフィアで行われた第一回大陸会議に、マサチューセッツ代表となって参加した。翌年の第二回大陸会議では、対英戦争の際の司令官として、ヴァジニア代表のワシントンを強く推した。

さらに七六年には独立宣言書起草委員五人のうちの一人に選ばれ、ジェファソンやフランクリンなどと共に、後世に残るこの重要な文書の起草にたずさわった。委員たちの意見が対立したときなど、彼がたびたび調停の役割を果したという。

イギリス本国との間にまだ独立革命戦争がたけなわの一七七八年に、一応独立宣言はした後なので、彼はアメリカ合衆国の代表としてパリに駐在した。

一七八〇年にはオランダの大使、八五年にはイギリス大使となり、ヨーロッパとの間を往来して活躍した。こうして外交問題にも精通するようになった。

そして一七八九年、帰国して副大統領に選ばれた。副大統領という官職は実質を伴わない閑職だと不平をいいながらも、上院議長としての職務は忠実につとめた（憲法によれば上院議長は副大統領が兼任。議員ではないが、表決が賛否同数のときのみ投票権をもつ）。副大統領二期八年間は、ワシントン大統領やジェファソン国務長官、ハミルトン財務長官、それに長老のベンジャミン・フランクリンなど、有能な人材の蔭に隠れがちだった。

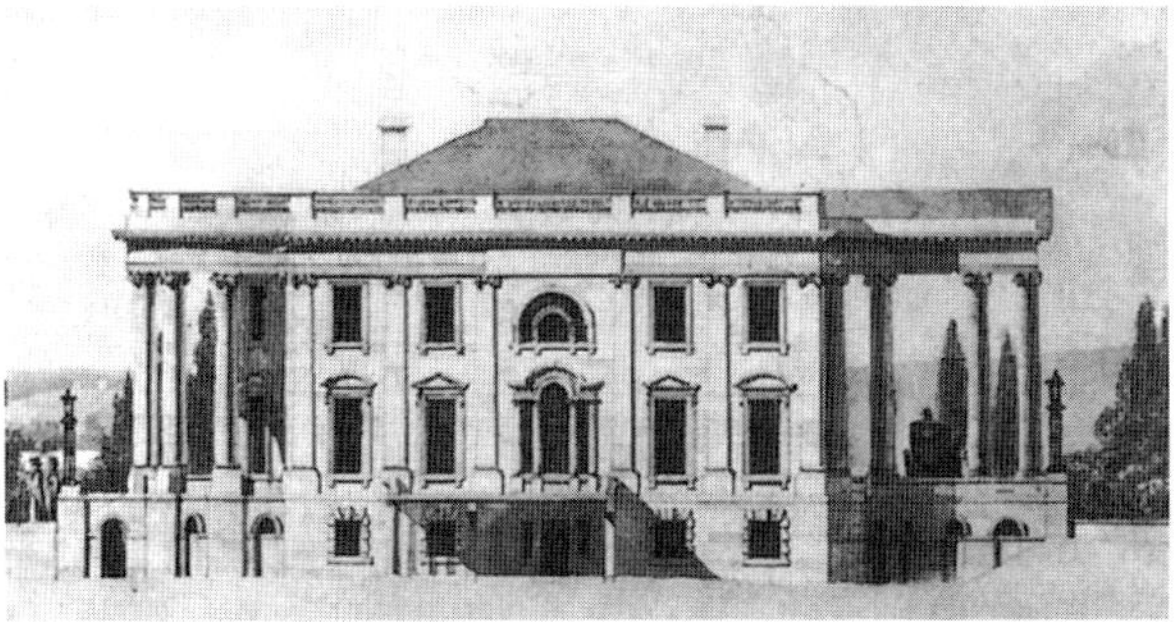
ジョン・アダムズはホワイトハウスに住んだ最初の大統領である。1800年の完成から4ヵ月間であったが……。上の絵は1807年に描かれたB・H・ラトローベによる水彩画。国会図書館蔵。

当時すでに政界はジェファソン率いる共和党（デモクラティック・リパブリカン）と、ハミルトンのもとに結成された保守的な連邦党（フェデラリスト）に分かれていたが、アダムズはワシントン大統領と共に連邦党寄りに傾いていた。全体に革命初期の急進性が薄くなり、建国の体制を整えるため保守性が強まっていったのは、堅実な流れだったということができるだろう。

一期だけの大統領

当時の大統領選挙では限られた人数の選挙人が直接投票し、第一位が大統領、第二位が副大統領と決められていたため、ワシントン大統領が三選を辞退したあと行われた一七九六年の選挙では、僅差で連邦党のアダムズが一位で大統領に、共和党のジェファソンが二位で副大統領になった。こうした矛盾は後に選挙の方法全体の修正のなかで見直されることになるが、この時は矛盾を抱えたまま船出をしたのである。

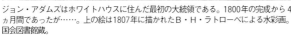

当時アメリカを悩ませていたのは、フランス革命から始まったヨーロッパの紛争への対応だった。もともとジェファソンはフランスびいきであり、ハミルトンはイギリス支持だったので、このことが内閣の分裂を深めたのは事実である。

しかしアダムズ大統領はワシントンの閣僚をそのまま引き継いでスタートさせたほどなので、ヨーロッパの情勢については中立を維持するよう努力した。そのため実際にはイギリスともフランスとも緊張関係が生じたが、決定的な破局は避けることができた。

ただし与党であるイギリス支持の連邦党からは不信の念でみられるようになり、次期選挙での再選を困難なものにした。

彼はヨーロッパとの関係の緊迫に備えて、九八年に海軍省を新設した。これで閣僚は六名となった。

また彼の時代には人びとが西方の土地を求めて移住するようになり、先住民（インディアン）との間に紛争が続出した。九八年には南部のチェロキー・インディアンとの間に一応の協定を結んだものの、これは一時的なとりきめにすぎず、結局こういう協定を破るのはアメリカ人の側だったのである。

アダムズ大統領が行った最悪の政策といわれるものは、九八年に成立させた「居留外人法」と「治安法」だった。これは中央集権の強化を狙う弾圧的な法律で、ヴァジニアやケンタッキーなどでは州議会で憲法違反であるという決議案が採択された。共和党は次の選挙の攻撃材料と考えた。

一八〇〇年にはフランスとの関係が最悪の状態となり、フランスのタレーランとの間の苦しい交渉の結果、やっと戦争だけは防ぐことができた。このことを非常に誇りとしたアダムズは、こう語ったという。

「私の墓碑銘にはこう書いてもらいたい。〝一八〇〇年フランスとの戦争回避に成功せるジョン・アダムズここに眠る〟と」

この一八〇〇年に行われたアメリカ第二回目の国勢調査によれば、この年の総人口は五三〇万である。こういう情勢を理解しておかないと、当時のアメリカの実状を把握するのは難しい。

この一八〇〇年という年には、記録的な出来事も行われている。一七九三年に国会議事堂の礎石がおかれて以来、この新国家にふさわしい首都の建設がすすめられていた。一八〇〇年四月になって未完成ながら概観は出来上がったので、政府はそれまでの臨時首都フィラデルフィアから、首都をワシントンDCに移したのだ。

これは近代における初めての都市計画に基づく首都であり、アダムズは少し遅れて十一月一日に未完成の官邸に入った。ホワイトハウスというのはもう少し後の時代の呼称であり、それまでは普通に「大統領官邸」とよばれていた。

この官邸も未完成のままで、ある一室はアビゲイル夫人が洗濯物を干すために使っていたという。彼女はこのときのことを、子供に送った手紙で次のように書いている。

「この家はたしかに人が住めるようにはなっていますが、一つのアパートメントとしても完成していませんし、外側の柵もなく、中庭もなくて、その他の生活を快適にするようなものは何もありません」

息子の就任式に列席

それにしてもアダムズ大統領は、ワシントンにできた新しい官邸に、わずか四ヵ月しか住むことができなかった。十一月四日に行われた大統領選挙は泥仕合のようなことになり、共に共和党のジェファソンとアーロン・バーが同点となって、三位のアダムズの落選が決定した。

このことは重要な意味をもっていた。暴力を伴わず、選挙による政権の交替（連邦党から共和党へ）がスムーズに行われた最初の例となったからで、「一八〇〇年の革命」という表現が生まれたほどである。

アダムズの妻アビゲイル。ホワイトハウスに住んだ初代ファーストレディ。G・スチュアート画、ワシントン・ナショナル・ギャラリー蔵。

アダムズはこのとき六十五歳、それ以後は故郷マサチューセッツのクィンシーで著作に励んだ。保守系の重鎮として、来客も絶えなかった。

アダムズはアビゲイル夫人との間に三男二女をもうけたが、二番目の子で長男ジョン・クィンシー・アダムズは、一八二四年の選挙で大統領に当選する。父のアダムズは二六年まで生きたので、息子の大統領就任式に立ち会った最初の大統領となった。

アダムズは奇しくも、自分がそのために努力した独立宣言書が公布されてから五十年目の、一八二六年七月四日に九十歳の生涯を終った。

ところが遠く離れたヴァジニアでは、衝突することも多かった旧友トマス・ジェファソンが、なんと同年同月同日、八十三歳の生涯を閉じた。不思議な運命というべきだろうか。「建国の祖父」たちの時代はここに終り、アメリカはどんどん新しい時代へ進んでいたのである。

（猿谷　要）

ジョン・アダムズ　John ADAMS
一七三五年マサチューセッツ植民地ブレイントリー（現クィンシー）生まれ。六四年アビゲイル・スミスと結婚。七四年大陸会議代表（～七八年）。七八年四月パリの科学アカデミーでディドロ、ダランベール、ヴォルテールと会う。八九年副大統領（九二年再任）。九七年大統領就任（六十一歳）。一八〇〇年ジェファソンに敗れ再選ならず。二六年七月四日（独立記念日）ジェファソンの数時間後にクィンシーにて死去（九十歳）。

第3代 ジェファソン トマス

共和党／任期一八〇一年三月四日〜〇九年三月四日

Thomas JEFFERSON: 1743.4.13-1826.7.4

ジェファソニアン・デモクラシーを確立したトマス・ジェファソンは、墓碑銘を自ら記した。

「独立宣言」とヴァジニア信教自由法案の作者
そして
ヴァジニア大学の父

「すべての人間は平等に造られている」――"All men are created equal"――と人間性を高らかに謳った「独立宣言」が彼の生涯で最大の比重を占めていたことを表わしている。

弁護士兼議員

ジェファソンは一七四三年、裕福な大農園主の第三子としてヴァジニア植民地アルベマール郡に生まれた。他に六人の姉妹と一人の弟がいた。少年時代、私立学校に通い、ラテン語、ギリシャ語、歴史そして自然科学を学ぶ。父親のピーター・ジェファソンはアルベマール郡の下院議員であったが、トマスが十四歳の時に他界した。母親のジェイン・ランドルフはヴァジニアで最も影響力のある有名な一族の出身であった。六〇年、十六歳でウィリアム・アンド・メアリー大学に入学、数学と形而上学を二年間勉強した。卒業後ヴァジニアの有力者ジョージ・ワイズ判事のもとで法律を学び、六九年、二十五歳で弁護士およびヴァジニア植民地の下院議員になる。彼は独立革命で法廷が開かれなくなった七四年まで、優秀な議員、卓越した法案立案者、そして有能な弁護士としてその腕を振るう。敏腕弁護士といえどもその報酬は、父親の遺産である土地からの収入に比べれば微々たるものであったが、七二年若くして未亡人となったマーサ・ウェールズ・スケルトンと結婚し、財産は倍増した。

サインとG・スチュアートによる肖像。
メイン州・ボードイン大学美術館蔵。

革命初期から、英国史と政治思想の知識を持つジェファソンは、本国英国の反逆者だった。彼が一七七四年に著した『イギリス領アメリカの諸権利に関する概観』は、人間の自然権と植民地を威圧する英国議会を否定している。この本は、トマス・ペインの『コモン・センス』とともに、独立革命の理論的武器となり、愛国者たちを独立革命へと導いたのである。

「独立宣言」の起草

大陸会議（一七七五〜七六年）にヴァジニアの代表として出席した弱冠三十三歳のジェファソンは、独立宣言の起草者に選ばれた。彼は宣言の中で、「すべての人間は創造主によって平等に造られ、生まれながらにして何人も取り去ることのできない生命、自由、幸福の追求の権利を有することは自明の理である。その政府は、これらの権利を護るために、人びとが組織する。その政府の統治者は人びと（選挙民）から選ばれた代表者で、選挙民の同意を得なければならない。いかなる政府であろうと、選挙民の権利を護らない時には、人びとは時の政府を覆し、新たな政府を誕生させる権利を有する」と高らかに謳った。

ジェファソンは自然権を提唱した英国の政治思想家ジョン・ロックに影響を受け、この歴史的な言葉を宣言したのだが、人間の権利と尊厳をこれほど劇的に、明確に謳ったものは史上初めてである。大陸会議が英国からの独立を決議した二日後の一七七六年七月四日、本会議においてこの「独立宣言」は正式に採択された。

ジェファソンにとって平等という概念は、人はすべて生まれたときから同じ能力と富を持つということではなく、誰もが自分たちの統治者を決める一票の権利を有する、ということであった。しかし、彼のいう「平等」の中には女性、黒人奴隷、そして先住民（インディアン）は含まれていなかった。

ジェファソンは矛盾に満ちた人物で、大農園主として多くの奴隷を終生所有しながら、独立宣言の草案に盛り込んだ奴隷制廃止の件《くだり》を削られたことに対し、非常に立腹したという。なお彼は妻と死別後、長女より年下で、四分の一黒人の血をもつ女奴隷サリー・ヘミングスとの間に五人の子供をもうけている。

ヴァジニア信教自由法

一七七六年大陸会議を後にしたジェファソンは、七九年にはヴァジニアの知事に選出され、八一年まで二年間務めたあと、農園に戻った。その後の二年間、ジェファソンは奴隷制・政治・農業・インディアン・宗教に加え、彼がヴァジニアで見聞したことすべてを詰め込んだ『ヴァジニア覚書』を書き上げる。欧米で出版されたこの本は、思想家、また科学者としてのジェファソンの名声を高めた。

彼がヴァジニア植民地政府に戻ってから提案した数多くの法案の中で、最も重要かつ有名なのが、政教分離を謳った八五年の「ヴァジニア信教自由法」である。翌年、ジェームズ・マディソンによって採択され、のちの憲法修正第一条の基となった。

ところでこの八五年から八九年にかけてジェファソンは、ベンジャミン・フランクリンの後継者として駐仏公使となっていたが、同じころ、合衆国憲法批准会議では議論が白熱していた。彼はフランス革命をつぶさに観察したことも影響して、メンバーのマディソンに「憲法に、個人の自由を護るため、政府の権力を制限する条項が必要」という書簡を送っている。

マディソンはジェファソンと同様に考え、この憲法会議に、最初の憲法修正第一条の「権利章典」と呼ばれる十項目を提案し、採択されている。この「権利章典」には、信教の自由だけではなく、言論・出版・集会の自由、課税に対する異議申し立ての権利、公正な裁判を受ける権利や家宅捜査令状の必要性が列挙された。これを機にジェファソンと、もともとフェデラリストであったはずのマディソンは思想的に接近していく。

二大政党制の起源

一七八九年ジョージ・ワシントンが新しい共和国アメリカの初代大統領となり、ジェファソンは初代国務長官、アレキサンダー・ハミルトンが初代財務長官に起用された。以後、ジェファソンとハミルトンは共和党（デモクラティック・リパブリカン＝民主党の起源）と連邦党（フェデラリスト）とに分かれ、共和国の性格をめぐって論争することになる。

ジェファソンはあくまでも農業立国をめざし「理想とする共和国の中心は、土地という私有財産を持つ善良な徳のある農民であり、政府は個人の権利と自由を護るために存在する。まず政府ありきではない」と主張した。彼にとって共和国とは、デモクラシーを基本とした政府のシステムを意味していた。そして英国の代議制によるデモクラシーでは、政府が無制限な権力を持ち過ぎるために汚職、腐敗が生じるのだと考えていた。共和国である合衆国は、英国型ではなく、政府の権力を制限し、人びと（選挙民）が政府を監視し支配する共和制、つまり、ジェファソンが草案した独立宣言の骨子でもある「主権はあくまでも人民にある」政府をめざすべきであると考えたのだ。

ジェファソンは商工業・貿易・金融を中心にすれば、英国と同様、都市には土地を持たない貧困者が溢れ、腐敗の原因となる。また富、嗜好品、悪徳、貴族も汚職をもたらす。理想国家とは自立した農民と教育を受けた人との調和によって成り立つもので、そのような国家を実現するには人口増を賄う領土（スペース）と余剰農産物を輸出し生活必需品を国外から輸入する市場が必要であると考えていた。これがジェファソニアン・デモクラシーの原理である。従って、ジェファソンにとって西部開拓、領土の拡張は必要不可欠であり、自らの政治生命を賭けるものであったのだ。

一方、ハミルトンの中央集権論は、農業・商工業・財政のすべてがバランスを保った強国をめざすものだった。それには政府に必要な資金の調達を最優先するべきで、富裕層との関係を強固にする必要がある。彼は大衆を政府の指示を待つ愚民と見なし、教育を受けた富裕層のみを信頼したのだ。フランス革命の波及を恐れる富裕層も、財産を護ってくれる強い政府を望んでいた。そしてハミルトンは、強い政府の模範はイギリスにあると主張したのである。

ルイジアナ購入はジェファソンの最大の業績とされる。1803年12月20日のニューオリンズでのセレモニーを描いた絵。ルイジアナ・ヒストリカル・ソサイエティ蔵。

つまりこれは、国務長官ジェファソンの農業（スペース）対財務長官ハミルトンの工業（ディベロプメント）という異なった共和国の理念の衝突がもたらす論争であった。二人の論争は、ジェファソン派である共和党とハミルトン派である連邦党という二大政党を誕生させた。アメリカの二大政党制の起源である。

外国人法、治安法への反対

ジェファソンは一七九三年に国務長官を辞した後、公務から離れヴァジニア州モンティセロで農業に勤しんでいたが、九七年には連邦党のジョン・アダムズ大統領のもと、副大統領に就任している。アダムズとジェファソンとの対立は随所に見られたが、象徴的なのがジェファソン派の起訴を含意した、敵性外国人を取り締まる外国人法と、言論の自由を規制する治安法である。この二法案を制定した連邦党のアダムズに対し、危機を察知したジェファソンとマディソンはヴァジニア決議文とケンタッキー決議文を作成している。決議文は、合衆国憲法は各州と連邦との契約から成り立っていること、従って連邦政府の行為が合憲か否かを判断する権利は州議会が有する、という共和主義（州権論）の考えを明記したものであった。

建国以来の最重要問題である連邦政府と州との関係を問う決議文だったが、その答えを見出せないまま、南部諸州は奴隷制をめぐって州権擁護論を発展させる。この問題は半世紀を経ても解決を見ることなく、ついには南部十一州の「連邦法施行拒否」と連邦離脱という非常事態の後、国が北部と南部とに分離し壮絶な闘いとなる南北戦争となった。こうした経緯を経なければ、その結着を見ることができなかったのである。

大統領就任

一八〇〇年の選挙でジェファソンはアダムズに勝利し、第三代大統領となった。これ以降一八二五年までの二十五年間の大統領職は、ジェファソン、マディソン、モンローとヴァジニア州出身者が占め「ヴァジニア王朝」と呼ばれる時代を築くことになる。

一八〇一年、連邦党から共和党への初めての政権交代は平和的に行われた。ジェファソンは就任演説で「意見の相違は理念の違いではない……我々はみな共和党であり、連邦党である」と、政敵である連邦党との協和を図り、挙国一致を説いた。中央政府の維持、負債の誠実なる返済と、農業を主体とした商業の促進を約束しつつ、共和主義の鍵となる「すべての人間は平等である、そして州政府の有する権限は保護されるべきである」と論じたのである。

ジェファソンは在任中、「小さな政府」の信念のもと、連邦政府の緊縮財政を目指した。式典も極力質素にし（イギリスの首相がホワイトハウスを訪問した際には、ガウンとスリッパで出迎えたと伝えられる）、国内税の廃止、軍備予算の削減、ハミルトン（一八〇四年にアーロン・バーと決闘して急逝）の財政計画の破棄、さらに中央銀行が持つ権限も縮小した。

ルイジアナ購入

大統領在任中に銘記されるべきは一八〇三年の「ルイジアナ購入」で合衆国の国土を倍増させたことである。当時のルイジアナ領はミシシッピ河以西からロッキー山脈までの地域で、現在のルイジアナ、アーカンソー、ミズーリ、アイオワ、ミネソタ、ノースダコタ、サウスダコタ、ネブラスカ、カンザス、オクラホマ、テキサス、ニューメキシコ、コロラド、ワイオミング、モンタナの十五州、八十二万七千平方マイルもの地域である。フレンチ・インディアン戦争（一七五四〜六三年）で負けたフランスからスペインに譲渡されていたが、アメリカ大陸進出の野望を持つナポレオンが一八〇二年に取り戻したものだ。当時の最強国フランスの存在はアメリカにとって脅威であったが、フランスの植民地セント・ドミンゴが独立運動を始めるや、ナポレオンはルイジアナ領をアメリカに一万五千ドルで譲りたいと申し出たのである。

ハミルトンをはじめとする連邦党はルイジアナ購入に「アメリカには未開拓の土地がたっぷりある。この上拡張すれば新領土に移民が殺到し収拾がつかず、政府の把握不可能な地域ができるのは明白である。ジェファソン政府がこの広大な土地を効率的に統治できるとは思えない。領土をミシシッピ河以西に広げるべきではない」と反対した（なお、ルイジアナ領には多くの先住民が住んでいたが、購入か否かの論議に彼らの存在が話題にのぼることはなかった）。いかなる反対があろうと、ジェファソンにルイジアナ購入を断念させることはできなかったであろう。なぜなら、降ってわいたようなこの割譲の話は、西部開拓への道を広げ、彼の念願である「農業立国」に必要な領土を約束し、共和党を有利とすることが明らかだったから。

晩年、ジェファソンが創立したヴァジニア大学。パンテオンを模している。

ジェファソン大統領の二期目（一八〇四年再選）は、一期目より国内外に難問を抱え容易ではなかったが、任期の最後まで議会での彼の影響力は強大であり、共和党内のリーダーシップについても問題はなかった。

一八〇九年ホワイトハウスを後にし、ヴァジニア州モンティセロで余生を送る中、ジェファソンが最後の仕事としたのはヴァジニア大学の設立である。教育熱心な彼は一九年の大学設立と同時に学長に就任し、民主的教育の普及に努めた。そして二六年七月四日「独立宣言」五十周年記念日に八十三歳で世を去った。

（中村安子）

トマス・ジェファソン Thomas JEFFERSON

一七四三年ヴァジニア植民地の大農園に生まれ、六二年ウィリアム・アンド・メアリ大学卒業、弁護士となるが、六九年植民地議会議員に。七二年未亡人マーサ・スケルトンと結婚（八二年死別、のち奴隷サリー・ヘミングスと内縁関係）。七六年独立宣言を起草。八五年駐仏公使、九〇〜九三年初代国務長官。民主党の起源である共和党を結成し、九六年副大統領、一八〇〇年大統領に当選し、〇一年新首都ワシントンで就任式を行った（五十七歳）。〇三年ルイジアナ購入、〇四年再選、〇九年引退、一九年ヴァジニア大学設立、学長就任。二六年ヴァジニア州モンティセロの自宅で死去（八十三歳）。

第4代

マディソン ジェームズ

共和党／任期一八〇九年三月四日～一七年三月四日

James MADISON:1751.3.16-1836.6.28

ジェームズ・マディソンは、一七八八年に批准された「合衆国憲法の父」であり、また初めて「戦争宣言」——一八一二年の対英戦争——をした大統領でもある。

のちに下院議員、国務長官、そして大統領をそれぞれ八年間務めることになるマディソンは、一七五一年ヴァジニア植民地ポート・コンウェイ（オレンジ郡）の農園を経営する富裕な家に生まれた。長じて自身も煙草と穀物を生産する二千ヘクタールの大農園と百人を越す奴隷を所有した。カレッジ・オブ・ニュージャージー（プリンストン大学）の学生時代は、啓蒙思想家ジョン・ロック、ヴォルテール、それにアイザック・ニュートンの大きな影響を受け、七一年卒業。極度に恥ずかしがり屋で神経的な病をもち、常に孤独感に苛まれていたといわれる。

一七七六年、マディソンは州憲法の草案作りのためヴァジニア憲法会議に選出され、ジェファソンのヴァジニア信教自由法の成立にも協力することになる。その後、大陸会議にも選出（一七八〇～八三年）され、中央集権を推進するナショナリストのリーダーとなっていく。

サインと肖像（1792年頃）。C・W・ピール画、アメリカ歴史美術館蔵。

マディソンと合衆国憲法

マディソンが一七八七年、フィラデルフィア憲法会議にヴァジニア案として提出した原案を基に、最終的に成立したのが合衆国憲法である。

合衆国憲法は、相互に抑制と均衡（checks and balances）の関係にある行政部、立法部（連邦議会／上院と下院）、そして司法部の三権分立を骨子としている。しかし、この憲法の問題点は、連邦議会と州の権限範囲がきわめて曖昧だったことである。そのため、のちに奴隷制をめぐって国を二分する州権論争が起こることにもなった。

この憲法成立までには、長い道のりがあった。

一七八七年、連邦党（フェデラリスト）のマディソン、ハミルトンそしてジョン・ジェイの三人は、中央集権色の濃い原案の批准のため、八十五編（うち二十九編はマディソン執筆）からなる憲法を解説した論文集『ザ・フェデラリスト』を発行した。そこに収録された第十論文「多数派の専制化への懸念と少数者の権利保護」でマディソンは、民主政治の弱点について述べている。「社会は人間の多様性に因り、様々に異なった利益集団や派閥から成り立っている。政府は多数派の専制を防ぐために、ある特定の団体や個人に利することのないよう、行き過ぎを抑制し、均衡を保ちながら、国家を統治しなければならない。ともすれば多数派に無視される少数者の声を聴き、彼らの権利を護らなければならない」。「党派の対立のもと多数派が公正なルールや少数派の権利を無視するような政府であってはならない」と。また、合衆国のような広域地域では党派や利益の多様性が増すので、特定多数派の横暴を阻止できる利点があると考えていたのである。一方でその広域性をカバーするために、選挙民から直接選出される下院（地域レベル）と州議会によって選出される上院（国政レベル）からなる二院制を提案していた。

マディソンの妻ドリー（1818年）。E・エームズ画、ニューヨーク・ヒストリカル・ソサイエティ蔵。彼女はジェファソン大統領時代の八年間もファーストレディの代わりをつとめ、都合十六年間その地位にあった。社交界の女王として君臨したが、先夫の子ペイン（マディソンは二度目の夫で、二人の間に子はない）は放蕩者になり刑務所入り。歴代大統領でもっとも小柄な夫（162.5センチ）より背が高かった。

憲法論議の最大の争点は、合衆国を連邦党の主張する「中央集権的政府」にするのか、共和党の主張する個人の権利を擁護する「州権中心の政府」にするのか、ということであった。

共和党は、憲法原案には個人の権利擁護の明記がなく、州の弱体化に繋がる恐れがあると反発。『ザ・フェデラリスト』の発行が効を奏し、連邦党原案が有力だったが、最終的に権利章典を追加することで双方が合意する。マディソンも追加に尽力し、自ら最初の憲法修正十ヵ条（権利章典）を起草した。

しかし、激論の末成立したこの合衆国憲法（一七八八年）も、財産を所有する白人男性を念頭に作成され、女性、黒人そしてアメリカ先住民は「権利」から除外されていた。奴隷制は無論保持され、奴隷州と自由州との妥協の結果、黒人奴隷の人口総数は白人一に対し〇・六までが認められることになった。

ハミルトンとの衝突

憲法会議での州権論をめぐり、マディソンは連邦党の中心人物ハミルトンと衝突することが多くなり、むしろ共和党のジェファソンとの協調が顕著になってくる。ハミルトンは、新しい共和国を経済的に安定させるには商工業を中心に発展させることが必要だと考えていた。

ワシントン政権下に初代財務長官として就任したハミルトンがまず行ったのは、革命戦争時の内外からの借金返済であった。大陸会議はイギリスと戦うための資金を、フランス、オランダ、スペインから借金することで賄っていた。また愛国者である民兵からは、給料として国債（利子とともに返金することを約束した証書）を渡していた。

国外の借金を返済することには、新しい国の信用と威信にかけて誰にも異論はなかった。問題は国内の借金返済である。ハミルトンの返済案は、連邦政府が新たに連邦債（国債と交換可能／元金と未払いの利子を保証）を再発行すること、そして州の負債を連邦政府が肩代わりするという二案であった。

しかし、国債については革命後、市民が生活の足しにと北部の富裕層に原価の二五％で売却済みなので、この案によれば北部のみが利益を得ることになる。そして南部諸州は州の負債もすでに返済を完了しており、北部の州の負債だけに税金が使われることにもなる。しかし、南部の反対にも拘わらず、議会はこの二案を採択したのだった。

さらに、ハミルトンは合衆国銀行設立案を提出。その計画は、政府が二〇％出資、残りの八〇％を北部の富裕な個人投資家に仰ぐというもの。当然、この設立案にも南部は反発、マディソンとジェファソンも中央銀行設立は違法だとして反対した。しかし、ワシントンはハミルトンの提案を受け入れ、中央銀行を設立したのだった。

大統領就任

ジェファソンを引き継いだマディソンは、合衆国、イギリス、フランスの、極度の緊張関係の中での出発を余儀無くされる。ナポレオン戦争中、合衆国の中立宣言にも拘わらず、イギリスは対仏封鎖網のなかアメリカ船を拿捕し続けたので、議会の主戦論者はマディソンにイギリスへの宣戦布告を迫った。

マディソンは、海上に気を取られていたイギリスを見て、好機とばかりに、さらにはカナダをも奪わんと一八一二年宣戦布告をする。イギリス軍に比して、実に弱小な軍隊ではあったが、イギリス人兵と先住民のショニー族、チッペワ族からなる英国軍をカナダに撤退させた。イギリス人兵が降伏した後もショニー族とチッペワ族は戦い続けたが、ショニー族のテカムセ族長が戦死、エリー湖の戦いで合衆国は勝利する。

ところが一八一四年、イギリスはナポレオンに勝利すると、アメリカに戦力を投入しだす。首都ワシントンが占領され、ホワイトハウスは炎上したが、決定的な勝敗がつかない中、一四年十二月十四日、ベルギーで両国間の和平会談が行われ、ゲント条約が締結された。もっともその二週間後に、戦争終結も平和条約締結も知らなかったジャクソン（後の第七代大統領）がニューオリンズの戦いで大勝利を収めている。

戦後のナショナリズム

対英戦争で自信を取り戻した合衆国は、国を挙げてナショナリズムへと大きく舵を切った。マディソンはこの戦争で一気に人気を獲得、連邦の経済成長と西部への拡張が推進される。そして国中がナショナリズムに沸き立ち、連邦党との不協和音（ニューイングランドの連邦離脱）も一掃され、分裂の危機を乗り越えたのだった。

晩年のマディソンが暮らしたモンペリエの邸宅。ヴァジニア州観光局提供。

一八一五年マディソンは、連邦党の主張する「アメリカ体制」——軍備の拡大、中央銀行の再設立、輸入品に課税する保護関税の導入、国内整備のための道路や運河の公共事業の推進、そして国立大学の建設という国家的プログラム——を提案する。ジェファソンの共和主義思想から見れば、かなり連邦党寄りになったマディソンではあるが、地方事業を国家財政で賄うことは違憲であると、国内整備法案には拒否権を発動した。

晩年、大統領の任期を終えてヴァジニアに帰ったマディソンは、ジェファソンのヴァジニア大学設立の支援、そしてモンローの外交政策の助言者として働く。最も力を入れたのが一八三〇～三三年における「連邦法施行拒否運動」への反対であった。彼の生涯は「連邦の統一こそが合衆国を不動なものにする」という信念に貫かれていた。

一八三六年六月二十八日、アメリカを建国した最後の生存者として、マディソンは八十五歳の生涯を閉じた。**（中村安子）**

ジェームズ・マディソン James MADISON

一七五一年ヴァジニア植民地ポート・コンウェイ生まれ。七六年植民地議会議員、八七年憲法制定会議で憲法草案を起草、「憲法の父」と呼ばれる。九四年未亡人ドリー・ペイン・トッドと結婚。九八年ヴァジニア決議を起草し州権論を主張。一八〇一年国務長官、〇九年大統領（五十七歳）、一二年再選。一二～一四年米英戦争でホワイトハウスを焼かれる。一七年引退。三六年モンペリエの自宅で死去（八十五歳）。

第5代 共和党／任期一八一七年三月四日～二五年三月四日

モンロー ジェームズ

James MONROE:1758.4.28-1831.7.4

一八一七年、マディソンを引き継いだジェームズ・モンローは、一八〇一年のジェファソンに始まる「ヴァジニア王朝」最後の大統領である。彼はジェファソンを通じて友人となったマディソンとともに、ジェファソンの共和主義思想に共鳴し、共和党（デモクラティック・リパブリカン）の理念を実現するためにジェファソンとマディソンの手足となって実際的に働いた人物である。

フランス大使／ヴァジニア州知事／フランス特命大使

モンローは一七五八年ヴァジニア植民地のウェストモーランド郡の農園に生まれた。七四年、十六歳でウィリアム・アンド・メアリー大学に入学、七六年独立革命戦争が始まるとすぐさま参加し、活躍。革命戦争後、ヴァジニアに戻りジェファソンのもとで法律を勉強、八二年にはヴァジニア州議会議員に選ばれ、翌八三年から八六年まで大陸会議の代表となった。

一七九〇年上院議員に選ばれたモンローは、中央集権論を展開するハミルトンに対し、マディソンと組んで州権論者として戦った。また、ワシントンのイギリス寄りの外交政策にも反対していた。

一七九四年、親英派のワシントン大統領は、フランス系アメリカ人の支持を得るため、親仏派のモンローをフランス大使に任命した。ワシントンはこれでフランスとの外交断絶を恐れる共和党の批判を宥めることができると判断したのだ。しかしモンローは合衆国政府の代表というより、むしろ共和党党員として働いたため、ワシントンの不興を買い、九六年合衆国に呼び戻されてしまう。

フランスから戻ったモンローだったが、一七九九年から一八〇二年の三年間は国政から離れ、ヴァジニア州知事として行政的手腕を発揮した。

サインと肖像（1817年）。G・スチュアート画、フィラデルフィアのペンシルヴァニア美術館蔵。

この時期で特筆すべきは、一八〇〇年の奴隷反乱「ガブリエルの反乱」を未遂に終わらせたことだ。それは八月三十日の晩にリッチモンドに火を放ち、州知事モンローを人質にするという計画であった。ガブリエル・プロサーを含む反乱の首謀者たちは絞首刑となり、モンローは白人の奴隷所有者たちの称賛を受けたのだった。

一八〇三年になって、ジェファソン大統領は英国大使リビングストンの助手としてモンローをフランスに派遣している。いわばフランス特命大使である。このモンローに対して、植民地の反乱でルイジアナへの興味を失ったナポレオンは「ルイジアナ領を買うか否か」と迫ってきた。モンローは独断でナポレオンの申し出を即座に受け入れ、ジェファソンもこの独断で承認。ナポレオンの提示した一五〇〇万ドルという驚くべき安い価格でルイジアナ領を購入し、合衆国の領土を倍増させたのだった。モンローの知名度と人気は、ここで飛躍的に上がった。

挫折と成功

モンローは、一八〇三年に英国大使となった。挫折はこの以後訪れる。〇五年にはマドリッドに赴き、フロリダの西方もルイジアナに含まれるとの主張をスペインに認めさせるべく説得するが、失敗に終ったのだ。

そして、一八〇七年には英国と合衆国船拿捕中止条約を結んだものの実効性がなく、船員に対する徴発は続いたため、ジェファソンを失望させる結果となってしまったのだ。

本国に戻ったモンローは、そのジェファソンの後継の座を狙い、一八〇八年にマディソンに対抗して大統領に立候補するも、敗れてしまう。

しかし、この挫折を経て、一八一一年に再びヴァジニア州の知事に選出されたモンローは、早くもその年の終わりには大統領選を戦ったマディソンの任命で国務長官に就任することができた。以後彼はマディソンの右腕となって、議会をコントロールし、しかも議会との良い関係も維持したのであった。

一八一四年、上陸した四千人の英国軍に首都ワシントンを包囲され、ホワイトハウスを焼き討ちされた責任を取り、アームストロング陸軍長官が辞任した。その後任にマディソンが抜擢したのはモンローだった。国務長官に加え陸軍長官のポストも得たモンローは、首都ワシントンの再生を見事に成功させた。

融和の時代

合衆国は一八一二年戦争後の好景気に湧いていた。一八一六年、何の抵抗もなくモンローは共和党の指名を受け大統領候補となる。モンローは三つの州を除くすべての州で選挙人を獲得し、連邦党の候補者ルーファス・キングをあっさり破った。

「全員が共和党員であり、そして全員が連邦党員でもある。合衆国は一つで意見の違いなどない……」と就任演説をしたあと、連邦党の基盤であるニューイングランドを訪問したモンローは、熱狂的な歓迎を受けている。ボストンの連邦党の新聞記者は、この歓迎ぶりとモンロー大統領の政党政治を否定する就任演説から、モンロー政権の時代を党派性のない「融和の時代」であると評した。連邦党の影響力は衰退（事実上消滅）し、一党政治のもと、高揚したナショナリズムが国を覆い、繁栄を謳歌するようになっていくのである。

また、モンロー大統領はジョン・クィンシー・アダムズという有能な政治家を国務長官として、外交政策に多大の功績を残した。中でも目立つのはフロリダ獲得である。

それは一八一五年にニューオリンズで大勝利を収めたアンドリュー・ジャクソンが、一八年に先住民（インディアン）制圧の目的でフロリダを侵略、占領したことから始まる。スペインは、南米大陸の植民地独立運動の対応に躍起となっていて、ジャクソンのフロリダ占領になすすべもなかったのである。スペインの駐米大使ルイス・デ・オニスは一九年、合衆国政府が申し出た五百万ドルのフロリダ買収に調印する他なかった（トランスコンチネンタル条約／アダムズ＝オニス条約）。この条約により合衆国のルイジアナ購入地域とスペイン領の境界線が確定され、さらにスペインはテキサスの領有権を放棄することになる。

こうして、合衆国の領土は戦いや高い代償を支払うことなく一気に大西洋から太平洋へと拡大したのである。

モンロー・ドクトリン

一八二三年十二月、モンロー大統領は議会での年末教書のなかで、「合衆国は今後未来永劫にわたって、アメリカ大陸の植民地化に反対する」、「アメリカ大陸の独立国家にヨーロッパが干渉しないように」、そして「合衆国もヨーロッパ諸国に一切干渉しない」といういわゆるモンロー・ドクトリンを宣言した。

この宣言の背景にはヨーロッパからの脅威が存在していた。スペインとポルトガルから独立したばかりのラテン・アメリカ諸国に、ロシア、オーストリア、プロシア、フランスが侵略するのを恐れたのと、ロシアの北アメリカ太平洋岸進出への危惧があったのである。

このアメリカの主張に同意したイギリスは共同宣言を提案したが、モンロー・ドクトリンの構想者である国務長官ジョン・クィンシー・アダムズは、アメリカは独立国として確固とした態度を取るべきである、と共同宣言に猛反対する。モンロー政権はヨーロッパ諸国に対し、独立した合衆国の認知を強く求めると同時に、対英戦争後のナショナリズムの高揚を好機に、外部からの脅威論を展開することで、経済不況による地域間・階級間の対立激化を避け、国の統一を図ろうとしたのだ。

孤立主義を宣言したこのモンロー・ドクトリンは、初めて独立国としての合衆国をアピールし、以後合衆国の外交政策の基盤となった。

ミズーリ協定

この「融和の時代」の一見穏やかな政情も「ミズーリ危機」で破られることになった。建国以来、解決を避けてきた奴隷制の問題が再び浮上したのである。

一八一九年、ミズーリが州として連邦に加入を申請したとき、連邦の全二十二州は奴隷州と自由州が同数（十一州ずつ）でバランスを保っていた。ミズーリを南部の奴隷州として認めればそのバランスが崩れてしまう。議論は沸騰したが、連邦議会は妥協案としてミズーリを奴隷州とし、マサチューセッツ州の一部（今のメイン州）を切り離し自由州とすることにした。多くの南部人の批判を受けながらも一八二〇年に批准されたこの「ミズーリ協定」は以後三十年以上もの間、連邦統一に寄与することになる（一八五四年の「カンザス・ネブラスカ法」によって破棄される）。


しかし、このミズーリ危機を乗り越えたモンローは、二〇年の二期目の選挙では、一州を除くすべての州の選挙人を獲得し、難無く再選を果たした。

その後モンローは大統領職を終え、ヴァジニアに帰ったものの、長年にわたって公費を私費で立て替えていたため破産状態に陥ってしまう。政府に対し未払い精算を要求するが、時の大統領アンドリュー・ジャクソンは無法な要求と退け、モンローは最終的に請求額の半分、三万ドルを受け取ることができたのみであった。その額ではヴァジニアの家を維持するのに充分ではなく、モンローはニューヨークの娘のもとで余生を送り、一八三一年七月四日の独立記念日に死去した。

（中村安子）

ジェームズ・モンロー James MONROE
一七五八年ヴァジニア植民地ウエストモーランド生まれ。七六年独立戦争に十八歳で従軍、八六年エリザベス・コートライトと結婚。九〇年上院議員、九四年駐仏公使、このときトマス・ペインを救い出し自宅に匿う。九九年ヴァジニア州知事、一八〇三年駐英公使、ナポレオンに会う。一一年国務長官、一四年陸軍長官、一六年大統領、二〇年再選、二三年モンロー宣言。三一年ニューヨークで死去（七十三歳）。七月四日に死去したが、これはジョン・アダムズやジェファソンと同日である。

第6代

アダムズ ジョン・クィンシー

国民共和党／任期一八二五年三月四日〜二九年三月四日

John Quincy ADAMS:1767.7.11-1848.2.23

名門の子

ジョン・クィンシー・アダムズは、第二代大統領ジョン・アダムズの長男として一七六七年、マサチューセッツ植民地ブレイントリー（現クィンシー）に生まれた。この将来の大統領はおよそ五十年間、外交官、国務長官、大統領、そして終生下院議員としてアメリカに貢献することになる。

アダムズが育った時代、英国本国と植民地（＝合衆国）は、独立をめぐって激しい争いを繰り広げていた。アダムズが最初に「独立宣言」を目にしたのは、ジェファソンと宣言の最終草案を練っていた父のジョンが、母アビゲイルへ送った手紙からであった。ところで青年時代のアダムズにもっとも影響を与えたのはこのアビゲイルである。この母は息子が将来、父と同じく新しい共和国・合衆国のリーダーになると信じて疑わなかった。夫ジョンが不在のときは、アビゲイルは理想的な徳のある献身的な政治家のイメージを息子に植え付けていた。その教えをアダムズは終生、決して忘れることがなかった。

サインと肖像（1788年）。M・ブラウン画、ボストン図書館蔵。

アダムズは一七七八年、駐仏大使に任命された父とともにフランスに行き、植民地時代の独立戦争からイギリスとの平和条約までの経緯をつぶさに目撃することになる。オランダのライデン大学に一年通った後、合衆国に戻り、八七年にハーヴァード大学を卒業。古典文学を読破し、数学や科学を含むあらゆる学問に精通した。特にローマの政治家・雄弁家キケロの著作物を称賛、その生き方や演説を政治家のモデルとして尊敬するようになる。キケロのように詩を書くことは教養ある紳士の嗜みであると考え、自分で詩を書いたりした。マサチューセッツ州ニューポートで法律を勉強し、九〇年には弁護士の仕事のためボストンに落ち着く。

卓越した外交家

アダムズはすぐれた外交感覚の持ち主で、合衆国史上もっとも優れた外交官とみなされている。親英派でも親仏派でもなく、七ヵ国語に堪能な彼は、一七九四年、二十二歳でワシントン大統領より駐蘭大使に任命されたのを皮切りに、ドイツ、ロシアに駐在し、外交官として活躍する。ヨーロッパ諸国の革命や戦争をくまなく合衆国政府に報告し、忠誠心を示したが、一八〇一年父のジョンがジェファソンに大統領選挙で敗れ、アダムズはボストンに呼び戻される。

アダムズの生家（左）と、妻ルイザ（G・スチュアート画）。史上唯一の外国生まれのファーストレディである。右の絵はワシントンD.C.のホワイトハウス財団蔵。

〇三年には連邦党（フェデラリスト）から、外交的手腕とアダムズ家の血筋を買われ、上院議員に選ばれたが、任期満了を待たずに閉め出されてしまう。ジェファソンのルイジアナ購入と、ヨーロッパとの交易を禁じた出港禁止法に連邦党内で唯一賛成したからである。拡張主義者で、新しい国・合衆国をヨーロッパに認めさせたいアダムズにしてみれば当然のことであった。それにアダムズはもともと政党に重きを置かず、常に己の信ずるままに行動する人物であり、たとえ結果的に孤立無援になろうと、全く意に介さなかった。

ほどなく一八〇九年にアダムズはモンロー大統領よりロシア大使に任命された（〜一四年まで）。また一八一二年戦争（米英戦争）では、ベルギーで英国との平和交渉に立ち会い、ゲント条約にサインしている（一八一四年）。続いて一五年から一七年までは英国大使も務めていた。

一七年、国務長官に任命され、八年間その任に当たる。この時代に、アダムズは合衆国の外交政策の基盤である孤立主義を確立させた。「いかなる国であろうとも、南北アメリカには干渉させない」という、合衆国の西半球での覇権と孤立主義を世界に宣言したモンロー・ドクトリンであるが、創案したのはアダムズである。

もう一つ、国務長官時代の重要な仕事に、スペインとの長年に渡る抗争を解決した、アダムズ＝オニス条約（トランスコンチネンタル条約）の締結がある（一九年）。この条約により東フロリダ地域と西フロリダ地域が合衆国に属することになり、南のスペインからの脅威を懸念することなく西部開拓ができることになった。また、その前年には英国との外交交渉により太平洋岸のオレゴン地域を英国との共同領有としており、西部を除く合衆国の領土はほぼ確定された。

闇取り引き

満を持し、アダムズは一八二四年の大統領選挙に出馬する。しかし西部出身の候補者で、国民的英雄のアンドリュー・ジャクソンが一般投票と選挙人投票ともに多数を獲得してしまう。だが憲法に定める過半数に達せず、結着は下院に委ねられた。結局上位三人の勝負となったが、アダムズが全米二十四州の過半数である十三州を獲得、ジャクソンが七州、そして候補者のひとりだったヘンリー・クレイがアダムズ支持に回ったため、アダムズが勝利したのだった。

大統領となったアダムズがヘンリー・クレイを国務長官に任命するや、ジャクソンと彼の支持者は「闇取り引き」と激しく非難した。しかしこのクレイの抜擢には背景がある。「国家」と「連邦」という言葉を好んで使うアダムズは、中央集権国家の建設を目指していた。国立銀行の設置、保護関税、軍隊の強化、公有地の管理、アメリカ先住民と彼らの土地の保護、国内開発計画（道路、運河、鉄道の建設）、国立大学の設置を含む教育の充実、科学の発展を連邦政府の権限で行うというアダムズの構想は、マディソン大統領が推進した政策でもあるが、ヘンリー・クレイの言う、「アメリカ体制」そのものでもあった。アダムズはクレイを国務長官に任命して、これらの政策の実現を託そうとしていたのだ。

しかし、アダムズは時代を先取りし過ぎた。州権論の全盛期であるこの時代は、「小さい政府」が良しとされていたのだ。北部で日増しに高まる奴隷制廃止運動を牽制する目的もあって、南部の政治家は「アダムズの推進する国家プログラムは違憲である」と強く反対したのである。

十九世紀最大の政治課題のひとつに、関税問題があった。保護関税を主張する北部と自由貿易を主張する南部とに、国内は二分されていた。一八二八年に、高率の保護関税法案である「忌わしい関税」が北部議員の圧倒的な賛成のもとに成立するが、南部の激しい反発を買い、結果としてこの法案がアダムズの再選を阻むことになる。

同年の大統領選挙は人気のジャクソンと、大衆からも政党からも支持されない現職アダムズの一騎討ちとなった。互いに私生活上のスキャンダルの応酬を繰り広げ、史上稀に見る醜い選挙戦となったあげく、アダムズはジャクソンに敗れてしまった。

奴隷制廃止論者として

選挙期間中、アダムズはクレイとの「闇取り引き」を激しく非難され選挙後引きこもるが、再び政界に戻り、一八三〇年から十七年間、マサチューセッツ州選出の下院議員を務めている。

下院議員時代の勝利に、一八三九年のアミスタッド裁判がある。ここにアダムズの生涯すべてが凝縮されているといっても過言ではない。西アフリカで拉致され、奴隷商人にキューバのハバナで買われた奴隷五十三人が、帆船アミスタッド号でキューバのプエルト＝プリンシペに移送中、謀反を起こす。そして白人船員二名を殺し、船を乗っ取った事件である。アミスタッド号は大西洋上で拿捕され、奴隷たちはコネチカット州の刑務所に送られ裁判にかけられた。だが、最高裁判所でアダムズは、当時奴隷売買が国際法違反であったことから、「不法な奴隷の身分から逃亡した者は、いかなる奴隷であろうとも自由人である」と奴隷制廃止論を得意の雄弁で展開したのである。アダムズは生き残った三十九人の奴隷をスペインの農園主から護り、彼らをアフリカ（今のシエラレオネ）に帰すことに成功した。

もうひとつの輝かしい勝利は、箝口令を八年の歳月をかけて撤回させたことである。アダムズは議会に「一八四五年以降に合衆国で生まれた者を奴隷にすることはできない」との請願書を何度も提出していた。だが、三六年に成立した箝口令を盾に、この奴隷廃止の請願書は議会に提出されると自動的に棚上げされていたのだ。しかし「老雄弁家」のニックネームを持つ彼は、憲法の見地から請願の権利を得意の雄弁でくり返し主張して一歩も譲らず、ついに四四年、箝口令を撤回させたのである。

己の信念のままに生きたジョン・クインシー・アダムズは、四八年二月一日、脳卒中で倒れ、二十三日に死去する。彼の三人の息子のうち一番若いチャールズ・F・アダムズの三人の子（ジョン・クインシー・アダムズ、ヘンリー・アダムズ、ブルックス・アダムズ）が著名な歴史家（チャールズ・F・アダムズの孫）である。なお長男は名家の過重な期待に押し潰されたかのように二十八歳で自殺、次男は事業に失敗し酒に溺れ、失明した末に三十一歳で死去している。

（中村安子）

ジョン・クインシー・アダムズ John Quincy ADAMS　一七六七年マサチューセッツ植民地ブレイントリー（現クィンシー）生まれ。ジョン・アダムズの長男。ハーバード大学卒業後弁護士になり、九四年駐蘭公使、九九年駐普公使、ルイザ・キャサリン・ジョンソンと結婚、一八〇三年上院議員。ハーバード大教授、駐露公使を経て一七年国務長官、二四年大統領に当選、二五年就任（五十七歳）。二八年再選を目指すもジャクソンに敗れる。三〇年下院議員となり、その死まで務め上げた。四八年ワシントンで死去（八十歳）。

第7代
ジャクソン アンドリュー
民主党／任期一八二九年三月四日〜三七年三月四日
Andrew JACKSON:1767.3.15-1845.6.8

アンドリュー・ジャクソンは対英戦争時ニューオリンズでの戦いに勝ち、合衆国を勝利に導いた国民的ヒーローである。二回の激しい選挙戦の末、一八二九年にホワイトハウス入りしたジャクソンは、国民の圧倒的な支持のもと政治改革を行い、多数決原理に基づいた「ジャクソニアン・デモクラシー」の時代を築いた。特権階級（金権貴族）に敵意を燃やしたが、彼の言う「人民の機会平等」のなかには女性も先住民（インディアン）も黒人奴隷も入っていなかった。また、彼はこの時代に台頭した様々な社会革命運動も否定している。

孤児からヒーローへ

ジャクソンはサウスカロライナの片田舎に、貧しい北アイルランド移民の子として生まれた。父親は彼の生まれる前に亡くなった。十三歳でアメリカ独立戦争に志願したが、その際に母親と兄二人を亡くし、天涯孤独の身の上となる。公的な教育をほとんど受けなかったが、独学で法律の勉強をし二十歳で弁護士となった。

一七八八年にテネシー州憲法会議委員となったジャクソンは、九六年下院議員、九七年上院議員に当選。その一方で土地投機で財をなしていたが、九八年経済的困窮に陥り議員を辞職した。しかし直後、州最高裁判事に任命され、金銭的な逼迫から解放される。一八〇四年、その職を辞した後は、テネシー州ナッシュヴィルで綿花農園主となった。

かねてよりジェファソンとマディソンの対英及び腰外交に憤慨していた彼は、一八一二年に対英戦争が勃発すると勇んで参加する。一四年英国に味方するクリーク・インディアンを大量殺戮した上、二千三百万エーカーの土地譲渡条約書にサインさせ、彼らをアラバマ州とジョージア州の辺境から追放してしまう（八月十四日）。この業績が認められ、民兵の一将軍から連邦

サインと、ジャクソンの死の直前に描かれた肖像（1845年）。G・P・A・ヒーリー画、ワシントンD.C.のコーコラン・ギャラリー蔵。

軍隊の将軍に昇格、イギリスの攻撃を食い止める命を受けニューオリンズに向かうこととなった。

一進一退の戦況のうち、ベルギーでイギリスとの和平交渉が行われ、ゲント条約（一八一四年十二月二十四日）が締結され、英米戦争は終結する（イギリスは奪った領土を返還することになった）。それを知らなかったジャクソンはニューオリンズの戦いで大勝利をあげる（翌年一月八日）。ワシントンを焼かれ、思わしくなかった戦況だっただけに、ジャクソンは一夜にしてアメリカの強さと正義のシンボルとなったのである。時の大統領マディソンのリーダーシップへの不信感も払拭された。当時、多くのアメリカ人男性は自らを〝叩き上げの人間〟と見なしていたが、まさにジャクソンは彼らの代表であった。〝Old Hickory〟（アメリカの最も堅い木）のニックネームを持つ西部の貧しい開拓民の子、野性的で強い意志を持つジャクソンは、大衆のヒーローとなった。

ジャクソンの馬上の勇姿。彼は1814年クリーク・インディアンをアラバマで撃破、翌年ニューオリンズで大勝利を収め、一躍国民的ヒーローとなった。

一八一七年再び軍隊に戻り、翌年三月、政府に無断でスペイン領フロリダに侵攻、セミノール族の村落を破壊した。時の国務長官ジョン・クインシー・アダムズは、この無法な侵攻を逆手に取ってスペインの監督不行届きを非難し、一九年にはフロリダを合衆国に譲渡させることに成功する。

醜い大統領選挙

一八二三年テネシー州政府が米英戦争のヒーローであるジャクソンを大統領候補に指名すると、全米から熱狂的な歓迎を受けた。ジャクソンのライバルとなったのは共和党（デモクラティック・リパブリカン）の同胞である西部のヘンリー・クレイ、東部のジョン・クインシー・アダムズ、そして南部のウィリアム・H・クロフォードの三人であった。最終的にクレイはアダムズの支援に回り、アダムズが勝利した。しかし、アダムズがクレイを国務長官に任命するや、ジャクソンと彼の支持者は

「闇取り引き」と誹謗しはじめる。

次の二八年の大統領選で彼の支持者は「ジャクソニアン」と呼ばれ、マーティン・ヴァン・ビューレンを筆頭とする「ナッシュビル結社」を結成した。アダムズとクレイとの「闇取り引き」や、南部にとっては忌わしい高率関税法（二八年五月法案通過、「唾棄すべき関税」と称された）を攻撃材料に、ジャクソンの国民的人気を最大限に活用し、新聞記者、都市労働者、西部の開拓民、南部の農園主、農民、地方の銀行家、自営業者を味方につけたのだった。

大統領選は過熱し、政策論争というより史上稀に見る醜いプライバシー侵害合戦となった末、ジャクソンが勝利する。一八二〇年の連邦党（フェデラリスト）の消滅以来、共和党が唯一の政党であったが、二六年の議会選挙以降アダムズは、自身を国民共和党（ナショナル・リパブリカン）と呼んでいた。共和党は、二八年の大統領選でジャクソンが登場して以来、民主党——現在の民主党の原型（デモクラッツ）と呼ばれるようになっていた。近代的な政党の誕生、そして政党政治の始まりであり、ジャクソニアン・デモクラシーの誕生であった。

激動の時代の大統領

アイルランド系スコットランド人ジャクソンの生涯は、政治の中枢を握る貴族的な特権階級を憎み、さらに英国を敵視することで貫かれていた。尤もジャクソンは、六十一歳で大統領となったとき、テネシー州の綿花プランテーションで奴隷を百人以上も所有しており、決して庶民とは言えなかったが……。

十八世紀末から十九世紀にかけて、まさに激動の時代であった。英国の産業革命による繊維産業の飛躍的な発展と、一七九三年のイーライ・ホイットニーの綿繰機の発明が合衆国の綿花栽培を激増させる。対英戦争後、都市には工場制木綿工業が次々と台頭し、さらに鉄工業も機械や鉄道の需要に伴って飛躍的な発展を遂げる。都市への人口流入、画期的な輸送機関の発展、さらに、西部への大移動も行われた。

このように、商工業の目覚ましい発展は機会の平等を広げたが、その代償も大きく、都市には土地を失った農民や職を奪われた熟練工が溢れた。そして、多くの若者が少数の資産家に依存する賃金労働者となった。

時代が大きく転換する中、一部の特権階級に利することなく大衆の機会平等を実現させてくれる、新しい社会に相応しいリーダーとして、選ばれたのがジャクソンだったのである。

このような状況の中、ジェファソンの共和主義を実現するには、時代の変化が激しすぎた。建国以来、それこそ合衆国憲法制定以前から、ジェファソニアン（農業中心の州権論者）かハミルトニアン（商工業中心の中央集権論者）かという問題は論争になってきたが、時代のリーダーたちは、時代の要請に応える形で双方のバランスを保ってきた。州権論と中央集権論が緊迫する中、ジャクソンも次々と自己流の考えと政策（「連邦法無効宣言」無効、「第二合衆国銀行」打倒）を打ち出すのである。

大統領拒否権／台所内閣／猟官制度

ジャクソンが最大限に利用したのが大統領拒否権である。彼以前の全大統領の拒否権総数よりも多い。特に国内開発を国費で賄うという法案には過敏だった彼はそこにいち早く、特権階級の利権と汚職を嗅ぎ付けたのである。尤も多数の民主党員がいる選挙区には拒否権発動どころか助成金さえ出し、その見返りにジャクソン自身と民主党への忠誠を求めた。

ワシントンD.C.での就任式へ向かうジャクソン。汽船や馬車に乗り、群衆に手を振りながらの旅となった。

ジャクソンはホワイトハウスの助言者には友人や西部の新聞編集者を選んだ。これが有名な「台所内閣」である（今日の合衆国でも引き続き行われている）。

ジャクソンが最初に行った改革は、ジョン・クインシー・アダムズ大統領以来の連邦職員一〇パーセントの首を切り、ジャクソン支持者に交替させたことである。いわゆる「公職の定期的交替制」で、ジャクソンは「誰でも公職に就くことができるし、またその権利がある」「公職の定期的な交替がなければホワイトハウスは効率が悪くなり汚職も生じる」と主張。反ジャクソン派はこの交替制を「戦利品は敵の利権と官職」という〝spoils system〟（猟官制度）そのものだとしてジャクソンを強く非難した。

先住民の強制移住

一六〇〇年以来、北アメリカに侵入してきた白人の、先住民に対する政策はその都度揺れていた。時には先住民を皆殺しにし、時にはクリスチャンに改宗、農業化させる同化政策へと傾いた。ワシントンもジェファソンも同化政策支持者であった。

数度にわたり先住民への攻撃をくり返したジャクソンだが、皆殺し政策にも同化政策にも反対した。彼の解決策は、先住民を先祖伝来の土地から遠くミシシッピ河以西に追いやることであった。クリーク族やチョクタウ族は抵抗したが、一八三〇年「先住民強制移住法」は成立した。合衆国は先住民をミシシッピ川以西のオクラホマ地方に強制的に移住させ、彼らが住んでいた土地を奪い、西部開拓民に開放したのである。

州権――連邦法無効宣言

ジャクソンは中央政府と州政府の権限を巡る論争に直面するが、その代表が保護関税と、中央銀行である合衆国銀行設立に関する論争である。ジャクソンは州権論者であったが、連邦統一の信念を曲げることは決してなかった。

サウスカロライナの過激な州権論者であるジョン・C・カルフーンは、ジャクソンとの意見の対立から副大統領（一八二九～三二年）を辞任して上院議員となり、三二年に「唾棄すべき関税」である高率保護関税法は違憲であり無効である、と宣言し大論争を引き起こした。

カルフーンは以下のような「連邦法無効論」を展開する。

「合衆国憲法は、自由が保証された十三の自治州との契約を基本としている。今でも憲法がその契約で成り立っているなら、依然として十三州は自治州であり、連邦法が違憲か否かを決定する権利は各州にある。もし連邦法が州法と対立するときには、その連邦法は違憲であり無効であると州政府は連邦政府に宣言する権利を有する。もしその権利を認めないなら、連邦政府は少数派の権利を無視することになる。多数派から少数派を護らないなら、州はいつでも連邦から脱退できる」

サウスカロライナ州は、関税法の背後にある、東部・北部の奴隷制廃止論を確信し、その前哨戦として、まず保護関税法案を批判したのである。阻止しなければ南部の存在が脅かされる――憲法が保証する州の自治権に、南部の正義を求めたのだ。

しかし州権論に理解を示すジャクソンもジェファソン記念日の晩餐会の席上で「我らの連邦、統一を守らなければならない」と述べ、連邦からの脱退をほのめかすカルフーンに対し、徹底抗戦の構えで臨む。サウスカロライナ州に「連邦法無効宣言は無効である」と大統領令を出し、軍隊を派遣するという強攻策に出たのである。結局サウスカロライナ州は、三三年ヘンリー・クレイの提案した、非課税品目を増やし、漸次関税を引き下げるという妥協関税法案を承認し「連邦法無効宣言」を撤回したのだった。

中央集権――合衆国銀行論争

銀行の特許有効期限が四年後に迫っていた、合衆国銀行総裁ニコラス・ビドル（反ジャクソン派）は、三二年特許延長法案を連邦議会で通過させた。しかしジャクソンは拒否権を行使、上院はこの拒否権を覆すことができず合衆国銀行の設立は断たれた。ジャクソンは、公金で特権階級の便宜を図り、投資利益を分配する合衆国銀行をモンスターと呼び、人民の敵として激しく非難する。「合衆国銀行は私を殺そうとしているが、逆に私が殺す」……三四年、ジャクソンは連邦政府預託金を合衆国銀行から引き上げさせ、州法銀行や政敵のクレイが言う「お気に入り銀行《ペット・バンクス》」に分預させたのである。金融界は恐慌状態に陥り、商工業者の多くは破産した。資産家の陳情にジャクソンは「来る所が違う！　ニコラス・ビドルに頼め！」と言い放った。総裁ビドルは金融緩和を余儀無くされるも、すでに痛手が大き過ぎた。ついに合衆国銀行は、中央銀行からペンシルヴァニア州の州法銀行の一つに転落し、四一年には破産した。

　結果としてジャクソンが招き寄せた一八三三～三四年の恐慌は、新しい政党、ホイッグ党を誕生させた（一八三四年）。その中心となったのは国民共和党、民主党を問わず、「国王アンドリュー一世」（ジャクソンの専制を批判した呼び名）に反対した人たちだった。特権階級を憎んだ彼は皮肉にも自らが多大な権力を有する存在になっていたのである。彼以降、大統領職には大きな権限が与えられ続けている。

レイチェル夫人の肖像。ジャクソンと再婚した彼女への誹謗中傷は凄まじく、夫人はそのショックから夫の就任式を前に心臓発作で死去した。

　ジャクソンの任期があと数ヵ月という時、州法銀行は紙幣を乱発し、土地投機熱は沸騰、そしてインフレーションに陥った。そこでジャクソンは公有地の支払いに、金貨ないしは銀貨を義務づけた正貨流通令（三六年）を出す。しかし、それは翌年の恐慌を拡大させただけであった。

　大統領を辞した後も民主党内での影響力は大きかったが、個人的には、養子にした甥の借金を肩代わりしたため、晩年ジャクソンは金に困っていたという。さらに戦争で受けた銃弾がいくつも身体に残っていて、それは死ぬまで彼を苦しめた。

（中村安子）

アンドリュー・ジャクソン　Andrew JACKSON
一七六七年今のサウスカロライナ州の開拓地のどこかで生まれる。九一年テネシー州ナッシュヴィルの下宿屋で会ったレイチェル・ドネルソン・ロバーズ夫人と結婚、しかしレイチェルの離婚が不成立であることが判明し、九四年に式を挙げ直す。九六年下院議員、九七年上院議員、一八〇二年テネシー州兵の将軍。一五年ニューオリンズでイギリス軍を撃破、一躍国民的英雄となる。二九年大統領（六十一歳、なお同い歳の妻レイチェルは就任式の一ヵ月前に死去）、三三年再選。四五年ナッシュヴィルで死去（七十八歳）。

第8代 ヴァン・ビューレン マーティン

民主党／任期一八三七年三月四日～四一年三月四日

Martin VAN BUREN:1782.12.5-1862.7.24

ヴァン・ビューレンは上院議員、ニューヨーク州知事、そしてジャクソン大統領二期目（一八三三～三七年）の政権下で国務長官と副大統領を務めた。一七八二年ニューヨークのオランダ人の村、『スリーピー・ホロー』で知られるキンダーフックという町に、（イギリス人としてではなく）アメリカ市民として生まれた最初の大統領である。

オランダから年季奉公に来た祖先をもち、父親はニューヨークで酒場を経営していた。政治家の馴染みの店だったので、早くから政治談義に慣れ親しんだ。十四歳まで村の学校に通った後、地元の弁護士に付いて法律の勉強をし、二十一歳の若さで弁護士となる。キンダーフックで弁護士事務所を開くと、たちまち勤勉で有能な弁護士との評判を取った。

一八二八年、共和党（デモクラティック・リパブリカン）はジャクソンを大統領候補に指名する。共和党はジャクソンの登場で民主党と呼ばれ始めるが、ヴァン・ビューレンはニューヨークでのその組織作りに才能を発揮するようになる。小柄で野心的、かつ思慮深いヴァン・ビューレンは〝小さな魔術師〟と呼ばれ、ニューヨークの政界を舞台にめきめきと頭角を現わした。その後政治活動の場を移し、ジャクソンの大統領選挙本部の参謀となる。

サインと肖像（1864年）。G・P・A・ヒーリー画、ホワイトハウス財団蔵。

当時の彼の功績の一つは、今日も行われている大統領選のスタイルを編み出したことである。それは、選挙運動用の歌やスローガンを作り、パレード、バーベキュー、植樹祭、夕食会を催し、党員と選挙候補者のためにお揃いのジャケットを作り、漫画やユーモア溢れる小咄を定期的に全国紙に載せ、党の宣伝に努めるというものだった。これらの一連の選挙運動で最も効果的だったのが、民主党のシンボルとしてhickory（樫の木）を使ったことであった。ジャクソンは一八一二年の対英戦争時、部隊の兵隊から〝Old Hickory〟（最も堅い木という意味）という二ック・ネームで呼ばれていた。樫の木の棒、杖、箒が全米の至る所で見られ、地方の民主党クラブや武器製造会社は、樫の木の植樹祭を催した。これら一連の選挙運動は選挙への関心を喚起し、ジャクソン以前には特権階級が独占していた政治の世界に、人びとの参加を促す効果があったのである。

ジャクソンの信任厚いアドバイザーとして副大統領となったヴァン・ビューレンは、民主党大会で大統領候補として指名され、大統領となる。ジャクソンの側近中の側近であった彼は、ジャクソンの方針や政策を変えず、前政権のメンバーもそのまま指名した。大統領就任式で彼は「(合衆国には)他国では見られない人間の幸福の集大成がある」と演説したが、就任後三ヵ月にも満たないうちに、大恐慌に見舞われた。この恐慌が彼の立場を不利にし、一八四〇年の大統領選に民主党の指名は受けたものの、ホイッグ党のウィリアム・ヘンリー・ハリソンに敗れることになる。

その後、奴隷制反対の立場を取ったヴァン・ビューレンは、民主党とホイッグ党の奴隷制廃止論者が集結して創設した自由土地党(自由な土地、自由な言論、自由な労働、自由な人々)の指名を受け、一八四八年再び大統領選に立った。民主党に見放され南部の支持は得られなかったが、奴隷廃止論者の多い北西部では民主党獲得総数の一〇パーセント(約二十九万票)がヴァン・ビューレンに流れ、さらにニューヨーク州では、民主党候補者ルイス・クラークより多くの票を獲得することができた。彼の立候補は奴隷制をめぐって党内の派閥争いを引き起こし、民主党の分裂と弱体化を狙ったヴァン・ビューレンは同党への復讐を果たすことができたのだった。

ヨーロッパで数年過ごした後、一八五五年に公職を辞し、故郷キンダーフックに帰り余生を送る。一八六二年七月二十四日、自宅で七十九歳の生涯を終えた。

(中村安子)

ファーストレディを務めた、長男エイブラハムの妻アンジェリカ・シングルトン。彼女はドリー・マディソンの親戚筋に当たる。H・インマン画、フリック美術図書館蔵。

マーティン・ヴァン・ビューレン Martin VAN BUREN
一七八二年ニューヨーク州のオランダ系コミュニティのキンダーフック生まれ。一八〇七年ハンナ・ホースと結婚(夫人は一九年死去)。一二年ニューヨーク州上院議員、二一年連邦上院議員、二八年ニューヨーク州知事、二九年国務長官、三三年副大統領、三七年大統領(五十四歳)。四〇年再選に失敗、四四年民主党指名選に敗北、四八年奴隷制に反対する自由土地党から出馬も惨敗。六二年生地で死去(七十九歳)。

アメリカ大統領になるには

アメリカはすべての人が平等であることを建前とする、民主主義の国である。だから憲法にも明記されているように三十五歳以上の合衆国で生まれた市民なら、誰でも大統領になる資格がある。だが同時に大統領職は国民全体から直接選び出される唯一の公職であり、彼らを統治する最高の責任を負うポストである。それだけにこの職に就く者にはいくつもの選挙を勝ち抜く強い意志と抜きんでた能力、さらには時の運もそろうことが必要になる。

合衆国憲法成立後の初代ワシントンから六代目までの大統領がいずれも上流階級の出身者だったのには、歴史的、制度的な理由がある。合衆国憲法の制定を推進しフェデラリストと名乗った政治集団は、商工業経営者、大農園主など当時の社会の上流階級の利害を代表する各州のエリート政治家の集まりだった。彼らは民主主義の原理は受け入れていたが、同時に「貧しい多数派の専制」を恐れた。そこで多数派の牙城となる可能性のある議会から行政府の長（大統領）の選出を独立させ、その選出も人民に直接投票させずに、各州が選び出した「大統領選挙人」による投票という間接選挙で選ばれるような仕組みを作った。人口に応じて各州に割り当てられる大統領選挙人は「州議会で定めるやり方で」選出すると憲法に規定したが、実際には各州議会自身が選挙人を選出していたので、当時の有権者は大統領選挙で直接、投票する機会はなかった。

ホワイトハウス

だが十九世紀に入って民衆の政治参加を求める動きが強まり、大統領選挙人を選挙民に直接投票させて選出する州が増えた。各州で民衆が支持する政党の大統領候補に投票し、州ごとに選出される大統領選挙人は自州の選挙民の投票結果に拘束されるようになったので、大統領は事実上、一般有権者の投票で選ばれることになったのである。政党の側も大衆的人気を持つ候補者を指名する必要に迫られ、全国の党員を集めた党大会を開いて候補者を指名するようになった。かくして上流階級出身の学識ある大統領たちに代わって、辺境州で活躍する庶民のヒーロー的な人物（多くは軍人）や、中下層出身で地方政界からのし上がった職業政治家が大統領に選出されるようになる。その第一号が、孤児から独学で身を起こして辺境テネシー州の公職に就き、英米戦争での武勲で国民的英雄となって一八二八年の大統領選に勝利したジャクソンである。そして偉大な大統領リンカンは、文字通り丸木小屋で生まれたケンタッキーの開拓農民の子だった。

ところが二十世紀に入るとまたエリート出身の大統領が登場するようになる。一九〇一年から二一年までの大統領、セオドア・ローズヴェルト、タフト、ウィルソンはいずれも上流家庭の出身であったり、自身が博士号を持つ高学歴者であった。また三〇年代のフランクリン・ローズヴェルトと、六〇年に最年少の四十三歳で大統領に当選したケネディも名門の家の出である。タフトを除いていずれも革新的な大統領で、強いリーダーシップをふるった。

二十世紀に入って行われた大統領選挙の重要な制度改革の一つに予備選挙制度の導入がある。各党の州組織が大統領候補指名の党大会に送る代議員を州内の全党員の投票で選出しようとするもので、党員の資格が曖昧なアメリカでは、各々の党の候補者指名に関心を抱く一般の有権者も投票できる制度に発展した。一九七〇年代前半に再度改革が行われ、予備選挙を採用する州が急増したため、大統領の座を目指す有力政治家は、まず党の候補者としての指名を獲得するために、三十余りの州の予備選挙のすべてに参加して、代議員の獲得に努めなければならなくなった。

予備選挙の普及と金のかかるメディア選挙のさらなる進展は、中央政界では無名の新人候補にチャンスを与えた。選挙資金を集め各州を丹念に回って自己の支持組織を作り、予備選の緒戦で善戦すればメディアの注目を浴びて一躍有力候補に浮かび上がる。さらにその新人が人々とうまくコミュニケーションする能力を備えていれば、指名を得た後の本番の選挙でも強い。候補者によるテレビ討論では、議論の内容より視聴者に好感を持たれるしゃべり方や態度がカギを握るからである。州知事から大統領になったレーガンの、元俳優の経験から得たコミュニケーションの技能は抜群であったし、同じく州知事出身のクリントンも国民と対話する能力ではレーガンに匹敵した。アメリカ国民は十九世紀半ばには庶民出身の大統領を求め、アメリカが世界と直面した二十世紀の危機の時代には、大統領に強いリーダーを期待した。そして冷戦後の今日、アメリカ人の好む大統領は、その出身階層を問わず人々と良きコミュニケーションを保ち、彼らの複雑な願望や要求に敏感に対応してくれる人物であるように思われる。

（砂田一郎）

第9代

ハリソン ウィリアム・ヘンリー

ホイッグ党／任期一八四一年三月四日〜四月四日

William Henry HARRISON:1773.2.9-1841.4.4

ハリソン家はヴァジニア植民地でも屈指の名家である。祖先にはアメリカ植民史の第一ページに出てくる先住民（インディアン）の少女「ポカホンタス」の血が流れているという。ハリソン家四代目のウィリアム・ヘンリーは、「独立宣言」署名で有名なベンジャミン・ハリソンの三男としてヴァジニアのチャールズシティに生まれている。

彼は父の望みで医学を学び、一七九〇年にハンプデン・シドニー大学を卒業したが、父が亡くなると軍隊に志願、九一年にはヴァジニア義勇団の少尉となる。以来八年間先住民と戦い続けた。この間に数々の戦功をあげるとともに、九五年にはオハイオでアンナ・シムズと結婚している。新居は丸太小屋だった。

一八〇〇年には二十七歳で大尉になり、ジョン・アダムズ大統領から現在のイリノイ、ウィスコンシン、ミシガン、インディアナの四州を含む「インディアナ・テリトリー」の知事に任命されている。その後十二年もの間知事を務め、その間彼は先住民との土地購入交渉に尽力した。彼によってアメリカ領に加えられた面積は日本本土の二倍にも達し、中央政府から高い評価を受けることができた。また一一年にはティペカヌーの川の戦いでテカムセを族長とする先住民を破り、国民から「老ティペカヌー」と呼ばれるほどの人気も得た。その後、西北地区の最高司令官に任命され、英米戦争中の一三年十月、オンタリオのテムズ川の戦闘でテカムセを倒し、西北部の制圧を完了している。

国民的英雄となったハリソンは一八一六年に下院議員に当選し、二五年にはオハイオ州から推されて三年間上院議員を務めた。ジョン・クインシー・アダムズから南米コロンビアの公使に任命されたが、二九年には敵党出身のジャクソン時代になり辞職、オハイオのシンシナタ市近郊の農園に戻る。

しかし三六年にジャクソン派の民主党に対抗するために「ホ

サインと肖像（1840年）。A・G・ホイト画、ナショナル・ポートレート・ギャラリー蔵。

イッグ党」が組織され、同年の選挙には候補者の足並みが揃わず、その結果ハリソンが「ダークホース」として指名を受けることになった。結果は一七〇対七三の大敗。自らの政治的才能に見切りを付けた彼は再び農園に戻る。財産を使い果たしていたので倉庫を改造してウィスキーを作り、かろうじて生計を立てたという。

　ハリソンは一八四〇年に再び選挙に担ぎ出される。今度は南部票を集めようと副大統領候補に州権論者のジョン・タイラーを立て、「丸太小屋とハード・サイダー（アルコール度数の高い果実酒）」のスローガンで大衆の人気を得ることに成功。一方再選をかけたヴァン・ビューレンは、不況や先住民との戦いで多数の死傷者が出たことで、人気を失くしていた。こうして二三四対六〇と大勝した。

丸太小屋のイラストに「オハイオ・ファーマー」と書いてある、1840年のハリソンの宣伝ポスター。ニューヨーク歴史協会蔵。

　一八四一年三月四日、雪の降る寒い日にハリソンは第九代大統領に就任した。前日、ダニエル・ウェブスター国務長官が就任演説の原稿を書こうと申し出たが、それを断り自ら執筆した。その内容はアメリカ政治に無関係のローマ史であったという。こうして彼は六十八歳と二十三日と当時史上最高齢の大統領となった。その就任自体自らの意に反するものだったが、寒い日に手袋も帽子もコートもなしに一時間四十五分も演説し、ホワイトハウスまで馬に乗ってパレードし、三つの祝賀会に出席したスケジュールは彼の健康を損ねるものだった。風邪をこじらせたハリソンは急性肺炎となり、就任から一ヵ月後に死亡した。

　ハリソンは生前、二期は絶対にやらないといっていたが、その心配は必要なく、任期中にホワイトハウスで亡くなった最初の大統領となった。彼は死の床に不在の副大統領タイラーに「あなたが政府の原則を理解して実行してほしい」という言葉を残した。こうして彼のわずかな大統領生活は幕を閉じた。

（山本茂美）

ウィリアム・H・ハリソン　William Henry HARRISON
在職中に没した最初の大統領。一七七三年ヴァジニア植民地生まれ。九一年から九八年まで軍隊で戦いつづけ、一八〇一年から一二年までインディアナ・テリトリーの知事。一三年には総司令官として英国=先住民連合軍を破り国民的英雄となる。ホイッグ党は四〇年に彼を指名、大差で当選するも、翌年肺炎のため就任後一ヵ月で死去（六十八歳）。

第10代

タイラー ジョン

ホイッグ党／任期一八四一年四月四日～四五年三月四日

John TYLER:1790.3.29-1862.1.18

ヴァジニア生まれでは六人目の大統領タイラーは、チャールズシティ郡グリーンウェイ・プランテーションでヴァジニア州知事（一八〇八～一一年）や連邦地方裁判所の判事を務めた父ジョンの次男として生まれた。前大統領ハリソンも同じヴァジニア州出身だった。タイラーは副大統領だったが、正副大統領を同一地区から選んだのは、アメリカ史ではあまり例のないことである。

大学進学のためいくつもプライベート・スクールに通った後、十二歳でウィリアム・アンド・メアリー大学に入学、十七歳で卒業。その後法律を学び、十九歳で弁護士の資格を取る。

彼は二十一歳でヴァジニア州会議の下院議員に当選、一八一一年から一五年まで在任した。二十七歳で国会に送り出され、三十五歳でヴァジニア州知事、三十七歳で上院議員と順調に出世した。この間、連邦政府予算による国内交通路の開発、国内産業保護のための関税、連邦銀行制度などに反対している。

一八二〇年代から三〇年代にかけては、ジェファソン派の共和党（リパブリカン）が解体し、アメリカの政党は混沌とした状況にあった。この情勢を反映したような政治行動をしたのがタイラーであった。二八年の大統領選挙ではアンドリュー・ジャクソン候補を支持するが、三二年には関税無効宣言を出したサウスカロライナ州に武力行使も辞さずとするジャクソン大統領に反対、政権から離れたため、ヘンリー・クレイ、ダニエル・ウェブスターなど、ホイッグ党を結成した北部のナショナリストと提携することになる。

一八三六年にオハイオ州のハリソンと組み選挙に出たが負け、三九年に再度挑戦し大勝、副大統領の地位を手に入れた。しかし、このときも二人の出身地ヴァジニア州でホイッグ党は負けている。その一ヵ月後にはハリソンの急死により大統領に昇格することになった。

サインと肖像（1842年）。G・P・A・ヒーリー画、ワシントンD.C.のコーコラン美術館蔵。

タイラーは副大統領が昇格した初めての大統領である。前例のない事態で、タイラーが大統領になるか、副大統領のまま職務を代行するかが問題となったが、結局彼は、正常な手続きで選出された大統領の場合とまったく同一の権限と名誉を引き継ぐ、という前例を確立した。

政権を引き継いだものの民主党出身のタイラーはホイッグ党内では居心地が悪く、特にクレイとの協調に苦労していた。しかし、これは彼の政策にも原因がある。党議で決定した国立銀行の再開を拒否、さらにその修正案も握りつぶし、関税改革案までもつぶしてしまったのだ。

一八四一年九月十一日には前大統領が任命していた全閣僚に辞任され、残ったのは政界の神様と呼ばれた国務長官のウェブスターのみ。だが、メイン州とイギリスのカナダ領との国境問題交渉が終わった四三年五月に彼も辞職し、最終的なタイラーのスタッフはカルフーンを含む南部出身のメンバーで構成されることになった。国民にも人気がなかったタイラーは、後にホイッグ党から除名されることになる。

タイラーの任期後半の主要な政治問題は、奴隷州の増加に北部が反対していたテキサスの合併であった。タイラーの業績は、この大統領を辞職する日に議案が成立したテキサス合併と、海軍の全面的再編、全国の気象台の基礎作り、セミノール・インディアン戦争の終結、中国との条約提携によるアジアとの関係確立など数少ない。

彼はホイッグ党からの再指名の望みが消えたため、民主党とホイッグ党の不満分子から第三党を結成しようとしたが失敗。その後も内政面では活動を続け、一八五〇年の妥協法案や、五四年のカンザス・ネブラスカ法を支持した。六〇年にサウスカロライナ州が連邦を脱退、翌六一年初めに行われたワシントン平和会議に関与し、南北戦争開戦後のヴァジニア州脱退に際しても指導力を発揮した。

南部連合の国会議員にも選ばれたが、翌六二年、議会が始まる前の一月十八日、南部の勝利を信じながらリッチモンドで亡くなった。しかし、彼の死は公表されなかった。（**山本茂美**）

ジョン・タイラー　John TYLER
前任者の死によって就任した最初の大統領。在任中に結婚（一八四四年、ジュリア・ガーディナーと）したのも彼が最初。一七九〇年ヴァジニア州生まれ。一八一六年下院議員、のち上院議員やヴァジニア州知事を二度務めた。民主党のジャクソンに反対するホイッグ党結成に参加、四一年に副大統領、そして大統領となる（五十一歳）。四五年の在任最終日にテキサスを併合。奴隷制度の保持を約束して民主党に戻り、南部同盟の一員として六二年死去（七十一歳）。

第11代　民主党／任期一八四五年三月四日〜四九年三月五日

ポーク　ジェームズ

James Knox POLK:1795.11.2-1849.6.15

生い立ち

ポークはノースカロライナ州メクレンバーグで十人兄弟の長男として生まれた。父サミュエルは貧農だったが、ポークは身体が弱く仕事を手伝う体力がなかったので、家の中で本ばかり読んでいた。ポークが幼い頃、家族は土地投機業者の祖父が開拓したテネシーに移住している。

新開地で教会付属の学校に通いながら、十五歳の病気がちの少年は相変わらず本ばかり読んでいた。彼の夢は学者になることだった。しかし、農家の長男に生まれた彼は家業を継がなければならなかった。教育を受けられるほど豊かな家庭には育っていなかったのである。十六歳のときには胆石の手術に成功し、ついに彼は健康体となったが、それは勉強にさらに熱を入れる結果となった。

しかし父は勉強熱心な長男が気に入らない。学校を辞めさせられ、商家の見習いに出されたこともあった。ポークは農家が嫌でたまらず、学問を続けられるように母親ジェーン・ノックスを必死に説得した。その甲斐あってついに学校に戻ることが許され、さらにノースカロライナ大学で学べるようになったのである。だが身体が弱かったこともあり、性格は陰気。「笑うことを知らない男」という綽名を仲間に付けられたりもした。その一方で向学心は強かった。教師たちはとくに彼の文学的才能を絶讃した。彼は讃辞を受けると「自分は天才でも何でもない。ただ精出して勉強するだけ」と答えたという。

サインと肖像（1846年）。G・P・A・ヒーリー画、ワシントンD.C.のコーコラン美術館蔵。

大統領になるまで

一八一八年にノースカロライナ大学を卒業した後、フェリックス・グランディ議員のもとで法律を学び、二〇年に弁護士の資格を得た。二三年に州議会議員に当選し、やがて州立銀行と土地投機業者に反対して名を挙げた。二四年の大統領選挙では、

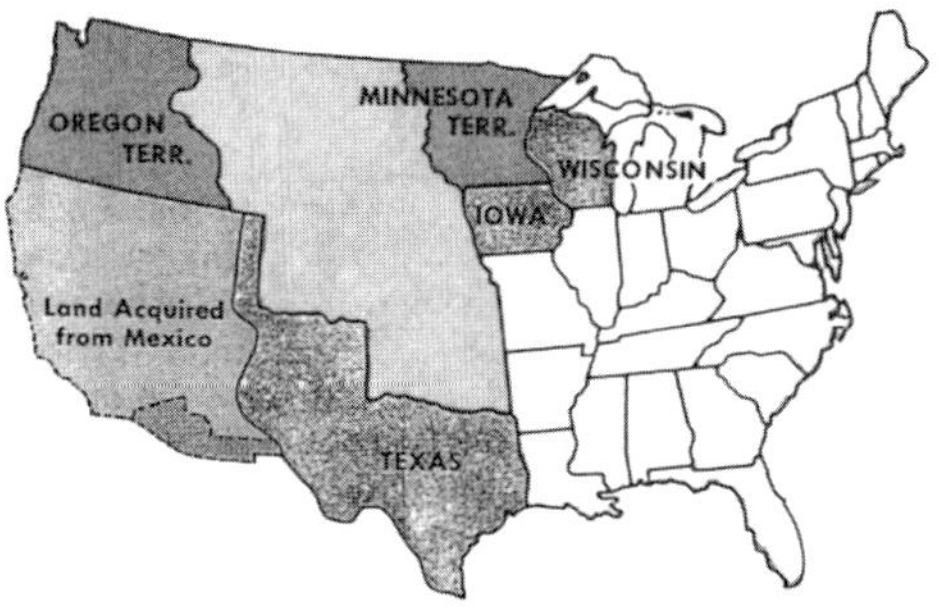

ポーク大統領時代の、合衆国領土の拡張を示した図。1845年にテキサス、46年アイオワ、48年にウィスコンシンが州に昇格した。同年オレゴン・テリトリーとミネソタ・テリトリーに加え、メキシコからも広大な領土を得た。49年のアメリカの人口は2,270万人である。*Presidents of the United States*, 1976, P. 565

ポーク家の人たちと親しく、特に父の旧友でもあるアンドリュー・ジャクソン候補を支援している。選挙後、ポークはジャクソン派の民主党員になり、二五年に連邦下院議員、さらに党幹部にもなった。その後七期下院議員を務めたが、強硬な州権主義者であった。中央政府の規模を縮小、「金のかからない政府」を理想としていた。三三年から三五年には、歳入委員会の委員長の座にのぼり、銀行政策を支持している。この政策の中には、合衆国銀行から連邦政府の資金を引き上げることも含まれていた。三五年から三九年までの最後の二期は、ジャクソン支持の見返りに下院議長の座を手に入れている。ポークは政府の法案の通過を助け、下院議員の権限の拡大に貢献した。さらに、三九年から四一年にかけてはテネシー州知事を務めたが、続く四一年と四三年の州知事選では再選されることはなかった。

　しかし、民主党のためにつねに忠誠を尽くしたポークは、一八四四年の大統領候補に選ばれることになる。予備選で有力候補のヴァン・ビューレンが過半数を得られず、じつは妥協の結果生まれた候補がポークだった。当時彼の名を知る人はさほどおらず、彼自身も「自分は副大統領で結構」と遠慮をしていたという。かたやホイッグ党の対立候補は知名度の高いヘンリー・クレイで、ポークは全く勝ち目がないと見られていた。そこで選挙運動中、ポークは民主党の各派閥と妥協をはかった。例えばカルフーン派の支持を得るために領土拡張主義の主張を取り入れたスローガン、「北緯五四度三〇分、さもなくば戦うのみ」を掲げ、オレゴン領有を主張したりしたのである。

　一方クレイは土壇場になってテキサスの併合に賛成するというへまをしでかした。そのために奴隷制度に反対する三十一万五千人のホイッグ党支持者の票をふいにしてしまった。

　選挙運動中は、民主党の委員でさえもポークに対し、こんな無名の男を推薦していいものか、と考え込んでしまうほど知名度の低い人物だったが、以上のような背景があり、勝敗の決め手になるニューヨーク州が僅差でポーク陣営に加わり、ダークホースの候補が結果としてわずかにクレイを破ることになったのである。

大統領時代

一八四五年、当時四十九歳という若さで大統領になったポークは、南北戦争以前では有数のスタッフを構成したのである。国務長官ジェームズ・ブキャナン、財務長官ロバート・J・ウォーカー、海軍長官ジョージ・バンクロフト、陸軍長官ウィリアム・L・マーシーなどがいた。彼らは民主党を代表する要人であり、再選をしないことを心に決めていたポーク同様に、ホワイトハウスの一員である間はその仕事に専念し、大統領に対する野心を捨てていた。また、党との摩擦をできるだけ避け、党内をまとめることに力を注いだ。

ところで、前任者タイラーの任期最後の夜、合衆国に編入されたテキサスではメキシコとの国境問題が残っていた。このような強引なテキサス併合に対してメキシコは、一八四五年三月、国交断絶の措置をとった。しかし、合衆国は同年十二月二十九日にテキサスを二十八番目の州として連邦加入を認め、さらにポーク大統領はスライデルを使節としてメキシコに送り、テキサスの他にニューメキシコやカリフォルニアを買収しようと試みた。しかし買収に失敗、四六年四月に勃発したメキシコ軍との衝突を口実に、五月十三日に宣戦を布告した。メキシコから獲得する領土が奴隷州となるのを恐れた北部勢力は、それを禁じる付帯条項「ウィルモット条項」を提案したが、下院では可決したものの上院では否決されてしまった。

この戦争でアメリカは三万足らずの兵を出しただけである。が、当時財政困難だったメキシコを破るのは容易《たやす》いことだった。四六年のうちにR・ストックトンはカリフォルニア併合を宣言し、ザカリー・テイラー将軍はモンテレーを占領した。翌四七年二月にテイラー軍はサンタ・アナ軍をブエナ・ヴィスタの戦いで破り、九月にはメキシコ・シティーが陥落した。そして四八年二月二日にガタルーペ・イダルゴ条約が両国間に締結され、メキシコ戦争は終結する。その結果合衆国は、メキシコに一五〇〇万ドルを払うこととひきかえにカリフォルニアやニューメキシコなどを含む広大な領土を獲得し、五三年のガスデン購入地（アリゾナ州のヒーラ川以南の土地）を合わせて、今日の合衆国の本土を領有完了することになる。

ポークがこのように領土の拡大を強行した政策をとった背景には、奴隷を認める州を増やしたいという下心があったという批判もあるが、ともかくアメリカの発展に対しての功績は不滅のものであった。

彼はあらゆる政策決定を厳しく監督し続けて、行政官としてはきわめて革新的であった。初めて真の行政予算というものを取り入れ、各省で記帳業務を縮小した結果、かなりの出費が節減された。この他、内務省、アナポリスの海軍学校、スミソニアン研究所なども創設した。

ポークは就任演説で四つの仕事を自らに課していた。財政の健全化、関税の引き下げ、イギリスとのオレゴン境界紛争の解決、カリフォルニアの獲得であった。そして彼は引退するとき、この四つをすべて達成していた。特にポークの低関税の公約は「ウォーカー関税」の通貨として実現し、南北戦争までその関税率はほとんど修正されなかった。

サラ・チルドレス夫人。舞踏会でダンスを禁じ、ディナーからアルコールを追放した。子供はなく、ポークの死後、第15代大統領ブキャナンとの再婚が噂された。

この有能な政府が失敗したのは、ポークとヴァン・ビューレンが反目したことと、奴隷制度に反対する民主党員が一八四六年以降、メキシコから獲得した地域で自由土地政策を実行したことである。多くの業績を残したポークではあったが、奴隷制度をめぐるこの論争は、やがて南北戦争へとつながるものとなった。

その後

ポークは身体が弱かったこともあり、公約通り四年で後進に道を譲ることとし、ルイス・キャスを大統領に推した。しかし八月の選挙でキャスは、ホイッグ党の候補者テイラー将軍に敗れた。

ポークは在任中はほとんど休みもとらず活躍したが、任期が終わると郷里のテネシー州ナッシュビルに家を新築した。しかし高熱が出て、引退後三ヵ月足らずの一八四九年六月十五日に亡くなった。これは歴代大統領の、引退後もっとも短命だった記録である。五十三歳と二百二十五日の生涯だった。

（山本茂美）

ジェームズ・K・ポーク James Knox POLK
一七九五年ノースカロライナ州生まれ。生来病弱だったが勤勉で、一八二四年の結婚後、二五年下院議員、三五年下院議長、三九年テネシー州知事と階段を上る。しかし知事再選には二期続けて敗北、四四年の大統領選ではダークホースだった。四五年大統領（四十九歳）。アメリカの領土拡大に功績を残したが、奴隷制度が拡張すると北部の反発を呼んだ。困難な仕事から健康は蝕まれ、退任三ヵ月後の四九年六月没（五十三歳）。

第12代

テイラー　ザカリー

ホイッグ党／任期一八四九年三月五日〜五〇年七月九日

Zachary TAYLOR:1784.11.24-1850.7.9

テイラーはヴァジニア州モンテベローで、独立戦争でワシントンの幕僚だった陸軍中佐リチャードの三男として生まれた。一七八五年に一家はケンタッキー州のルイヴィルに移り、未開の地で、学校生活を送る機会をほとんどもてなかった。父の農園で働いたが、一八〇八年に二十四歳で陸軍に入隊し、一〇年には大尉に昇進した。同年メリーランド州出身のマーガレット・M・スミスと結婚している。

一八一二年の英米戦争中、わずか五十名の兵士で五百人近い先住民と戦い、不眠不休の戦闘の末、敵の大軍を全滅させ少佐に昇進したが、戦後大尉に逆戻りした。テイラーはこれに腹を立て、職を辞しケンタッキーに帰った。しかし一六年五月、マディソン大統領はテイラーを少佐として復帰させ、ウィスコンシン准州に派遣した。

一八三二年には大佐に進級し、ブラック・ホーク戦争中には四百人の正規兵を配下に置いている。酋長ブラック・ホークの降伏を受け入れた後、司令官としてスネリング砦に戻った。そこで部下のジェファソン・デイヴィス（後の「アメリカ連合国」大統領）がテイラーの反対をおしきり彼の次女セイラと結婚したが、わずか三ヵ月で病死するという悲劇が起きた。三七年、テイラーはフロリダのセミノール・インディアン戦争派遣部隊の司令官に任命され、セミノール族を打倒し、戦時准将に任じられた。四一年にはミシシッピ州ロドリー近郊の農園サイプラヌグローブを購入し、奴隷所有者になっている。

一八四五年五月、テイラーはテキサス共和国を合衆国に併合する交渉と、メキシコ側の攻撃阻止を命じられ、四六年一月にリオ・グランデ川河口を占領、三月にはブラウン砦を建設した。メキシコ軍が彼の部隊に攻撃を仕掛けたときは議会の宣戦布告（五月十三日）を待たずに応戦を開始、五月八日にバロアルトでメキシコ軍を撃退した。その翌日のレサカ・デ・ラ・パルマの

サインと肖像(年代未詳)。J・ヴァンダーリン画、ワシントンD.C.、コーコラン美術館蔵。

戦いでも勝利し、ポーク大統領は彼を少将に昇格させている。

一八四六年九月、テイラーはメキシコのモンテレーに進撃し占領、メキシコに八週間の休戦を認めた。この処置にポーク大統領は激怒したが、いまや国中の人気を集めるテイラーを解任することはできなかった。それればかりかホイッグ党の大統領選出馬の気配も見せた。彼の人気を恐れた民主党のポークは、テイラー軍の半分を転属させ、テイラーにはモンテレーを守備するよう命じた。しかし彼は命令を聞かず、南部に進軍し、ブエナ・ヴィスタの戦いでメキシコ軍を後退させた。

一八四六年六月の大統領出馬要請に対し、テイラーは「辞退する」と答えていた。しかし翌四七年には大統領選に臨むことになる。ホイッグ党は四回目の投票でテイラーを指名。ヴァン・ビューレンの出馬によって民主党が分裂したことと、さらに北部の人たちは戦争の英雄として、南部の人たちは奴隷所有者としてテイラーを評価したことで、大統領に選出された。

大統領就任演説でテイラーは、陸軍の整備、諸列強との友好、連邦政府による農業・商工業の振興、議会内の地域対立の解消などを掲げた。政治経験のないテイラーは当初政治は議会に任せるつもりだったが、メキシコ戦争終結以来南北の対立が激しくなったこの事態に対しテイラーは軍人として妥協できず、軍隊を使っても鎮圧すると言った。南北戦争はテイラーによって開始が遅れたのである。

彼は外交問題を理解せず失政を続けたが、パナマ運河建設にあたりイギリスと結んだ一八五〇年のクレートン・バルワー条約が主な業績となるだろう。

テイラーは生涯ワシントンを尊敬していた。そこで一八五〇年の独立記念日の祝典に参加し、炎天下の中で大量の水を飲み、冷たいミルクとチェリーを食べた。その後医者の診断によると、コレラにかかり、五日後に死んだ。また彼の死因としてキュウリの食べ過ぎとする説もある。こうして就任後わずか十六ヵ月、任期の三分の二を残し、彼は在任中に亡くなった二番目の大統領になった。「与えられた任務を忠実に果たそうとした。後悔することはなにもない」。これが最期の言葉である。

テイラーはケンタッキー州ルイヴィルの近くに埋葬された。テイラーの死後、自ら出馬して当選した南部出身の大統領は、カーターまで現れなかった。

（山本茂美）

ザカリー・テイラー　Zachary TAYLOR

職業軍人からの最初の大統領。一七八四年ヴァジニア生まれだが生後まもなくケンタッキーに移る。一八〇八年入隊、一〇年大尉、除隊後復帰して一六年少佐、三二年大佐、四六年にはメキシコ軍を撃退、国民的英雄となる。四九年大統領になる（六十四歳）も、五〇年にコレラで死去（六十五歳）。

第13代

フィルモア　ミラード

ホイッグ党／任期一八五〇年七月九日～五三年三月四日

Millard FILLMORE:1800.1.7-74.3.8

フィルモアは農夫のもとに生まれた。名のミラードは母方の姓だという。両親の祖先はいずれもイギリスから渡って来た古い植民者で、彼が生まれた年にフィルモア家は北方のバーモント州からニューヨーク州の西端ゼネシー郡に移って開拓を始めている。

彼は、荒野に育ったので満足に教育を受けていない。唯一の教科書は両親の聖書と讃美歌。鳥や魚を追いかけて毎日を過ごしていたが、生活が苦しいため、やがて二五〇キロも離れた東方の町の商家に見習いに出された。しかし、その家の主人のひどい仕打ちに抗議し、商家を追い出されてしまう。その後、今度は近くの仕立屋に見習いに出された。

こうした仕事を続ける中、フィルモアは向学心に燃えていた。この時出会ったのが、後に妻となったアビゲイルである。セトルメントの村に教師として赴任した彼女は彼の熱心な態度に感心し、スペリング、数学、聖書の講義から文学まで丁寧に教えた。フィルモアは十八歳の時、「巡回文庫」を彼女に教えられ二ドルを出し会員になった。さらになけなしのお金を出して辞書を買った。この時「天にも昇る気持ちだった」と後の自叙伝で述べている。アビゲイルはフィルモアの才能を認め、将来は大成すると考えた。その第一歩として、彼に法律を教えた。それ以来熱心に勉強する姿勢が認められ、バッファローの法律事務所に弟子入りすることができた。ここで働きながら独学で法律を学び、フィルモアは二十三歳で弁護士になる。

この間にサーロー・ウィードやウィリアム・H・スアードと交際を深めて、一八二九年、二十八歳で州会議員に選出される。その後、州会議員を三期務め、債務者の禁固刑及び破産法案の廃止を含む改革案を発議し、さらに三十二歳で下院議員に当選した。下院議員時代に、ホイッグ党に入党。四十四歳でニューヨーク州知事選に出馬し落選。四六年にはニューヨーク州の会

サインと肖像（1857年）。G・P・A・ヒーリー画、ワシントンD.C.、コーコラン美術館蔵。

計検査官に選ばれ、四八年にはホイッグ党の指名を受けて副大統領となる。

この頃、准州の奴隷制度拡張問題をめぐって南北間の対立が激化していた。この危機を回避するためのヘンリー・クレイの提案にテイラー大統領は反対し、フィルモアは中立の態度をとったが、大統領拒否権を発動する前にテイラーは急死した。

このようにフィルモアは大統領の急死により副大統領から昇格した二人目の大統領になった。この年、南北の対立を妥協によって解決しようと努めた「一八五〇年の妥協」と呼ばれる五つの法案は、彼によって直ちに承認された。しかしこの法案の中の「逃亡奴隷取締法」の成立により、今まで北部の自由州に逃亡した奴隷は自由になれたが、今度は南部の主人に戻されることが義務づけられるという事態になり、北部の労働者階級の間で不平の声が高まった。

フィルモアの考えは「奴隷制度は悪いことだが、制度が存在する限りそれを守る必要がある」というものだったが、当時ストウ夫人の『アンクル・トムの小屋』が出版され、奴隷制に対する反対の声は益々高まってくる。彼の中立を保とうとする考えは困難なものになり、以後は奴隷制から国民の目をそらす政策を続けた。その中で注目すべき提言は大陸横断鉄道の建設である。また外交政策では、主要な業績の一つに、日本へのペリー提督の派遣があげられるだろう。ペリーは五三年に日本に到着し、五四年に日米和親条約を締結、日本に開国させアメリカとの通商の道を開いたのである。

一八五二年の大統領選挙で再選をめざしたが、反奴隷制論者のウィンフィールド・スコット将軍に嫌われ、ホイッグ党の指名は受けられなかった。五六年には南北いずれにも加担しない「白紙党」を組織して大統領に立候補し、南部十州で四〇%の票を獲得したものの、メリーランド州を勝ちえただけだった。

引退後は、バッファローに戻り地元の発展に役立つ事業に専念。南北戦争では北部を支援したが、南北戦争後はアンドリュー・ジョンソンの側についている。のちにバッファロー大学の最初の学長になり、イギリスのオックスフォード大学から名誉学位を申し出られたが断っている。

（山本茂美）

ミラード・フィルモア Millard FILLMORE
一八〇〇年、ニューヨーク州の貧農の生まれで、アメリカン・ドリームの体現者と言われる。二三年弁護士になり、二九年州会議員、三二年下院議員、四八年副大統領、五〇年テイラーの急死により大統領（五十歳）。奴隷制度論争に中立の立場をとり、ホイッグ党が崩壊した際には共和党に加わることを拒絶。リンカン大統領に反対したが、ジョンソン大統領については支持した。七四年死去（七十四歳）。

第14代 民主党／任期一八五三年三月四日～五七年三月四日

ピアース フランクリン

Franklin PIERCE:1804.11.23-69.10.8

ピアースはニューハンプシャー州知事でもあった父ベンジャミンと母アンナ・ケンドリックの八人の子どもの六番目としてニューハンプシャー州ヒルズボロー郡に生まれた。恵まれた家庭の息子として育った彼は、誰にでも好かれる性格で、成績の悪い生徒たちの友人となり、親切に勉強の手助けもしている。十六歳でメイン州ブランスウィックにあるボードン・カレッジに入学。一時はクラス最下位の時もあったが、クラスメイトの助言を受け、卒業時にはクラスで第三位の成績となった。この助言をしたのが後年アメリカ文学界に名をはせたナサニエル・ホーソンである。

卒業後、アンドリュー・ジャクソンやヴァン・ビューレン大統領時代に財務長官を務めたリーヴァイ・ウッド・バリーのもとで法律を学び、弁護士になった。故郷ヒルズボローで最初に扱った訴訟でピアースは大失敗を演じ、非難の的となる。しかし彼は「最初の失敗を大目に見てくれる人がある限り、僕は九九九の事件に喜んで奉仕する覚悟であるが、それでもまだ失敗を繰り返すなら、一千番目の事件で真価をご覧に入れる」と叫んだ。

このような信念が人に認められ、二十五歳で州会議員となり、州会議長を経て、二十八歳で国会議員を二期務め、三十三歳で最年少議員として上院に登場。しかし数年で首都の社交界に失望し、妻の願いもあり任期を満了せずに辞職。ボストン郊外のコンコードに新居を構え、弁護士に戻った。

その後ピアースは上院議員や知事に推され、ポーク大統領から連邦司法長官の椅子まで提示されたが断り、ニューハンプシャー州地区の連邦地方検事になった。

一八四六年にメキシコ戦争が始まると、彼は一兵卒として志願、まもなく大佐に任命され、翌年にはポーク大統領から義勇軍大将を任じられた。戦争中、馬に弾が当たり落馬、ひどい打

サインと肖像（1853年）。美男の大統領として有名。G・P・A・ヒーリー画、ワシントンD.C.のスミソニアン協会、ナショナル・ポートレイト・ギャラリー蔵。

撲傷でもひるまず指揮を続けた武勇伝が有名である。

　戦後はコンコードの弁護士に戻ったが、一八五〇年ニューハンプシャー州憲法協議会議長になり、五二年ボルチモア市で開かれた民主党大会で大統領候補者に選ばれた。他の候補者より知名度こそ低かったが、投票総数三百万票余りのうちわずか五万票差でホイッグ党候補のスコットを破って当選した。

　ピアースはのちに南部連合の大統領となったジェファソン・デイヴィスを陸軍長官に据えた他、民主党各派の人材を政府入りさせ「一八五〇年の妥協」を固守することで国家の統一強化に努めた。彼は変革を嫌い伝統を重んじていたが、五四年にミズーリ協定（一八二〇年、北緯三六度三〇分以北の准州での奴隷制禁止）を撤回するカンザス・ネブラスカ法（住民の自由意思で奴隷制の可否を決定できる）が成立したことにより、統一を望む希望は打ち砕かれた。これは南部の奴隷州を北部の諸州にまで広げようとしたものだが、南北の不和を一層広げ、流血の事態を呼んだ。

ジェーン夫人は三人の息子をすべて亡くした（三男ベニーは夫の当選直後の事故死）。喪服のファーストレディとして有名。メイン州歴史協会蔵。

　外交対策ではマーシー国務長官とともに領土拡張政策を推進、キューバの購入を企てたり、アメリカの冒険家ウィリアム・ウォーカーがニカラグアに設立した政権を公式に認めたりした。また英露間のクリミア戦争を調停することでアメリカの威信を高めようともした。

　ピアースは再選を望んだが、北部出身にもかかわらず奴隷制に味方する政策をとったために北部勢力に反対され、五六年の民主党大会でブキャナンに大統領候補の座を奪われた。

　一八五七年に任期を満了し、妻とともにヨーロッパに渡り数年を過ごし、六〇年にコンコードに永住。南北戦争中は南部を支持して非難を受けた。その後六九年に自宅で亡くなった。

　なお日本との関係では、一八五四年のピアース時代にペリーが再来航、汽車や電信の模型を示し、日本国民を驚かせ、日米和親条約を締結している。

（山本茂美）

フランクリン・ピアース　Franklin PIERCE
一八〇四年ニューハンプシャー州生まれ。三七年に上院議員。四六年メキシコ戦争に従軍、人気を得る。五二年民主党大会ではダークホースだったが、北部出身ながら奴隷制度拡張を希望する南部の票を得た。五三年大統領（四十八歳）。在任中に南部と北部の対立を激化させ、南北戦争の遠因をつくった。六九年死去（六十四歳）。

南部同盟政府の大統領

アメリカには、今日のジョージ・W・ブッシュまで数えて四十二人の大統領のリストに載っていない大統領がいる。ジェファソン・デイヴィス。正式にはアメリカ合衆国大統領ではなく「アメリカ連合国（Confederate States of America）」大統領――合衆国からの分離独立を目指して内戦（南北戦争）を起こし敗北した「南部同盟」の最高指導者である。

彼は一八〇八年にケンタッキーの開拓農民の子として生まれた。ミシシッピー州で育ち、ウエストポイントにある合衆国の士官学校を二八年に出て職業軍人となった。陸軍に入り辺境地で勤務し、三五年に除隊してテイラー将軍の娘と結婚、郷里に帰った。

マラリアにかかり（夫人は死亡）、長い療養生活を余儀なくされた彼は政治への関心を高め、四五年に下院議員に選ばれる。翌年に対メキシコ戦争が始まると軍人意識が目覚めて議員を辞し、志願兵を率いてメキシコ領内の戦闘に参加して活躍、郷里に英雄として迎えられた。デイヴィスは四七年にミシシッピー州選出の上院議員に選ばれ、政治家としての本格的な経歴が始まった。

ジェファソン・デイヴィス

デイヴィスは南部のプランター（奴隷制農園の所有者で当時の南部諸州の支配階級）の利益を代表して、連邦議会は奴隷制の西部への拡大を禁止しないという立場を取り続けた。だが同時に南北の対立を激化させないために、メキシコから割譲させたカリフォルニアを奴隷州としないことなどを取り決めた「一八五〇年の妥協」を受け入れるだけの柔軟性は持ちあわせていた。

五二年の大統領選挙で当選した民主党のピアースは、強硬な分離独立派ではないデイヴィスを内閣に引き入れ、軍務長官に任命した。彼は合衆国軍の近代化に行政手腕を発揮し、またメキシコからガズデン地方の購入に成功、南西部の領土の拡大に貢献した。

ピアース政権での任期を終えた後、デイヴィスは再び上院議員に復帰し、奴隷制の西部への拡大をめぐって亀裂が生じた民主党内で、南部派の指導的政治家として活躍する。彼は一八六〇年の選挙では民主党の北西部派の推すダグラスに反対、南部の擁立したブリキンリッジを支持した。そしてこの分裂選挙が奴隷制に批判的な共和党のリンカンの当選を許し、デイヴィスの政治的運命を大きく変えていく。

六一年一月、デイヴィスはミシシッピー州の分離決定を受けて他の南部選出上院議員たちと共に職を辞した。そして同年二月、合衆国からの離脱を宣言した南部七州の代表はアラバマ州モントゴメリーで「アメリカ連合国」（南部同盟）の結成を宣言し、臨時憲法を制定してデイヴィスを大統領に指名した。彼は南部に対する義務感からこれを受け、反旗を翻した勢力の最高指導者となったのである。

南部同盟大統領デイヴィスにとって最大の政治課題は、就任の二ヵ月後に始まった合衆国との戦争に勝利することであった。開戦後十一州に増えたとはいえ、南部同盟と合衆国との国力の差は、人口においても産業や鉄道網の規模においても歴然としていた。だがデイヴィスの側にも勝機がまったくなかったわけではない。南部の綿花を必要とする英国やフランスが南部同盟を独立国として承認してくれる可能性もあった。

彼は各州の志願兵を編成し、軍需物資を調達し、リーのような有能な将軍を配して侵攻してきた連邦軍を緒戦で破り、さらに東部戦線のいくつかの戦闘で勝利した。六二年秋に南部同盟軍は北に攻め込み、辺境州の合衆国からの離反を促し、外国に南部同盟の実力を認めさせようと計ったが、アンティタムで敗退しこの試みは挫折した。

一方合衆国大統領リンカンはこの機を捉えて奴隷解放の予備宣言を発し、この内戦は合衆国にとって正義の戦争となった。英仏も南部の独立承認に消極的になる。西部戦線でも合衆国軍がミシシッピー川流域に進出し、南部同盟は領土を東西に二分された。さらに開戦以来続く米海軍による海上封鎖の影響で南部の経済は破綻に陥って戦費の調達が困難になり、南軍は食糧の不足に苦しむようになった。

六三年に不利な戦局を転換しようとデイヴィスはリー将軍に再び北への侵攻を命ずるが、ゲティスバーグでの会戦で敗退した。敵軍が領内深く侵入し敗色が濃くなる中、デイヴィスは大統領の権限を拡大行使して兵員や軍需品を調達し、反対派を逮捕するなどして戦争の遂行に努めた。

だが六五年四月、リー将軍は合衆国軍に降伏し、南部同盟の首都リッチモンドは占領された。デイヴィスは逃亡したが五月に逮捕され、戦犯として二年間入獄した。だが合衆国は結局、彼を国家反逆罪で裁くことはしなかった。釈放された彼は郷里に戻り、回顧録を書くなどして静かな余生を過ごし、八九年に八十一歳で没した。

（砂田一郎）

第15代

ブキャナン ジェームズ

民主党／任期一八五七年三月四日～六一年三月四日

James BUCHANAN:1791.4.23-1868.6.1

独身の大統領

歴代大統領との相違点、ブキャナン大統領唯一の特徴は、彼が独身の大統領であったことだ。ジェファソン大統領のように寡夫ではなく、生涯未婚を通したということである。

一八六〇年二月のこと、ホワイトハウスを見学に訪れた女性たちが大統領に会って「素晴らしいお屋敷だけれども唯一足りないものは女主人（lady）ですね」と話すと、彼は「そのことは私の不運（misfortune）であって、落ち度（fault）ではありません」と答えたというエピソードが残っている。

「不運」を抱えたブキャナン大統領が政治的手腕が歴代大統領と比べて劣っているなどと言うことはなく、むしろアメリカ史の中でも政治的にもっとも困難な時期を、戦争を避けるために懸命に努力した大統領と言うことができるだろう。すなわち、アメリカ史上最悪の戦死者を出した南北戦争勃発直前の多難な時期の政権を担当したのである。

思慮深く誠実な政治家ではあったが、危機的な状況を打開するほどの統率力や決断力を持ち合わせていなかったことは、任期切れ間近の一八六一年二月には南部七州が連邦を脱退して新国家「南部連合」を結成することを防ぎきれなかったことに明らかである。

サインと肖像（1859年）。G・P・A・ヒーリー画、ワシントンD.C.、コーコラン美術館蔵。

誠実な政治家

ペンシルヴァニア州出身の弁護士として民主党に所属し、一八二〇年に連邦下院議員として中央政界入りしたことが政治家としての皮切りであった。その後、駐露大使、連邦上院議員、ポーク政権下で国務長官、駐英大使と歴任して、誠実な政治家として国民からの信望は集めていた。

「ブキャナン氏は有能な人物だが、些細な問題でも迷ったり、ひがみっぽいところがあったりする」とポーク元大統領は日記に書き残しているが、国務長官には任命した。

任命の際、アンドリュー・ジャクソン元大統領は強く反対したという。そこでポーク大統領は「しかし将軍、あなたは彼を駐露大使に選んだではないですか」と尋ねると、ジャクソンは「その通りだ。少しでも遠くへ赴任させ、私の視野の外へやりたかったからだ。北極に大使館があれば送りたかったくらいだ」と答えたという。

米英戦争の英雄であり、コモン・マン最初の大統領であるジャクソンは、なぜこれほどまでにブキャナンを嫌ったのだろうか。軍人として大胆な決断力と果敢な統率力に恵まれたジャクソンからすると、そのいずれの力も持ち合わせなかったブキャナンは物足りない存在だったのかも知れない。

婚約者に自殺されたブキャナンは独身を貫いたため、姪のハリエット・レイン（写真）がファーストレディを務めた。彼女は先住民保護に尽力、そのため多くの先住民が娘をハリエットと名付けたという。

マニフェスト・デスティニーの掛け声に支えられ西部へ領土を拡大したポーク大統領政権下で、ブキャナンが国務長官として携わった仕事は、メキシコから独立後のテキサス共和国併合（一八四五年）、オレゴン領有問題をめぐるイギリスとの紛争（四六年）などで、いずれも無難に解決した。

一八五六年の大統領選挙において、民主党はブキャナンを候補に指名した。五四年に成立したカンザス・ネブラスカ法、すなわち奴隷制の可否を住民自身に決定させるという法律のために当地では流血騒動にまで至ったというこの時期に、駐英大使として国外にいて政治的な傷を負っておらずそれが選挙戦に有利と考えられたことが、ブキャナンを大統領候補にさせたのだった。

選挙戦では、奴隷制論議には触れずに連邦の維持を訴えたために有権者の広い支持を得て、大統領に当選したのだった。就任後のブキャナンにとっては奴隷制論議は不可避な問題で、彼の手腕が問われるところだが、事態は悪化の一途をたどることになった。

日本人が初めて会った大統領

就任直後の一八五七年三月には、連邦最高裁判所は「ドレッド・スコット判決」を下した。ミズーリ州に住む奴隷ドレッド・スコットが所有主の移動に伴い一時期自由州に住んだことによって、自由人になったとして、合衆国憲法上での黒人奴隷の地位をめぐって訴訟を起こしたのだった。

判決では奴隷は憲法で言う「国民」には当たらず「財産」であるとされた。奴隷制拡大のために奴隷を私有財産と認めた憲法上の保証を与えたも同様のこの判決のために、自由州と奴隷州との対立は激化していくのだった。

個人的には奴隷制度に反対だったブキャナンだが、合衆国憲法は奴隷制度を合法化していると考えていたために、北部諸州の反発を買うこととなった。カンザス準州では、奴隷制擁護派住民が奴隷制度を容認する州憲法を制定した。ブキャナンはこの州憲法を承認するよう連邦議会に求めたが、こうした態度が南部びいきと見なされ、議会との関係は悪化したのだった。

一八五八年の中間選挙では、イリノイ州選出上院議員選挙において、現役議員のスティーヴン・ダグラスに挑戦を挑んだエイブラハム・リンカンとの間で繰り広げられた公開討論が注目を浴びた。翌五九年には黒人奴隷制廃止論者であった白人男性ジョン・ブラウンの指揮の元、ヴァジニア州ハーパーズ・フェリーを占領する事件が起きた。

ブキャナン政権の四年間は、彼が大統領選挙戦で避けて通った南部の奴隷制度の存否が一国の存亡をも揺るがす大問題となって、連邦分裂の危機が一触即発の状況にまで進んでいった時期と位置づけられる。大統領としての手腕で、この状況を打開することこそ急務であったにもかかわらず、ブキャナンには荷が重すぎたとしか言いようがない。

最後に、日本との関係からブキャナン大統領の存在を考えてみたい。駐英大使としてブキャナンが本国を離れた一八五三年に、日本にはペリーが来航して日米関係が始まっていた。五八年七月に結ばれた日米修好通商条約は、日本にとっては外国と結んだ最初の通商条約であった。不平等条約の根幹をなす条項が盛り込まれた条約だったが、批准書を交換するために江戸幕府は使節団を派遣することになった。

一八六〇年（万延元年）に送られた遣米使節団は、五月二十二日の日米修好通商条約批准のため首都ワシントンを訪問した。日本使節団と謁見した大統領、つまり日本人が初めて会った合衆国大統領は、ジェームズ・ブキャナンであった。

戦争を避けようとした大統領

遣米使節団を迎えた一八六〇年は、大統領選挙の年であり、ブキャナンには苦難の年となった。

秋にリンカン大統領の当選が確実となると、サウスカロライナ州を先頭に七州の連邦脱退、南部連合結成という事態を招いた。同年十二月に議会への教書の中で、南部の分離の合法性を否定したが、同時に連邦を脱退した南部七州を連邦に引き戻すことも合法ではないとして、南北双方が妥協可能な形で憲法修

1860年5月17日、ホワイトハウスでブキャナン大統領と会見し、将軍親書を手渡した遣米使節団は、その後ニューヨークも見学している。写真は、馬車でブロードウェイを行列する遣米使節団。

正に至るよう求めた。

ブキャナンの性格をよく表すような消極的な対策しか立てられないでいるうちに、サウスカロライナ軍は、同州のチャールストン港内にある連邦要塞であるサムター要塞を包囲した。ブキャナンは救援船の派遣を認めて送ったものの、翌六一年一月にはこの救援船が砲撃を受けて追い払われても、彼は戦争行為とはみなさなかった。次期政権に譲るまでの二ヵ月間で、和解の可能性をたどりながら、戦争に入ることを極力避けようとしていたことが分かる。

ブキャナン大統領の「不運」は、未婚であったことに留まらなかった。大統領としての彼への評価を下す際に、もっとも不運とされることは、彼の後継者、すなわち次期大統領の存在だったろう。大統領史上他の追随を許さないほどの、あまりにも偉大な評価を残したリンカン大統領の出現によって、ブキャナン大統領は、リンカンの前大統領という価値評価に留まらざるを得なかったのである。

戦争中は一貫してリンカン大統領を支持して、南北戦争終結三年後の一八六八年六月一日にペンシルヴァニア州ランカスターで他界した。七十七歳であった。

ランカスター近郊には、戦争を拒否し、平和を重んじるアーミッシュ派の人たちの村落がある。大統領職を退くその瞬間まで、戦争を避けようとしたブキャナンの最期の地にはふさわしい場所だったかも知れない。

（岩本裕子）

ジェームズ・ブキャナン James BUCHANAN

一七九一年ペンシルヴァニア州マーサーズバーグ近くのコウブ・キャップ生まれ。ディキンソン大学卒業後、一八一四年州議会議員、一九年婚約者が服毒自殺、以後生涯独身を貫いた。一八二〇年下院議員、三一年ロシア公使、三四年上院議員、四五年国務長官。五三年イギリス首相に会う。五七年大統領（六十五歳）。六八年ペンシルヴァニア州ランカスターで死去（七十七歳）。

第16代 共和党／任期一八六一年三月四日～六五年四月十五日

リンカン エイブラハム

Abraham LINCOLN:1809.2.12-65.4.15

丸太小屋からホワイトハウスへ

「米国同時多発テロ」発生以来、W・ブッシュ大統領に対する評価が「まるでリンカン大統領のよう」だと伝えられる。この形容をどのように解釈すればよいだろうか。国家分裂の危機を救い、暗殺によって神格化され、南部人を除いて（これが問題なのだが）リンカンを「悪く言う人はいない」という意味から、アフガン攻撃中の合衆国において、ブッシュ大統領の人気は鰻登り、悪口を言われることもなく、まるで「リンカンのよう」ということになるのだろう。

誰にも尊敬され国家救済の「神」のような存在となったリンカン大統領に関しては、多くの研究が重ねられ、専門家向けばかりか、合衆国はもとより、日本においても子供のための伝記の定番になっている。合衆国であれば、初代ワシントン大統領と両雄であろうが、日本ではリンカンが圧倒的人気を保っているようだ。その人気の理由は「丸太小屋からホワイトハウスへ」から始まるのだろう。

サインと、リンカンがもっとも気に入っていた肖像（年代未詳）。A・T・トルー画、カリフォルニア州のハンチントン美術館蔵。

一八〇九年二月十二日、ケンタッキー州の辺境の農村でリンカンは生まれた。彼の誕生日は南部を除く多くの州で法定祝日とされてきた。現在は同じ二月を誕生月とするワシントン初代大統領と合わせて、二月第三月曜日が「大統領の日」として連邦祝日となっている。この週末は冬物バーゲンの季節となり、デパートは「大統領の日」商戦に乗り出している。ワシントンの描かれた一ドル紙幣やリンカンの五ドル紙幣では買い物の額としては少なすぎるだろうけれど。

すでに神話になった感のある、リンカンが生まれた丸太小屋は生地に復元されて展示され、観光地の一つになっている。リンカンが七歳のときに一家はインディアナに移り、二十一歳のときにはイリノイへ移住した。フロンティアを追うように、奴隷州から自由州への移住だった。インディアナに引っ越した二年後に実母は病死し、父親の再婚によってリンカンは継母に育てられた。リンカンは父よりむしろ継母を慕ったようで、彼女に慈しまれて育った。

地方の学校では教師が常駐していなかったため、読み書きのできる通りすがりの旅人に教わるような状態で、ごく短期間しか学校教育を受けることはできなかった。リンカンは読書を好み、独学したのだ。愛読書は聖書の他には、ワシントン大統領の伝記、シェークスピアの戯曲、ロビンソン・クルーソーの冒険談、イソップ物語などであった。中でもシェークスピアを愛したことは、後のリンカンの名演説を多く残す原動力になっていたようだ。

1858年の「リンカン・ダグラス論争」を再現した蝋人形。なおダグラスはメアリをめぐっての恋敵でもあった。シカゴ歴史協会蔵。

「悪妻」との結婚

十八歳の頃から他人の農場で働き始め、ミシシッピ河を上下する平底船に乗って河口のニューオリンズまで荷物を運んだりしているうち、二十二歳で自立して雑貨店を共同経営するようになった。この翌年、先住民との戦い、ブラック・ホーク戦争が開始されると、志願して大尉にまで昇った。

この頃政治への関心を持ち始めたリンカンは、翌年にはイリノイ州議会の下院議員選挙に出たが、落選した。初めての試みは失敗に終わったものの、二年後の三四年、次の選挙では民主・ホイッグ党の連立候補として出馬し、初当選した。その後連続四期、すなわち四七年まで州下院議員を務めたのだった。下院議員を務めながら独学で法律を学んだリンカンは、三七年に弁護士の資格を獲得した。

四二年、リンカン三十三歳のときに、十歳年下、二十三歳の深窓の令嬢メアリ・トッドと結婚した。ケンタッキー州レキシントン市きっての名家に生まれ、当時としては異例であったが、十二年間も教育を受けた女子であった。多くの取り巻きの男性たちの中でも、経済的にも学歴的にももっとも似つかわしくなさそうな男、リンカンがメアリの眼鏡にかなった理由は、一九三センチという長身の外見だったようだ。「世界中の黄金を握った人より、名声と権力を手にする地位に昇る見込みのある男と結婚したい」と友人に語っていたようだから、単に外見に留まらず、メアリの男性の力量を判断する力は確かだったようだ。

社交界とは無縁であったリンカンも、メアリに会うためにスプリングフィールドで開かれた舞踏会に最初に出席したとき「トッド嬢、最悪のエスコート（the worst way）ですが、踊っていただけますか」とダンスを申し込んだらしい。後にメアリは友人に「全く言葉通り最悪だったわ！」と語ったという。無学で無骨でダンスも下手なリンカンは、メアリに会った頃、政治家としては駆け出しで、将来の見通しなど皆無の状態だったのだから、無名の男性の隠れた才能を見抜いた、後のファーストレディ、メアリ・トッドの力は大きかったと言える。

ところが後世の歴史家がもっとも偉大な大統領に選出するのは、リンカン大統領である反面、もっとも劣悪な（worst）ファースト・レディにあげられるのが、メアリ・リンカンなのだ。南北戦争直後の一八六七年にメディアの揶揄に遭いながらも、埋蔵金を蓄えたアラスカ購入を果たしたことで知られる、リンカン大統領の側近シューワード国務長官とメアリとの不仲は有名だ。また「バンパイア・プレス」と呼ばれた、今で言えば芸能記者たちから悪口の限りを浴びせられ、ファースト・レディいじめは壮絶であったようだ。いつの世も同じだが、「悪妻」の評価は、夫リンカンに確かめるほかないのだが。

奴隷制廃止論者ではなかった

メアリと結婚した四二年に中央政界入りを目的に、挑戦した連邦下院議員選挙だったが失敗し、しばらく弁護士の仕事に専念していた。四六年に三十七歳で初めてイリノイ州選出の連邦下院議員となり、ワシントン入りを果たした。ちょうど米墨戦争勝利の時期にあたった。リンカンは戦争に関して議会で批判的な質問演説を行ったため、不評を買い、再選を諦めざるを得なくなった。

再びイリノイに戻り弁護士業に専念したリンカンだったが、五四年の「カンザス・ネブラスカ法」の成立を見て、奴隷制拡大の危機を感じて中央政界への復帰を決意する。五六年には共和党に入り、五八年の連邦上院議員選挙に立候補した。無名のリンカンを全国的に有名にしたのは、この選挙で北部民主党の大物候補、スティーヴン・ダグラスと七回にわたって公開討論を行ったことだった。リンカンは落選したものの、「リンカン・ダグラス論争」ですっかり有名になったことが、六〇年の大統領選挙で共和党大統領候補に指名されることにつながる。

論争におけるリンカンの立場は、「奴隷制拡大反対」であった。彼は決して奴隷制廃止論者ではなかった。「奴隷制度は不正義と悪しき政策に根ざしている。しかし廃止論はその害悪を減らすより、むしろ増大させる傾向を持つ」とイリノイ州下院議員の頃にすでに発言している。

奴隷制度の悪は認めつつも、放っておくことによって自然消滅するものだとリンカンは考えていた。自然消滅のために必要なことは「新しい土地」を与えないことだと信じていたリンカンは、西部に向かって領土が拡大されるにつれ、奴隷制度が西漸することを恐れていた。一八二〇年のミズーリ妥協で定められた北緯三六度三〇分線以北に位置するカンザスやネブラスカ領土において、住民投票によって奴隷制度が拡大する可能性が出てきた「カンザス・ネブラスカ法」は、リンカンを地方都市の一弁護士にとどめておかなかったのだ。

一八六〇年の選挙の結果、大統領に当選したとは言え、選挙直後に七州、就任と共に四州の連邦脱退、という具合に、リンカンが大統領として統治した合衆国は完全な国家ではなかった。合衆国史上、この五年間は二つの国に分かれたために、二人の大統領が存在した希有な時期なのである。実質リンカンが全土を治めたのは、戦争終結から暗殺されるまでのわずか五日間に過ぎなかったことになる。

ゲティスバーグ演説。当時の新聞には演説の内容は無視された。

奴隷解放宣言とゲティスバーグ演説

予想外に長引き、合衆国史上最悪の戦死者数を出した南北戦争中の多くの歴史事実の中から、リンカン本人が後世に残る史実と確認した一八六三年の二つの出来事を見ておきたい。

まず元旦のことである。南北戦争の主要な原因である奴隷制度に関して、リンカンは「奴隷解放宣言」という形で一つの答えを出した。六二年九月には確認でき、年明け元旦に署名することになっていた。ところがこの重要な署名式において、リンカンの右手は使い物にならなかったのである。元旦早々、朝九時から支援者と握手を続けたために、彼の右手は赤く腫れ上がり、ペンを持てる状態ではなかったのだ。現在、この署名を見ると確かに少し震えているように見える。リンカンは「もし私の名前が歴史に残るようなことがあれば、それはきっとこの奴隷解放宣言のためだろう。その重要な史料で署名が乱れていようものなら、後世に『リンカンは迷った』と解釈されかねない」とひどく気にしたということだ。

もう一つは同年十一月に、数少ない北部での激戦地ゲティスバーグで行われた戦死者追悼の演説である。わずか二分間ながらこれほど有名な演説はない。「人民の人民による人民のための政府がこの地球上から消え去ることはないだろう」という演説最後の表現は世界中に知られている。合衆国の幼稚園年齢の子供たちは、全文を暗記させられる程だ。演説の出だしの「今から八十七年前」の表現は辞書でscoreを引けば慣用句として出ているほど有名だ。すなわち一七七六年の独立宣言を引用して「すべての人は平等につくられている」ことを確認した、民主主義の目標を明確にしてその存続をかけた戦争であることを強調したのである。

神格化された大統領

戦争終結を意味するアポマトックスでのリー将軍の降伏からわずか五日後、一八六五年四月十四日の夜のことだった。ホワイトハウスの東側にあるフォード劇場の二階のボックス席に座って、リンカン夫妻は喜劇を楽しんでいた。三幕目の誰もが爆笑する場面を狙って、南部出身の俳優ジョン・ブースが大統領夫妻の席に入り込み、四十四口径の単発デリンジャーで大統領を撃ったのだ。

メアリ夫人のドレスは夫の血で染まってしまった。様々な共通点を持つ百年後の暗殺劇でも、ジャクリーン・ケネディは撃たれた夫の血みどろの頭を膝に抱えることになる。暗殺された夫を持つファーストレディで自らのドレスを血に染めたのは、この二人だけだった。

撃たれた大統領の身体は、劇場の通りを挟んで向かい側にある民家に運ばれ、翌朝絶命した。遺体は、ホワイトハウスに運ばれ安置され、葬儀を済ませた後、葬送列車に乗せられて、二週間半かけて十四都市を回って遺体が公開され、イリノイ州スプリングフィールドで葬られた。

悲劇の舞台となったフォード劇場は、二十一世紀を迎えた現在も劇場として機能しているが、昼間は観光客のために一般公開されている。リンカン夫妻が座った席は、永久に星条旗がかけられて、偉大な大統領の暗殺死を悼んでいる。ステージでは、暗殺者ブースになりきった職員によって暗殺劇の顚末が紹介されるのだ。二階のボックス席からひらりと飛び降りたブースはその高さのために、捻挫して片足を引きずりながら逃げ出した様子も職員が再現してくれる。お向かいの民家は、現在は連邦によって買い取られ保存されている。リンカン大統領が絶命した臨終のベッドも、メアリが悲嘆にくれながら座った隣室の椅子も、すべてそのままに残っていて、観光客は暗殺の悲惨さを実感することができるのだ。

首都ワシントンの名所の一つに、リンカン記念堂がある。ヴァジニア州との境であるポトマック河畔にあり、ワシントン記念碑及び国会議事堂と一直線をなして建てられている。記念堂の中にあるリンカンの座像は、まるで宗教の祈りの対象のように鎮座していて、英語で神社（shrine）と説明されることも納得できる、荘厳な雰囲気である。記念館の内壁には、ゲティスバーグ演説と第二回就任演説が刻まれている。

再選されたリンカンの就任演説では、「何人に対しても悪意を抱かず、すべての人に慈愛を持って」と始められる最後のフレーズでは、一日も早い戦争終結を願い、恒久平和への努力がうたわれている。

リンカンの家族。左から夫人のメアリ・トッド、三男ウィリー（1862年11歳で死去）、長男ロバート（後の陸軍長官）、四男タッド（1871年18歳で死去）。なおメアリ自身は奴隷制に反対していたが、実兄が南軍に参加したため、多くの非難を受けたという。その短気と虚言と浪費癖はリンカンの死後異常性を増し、1875年ロバートによって精神病院に送り込まれた（半年後に退院）。

暗殺二年後に記念堂建設が企画され、一九二二年のメモリアルデーに完成式を迎えた。ギリシャのパルテノン神殿風の建物は三十六本の大理石の石柱に支えられている。一八六五年、暗殺された年の南部を含めた連邦の州の数である。この三十六州が、二つの国に分かれることを防ぎ、連邦としてまとまることに政治家生命をかけ、南北戦争を終結に導いたリンカン大統領の思いは、この記念堂を訪れると、ひしひしと伝わってくる。

（リンカン記念堂を扱った映画に関しては一六二ページのコラム6を参照）

暗殺によって神格化されたリンカン大統領は、二十一世紀を迎えた現在でも、国家統一の代名詞として引用されながら、偉大な大統領であり続けるのだ。

（岩本裕子）

エイブラハム・リンカン　Abraham LINCOLN
一八〇九年ケンタッキー州ホジェンヴィル近郊に生まれる。一八三四年イリノイ州議員。四二年メアリ・トッドと結婚。四六年下院議員。五八年リンカン・ダグラス論争。六一年大統領（五十二歳）。六四年再選。六五年四月十四日ジョン・W・ブースに撃たれる。翌日ワシントンにて死去（五十六歳）。

第17代

ジョンソン アンドリュー

Andrew JOHNSON:1808.12.29-75.7.31

共和党・ジョンソン自身は民主党／一八六五年四月十五日〜六九年三月四日

たたき上げの男

南北戦争終結直後、一八六五年四月のリンカン大統領暗殺に伴い、第二期目の副大統領から昇格したアンドリュー・ジョンソン大統領は、前任者の偉大さと比較するまでもなく、ジョンソン政権は失敗だったと言えるだろう。

歴代大統領の中で、ジョンソン大統領特有の事実が三点ある。まず、大統領になるまでの職業が仕立屋であったことだ。前歴が仕立屋であったのは、彼だけだ。彼は自分自身の仕立屋としての技術を誇りに思っていたということだ。二点目は南部連合を構成する南部十一州の脱退に対して、唯一反対をした南部出身の連邦上院議員であった。三点目は、弾劾裁判にかけられた合衆国史上最初の大統領ということである。

ノースカロライナ州ローリーで生まれ、十歳から服仕立ての見習いとなり、十六歳でサウスカロライナ州に移って、仕立屋を始めたのだ。その後、テネシー州に移住してグリーンビルに定着して、エリザ・マッカードルという女性と結婚した。このとき十八歳だったが、ジョンソンは結婚するまで一度も学校へ通ったことがなかったため読み書きができなかった。結婚後、妻エリザから読み書きを教わったようである。ジャクソン大統領以来の「コモンマン」の時代にあって、リンカン大統領同様、貧困に生まれ教育の機会に恵まれなかったという点においては、ジョンソンも「たたき上げの男《セルフメイドマン》」であったことは間違いない。

奴隷制度廃止論者の民主党員

結婚の翌年、二十歳でグリーンビルの市会議員、二十二歳でグリーンビル市長となって三年間勤めている。さらに二十七歳でテネシー州下院議員、さらに上院議員、三十五歳で同州から選出されて連邦下院議員となり、ワシントン入りを果たした。

サインと、1860年代に描かれた肖像。S・M・シェーバー画、国立アンドリュー・ジョンソン記念館蔵。

四十五歳で州知事として故郷テネシーに戻った。州知事の任期終了後、四十九歳で連邦上院議員となった。テネシー州選出連邦上院議員としてワシントンにいる間に、南部諸州の連邦脱退、さらに南北戦争勃発となったのだ。民主党員だったが、奴隷制廃止論者であったジョンソンの政治的な位置は大変微妙なものとなった。

南部人に恩赦を与えるジョンソン大統領（中央）。共和党急進派の反発を呼んだ。1865年10月14日付「ハーパーズ・ウィークリー」より。

一八六〇年のリンカン大統領当選を契機にサウスカロライナ州を初めとして南部七州が連邦脱退、翌六一年三月の大統領就任後の四月サムター要塞陥落後に四州が連邦脱退した。ジョンソンの故郷テネシー州の脱退に関して、ジョンソンは最後まで反対を通したが、結局防ぎきれなかった。六一年六月のテネシー州の南部連合加盟と同時に、ジョンソンは故郷を捨てることにもなったのである。南部出身の連邦上院議員は、連邦脱退と共に南部へ帰って行ったが、唯一人ジョンソンだけはワシントンに残ったのだった。

南北戦争勃発の翌六二年に、リンカン大統領はジョンソンをテネシー州知事に任命した。すなわち南部テネシー州を軍政下に置き、ジョンソンを義勇軍准将という地位と同時に、知事に任命したのだった。生粋の南部人であり民主党員であったジョンソンだが、共和党選出大統領リンカンの期待に応えて、北軍に協力して、戦時下にあって特異な存在として知られることとなったのだ。

戦時下の一八六四年には南部十一州脱退後の連邦で大統領選挙が行われた。共和党はリンカンの再選に臨んだが、副大統領候補には民主党員のアンドリュー・ジョンソンを指名した。民主党対立候補には、リンカンから総司令官を罷免されたマックレラン将軍が立ったが、圧倒的多数でリンカン大統領が再選され、ジョンソンは戦時下ながら、晴れて副大統領となったのだった。

六五年三月四日の二期目のリンカン大統領就任式では、ジョンソンは病気のため就任式を欠席しようと考えていた。彼にとっても副大統領就任の重要な式典ではあったが、体調の悪さには勝てないようだった。しかしリンカンの説得で出席せざるを得なくなり、ジョンソンは精神安定剤のつもりで式典の前にウィスキーを飲んでしまった。そのために就任式に現れたジョンソンは赤ら顔で、足取りもおぼつかず誰の目にも酔っ払っているのが分かるような失態を演じてしまった。

ジョンソンの政敵たちは、彼のことを「酔っ払いの仕立屋」と陰口をたたいた。こうした中傷を聞いたリンカンはジョンソンをこのような言葉でかばった。「私は長年アンドリュー・ジョンソンを知っている。彼は先日ちょっとした間違いを犯したが、怖れるほどのことはない。彼は大酒飲みではないのだから」と。

南部人の大統領

ジョンソンをかばう立場のリンカンは終戦直後に暗殺され、本人がもっとも驚いたかも知れないが、六五年四月十五日にジョンソンは第十七代大統領に就任したのだった。南部再建に関しては、前任者リンカンの政策をそのまま引き継ごうとしたが、その保守性のために共和党急進派の反対に直面することになった。南部が負けたにもかかわらず、南部人が大統領になっているという事実だけでも、連邦議会としては面目が立たなかったのだ。

議会の主導権を握る北部出身の共和党員、いわゆる共和党急進派は、南部十一州を州とは見なさず、南部へは軍隊を進駐させて軍政による再建を行うべく、一八六六年に上下両院の共同決議を行った。

南部再建は同時に、奴隷解放された黒人に関しての立法や政策立案をも意味していたが、このことに関しても共和党急進派とジョンソン大統領の間には、対立要因が多かった。六六年三月に可決した市民権法は、ジョンソンの大統領拒否権（veto）発令にもかかわらず、可決してしまった。さらに単なる法律から憲法修正第十四条として議会に提出されるに至った。合衆国に出生しあるいは帰化したすべての人に市民権を与えることを規定した憲法修正条項で、六月には通過した。

南部諸州が連邦に復帰する条件の一つとして、憲法修正第十四条を承認することがあげられた。ジョンソンの出身州テネシーは直ちにこれを承認して、六六年には連邦再復帰となったが、他の十州に関しては、政治権力剥奪に不満を示して、なかなか修正憲法を承認しようとはしなかった。

ジョンソンと連邦議会との抗争は、六七年八月に決定的となった。議会が休会中に、ジョンソンは官職保有法を無視して、陸軍長官エドウィン・スタントンを罷免したことが、議会を憤慨させ、ジョンソンは大統領史上最初の弾劾裁判にかけられることになったのだ。

弾劾裁判にかけられた最初の大統領

我々は、二十世紀最後に理由はともあれ、クリントン大統領が弾劾裁判にかけられた状態を目撃した。あの裁判が行われるまでの百三十年間、アンドリュー・ジョンソンは、合衆国史上唯一、弾劾裁判にかかった大統領という汚名を被っていた。

弾劾裁判の結果は次のようであった。一八六八年当時、アラスカは領土になったばかりで、当然州ではない。本土でもこの時点で、州として連邦に加盟していたのは二十七州だった。各州から二人ずつ選出して、連邦上院議員の総数は、五十四人であった。彼らの投票の結果、三十五票が有罪、無罪は十九票だった。三分の二の三十六票まで、実に一票差という僅差でジョンソンはかろうじて弾劾を免れたのだ。弾劾されなかったとは言え、ジョンソンの大統領生命は断たれたも同然で、残りの任期がただ過ぎ去るのを待つだけだった。

「フランク・レスリーの絵入り新聞」（1868年）より、ジョンソンの弾劾裁判の様子。彼自身は姿を見せていない。

退任後テネシー州グリーンビルへ勇退したものの、汚名を返上し名誉挽回をねらって、その年の連邦上院議員選挙に打って出るが敗北してしまった。さらに七二年の選挙にも出馬するが、またもや敗北したのだ。よほど名誉挽回に執着していたものと見えて、七四年の選挙にも出て、やっと連邦上院議席を獲得したのだった。

余談になるが、現大統領に至るまでの四十二人の内、副大統領の名字がジョンソンであったのは、三人いた。第八代ヴァン・ビューレン、第十六代リンカン、第三十五代ケネディである。そのうち（大統領が）二人までも暗殺され、ジョンソン副大統領が昇格している。ジョンソンという副大統領の名字は大統領にとっては鬼門と言ってもよいのだろうか。

（岩本裕子）

アンドリュー・ジョンソン Andrew JOHNSON 一八〇八年ノースカロライナ州ローリーで生まれる。二七年、十六歳のエリザ・マッカードルと結婚し、文字の読めなかったジョンソンは学校に通ったことのある妻から読み書きを教わる。四三年下院議員。五三年テネシー州知事。五七年上院議員。六二年テネシー州知事兼義勇軍准将。六四年副大統領。六五年大統領（五十六歳）。六八年弾劾裁判。七五年テネシー州カーターステーションで死去（六十六歳）。

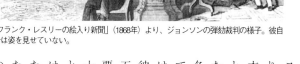

第18代

グラント ユリシーズ・S

共和党／任期一八六九年三月四日～七七年三月四日

Ulysses S. GRANT:1822.4.27-85.7.23

北軍の総司令官

ニューヨーク、マンハッタンのウェスト・ハーレムにグラント大統領の墓地がある。観光地にもなっている「グラントの墓」の英語名は「大統領」ではなく「将軍」(General)になっている。大統領であることより、南北戦争の北軍の総司令官であり合衆国陸軍の将軍であったことの方に高い評価をおいているということだろう。

歴代大統領を見ても、初代ワシントンは独立戦争の総司令官、「コモンマン」ジャクソン大統領は米英戦争の英雄、さらにノルマンディー上陸作戦を成功させたアイゼンハワーはヨーロッパ戦線の総司令官であった。合衆国民が戦争の英雄を愛し、大統領として選んできたことは歴史が証明している。湾岸戦争の英雄、現ブッシュ政権の国務長官コリン・パウエル将軍も大統領候補に名前が挙がったが、辞退した経歴がある。黒人大統領誕生の一歩手前であった。

将軍はそのまま立派な大統領になりうるのだろうか。南北戦争の英雄グラント将軍は、残念ながら歴代大統領の中では最低の評価しか与えられない存在となってしまった。

サインと肖像（1881年）。T・L・クリアー画、スミソニアン博物館蔵。

軍人というよりむしろ農夫

オハイオ州で生まれ、七歳のときから十年間は父親の農場で働いていた。幼い頃から馬を愛し、馬に乗っているときのグラントはもっとも輝いていた。建国初期にヴァジニア州選出の大統領が続出した時期を「ヴァジニア王朝」と呼んだのにならって「オハイオ王朝」と呼ばれるほどに、オハイオ州は七人というヴァジニアに次ぐ大統領選出州でもある。グラント大統領は七人のうち最初の大統領ということになる。

「私は軍人というよりむしろ農夫だ」という彼の言葉が示すように、決して望んで軍人になったわけではなかった。父親の強い勧めで、ウエストポイント陸軍士官学校を受験したのだった。陸軍士官候補生の身分は、グラント自身ではなく、父親が息子に対して期待したものであった。消極的な態度はその成績にも表れた。卒業時点の成績は、三十九人中二十一番目という、決して優秀とは言えないものであった。

最初の任務は米墨戦争だった。第十二代大統領となるザカリー・テイラー将軍に従って従軍し、功績を挙げた。しかし米墨戦争に関するグラントの考えは「か弱い国に対してより強大な国が戦争を仕掛けるなど、もっとも不公平な戦争の一つ」というものだった。戦後、オレゴンやカリフォルニアの辺境地の勤務に就いたが、家族を呼び寄せるほどの経済的ゆとりはなく、グラントはフロンティアの地で、孤独感とホームシックと闘うことになったのだった。

降伏文書に署名する南軍のリー将軍（左）と、彼より十五歳下の北軍総司令官グラント。トマス・ラヴェル画。

孤独に耐えきれず退役したグラントは、セントルイスあたりで小さな農場を経営したり、不動産業を営んだり、イリノイ州で革製品店を経営する兄弟の仕事を手伝ったりしていた。こうしている内に南北戦争が勃発するのだった。南北戦争のことをグラントは「メキシコで合衆国が犯した罪に対する天罰」だと考えていた。だが、リンカン大統領の呼びかけに応えて、志願兵となって従軍し連隊長となった。三十九歳の時のことだった。「この男を使わないわけにはいかない」とリンカン大統領に言わせたという。一八六二年の二月、テネシー州ドネルソン要塞にいた南部連合の指揮官に向けて一時休止を提案したときの有名なグラントの演説はこうだった。「無条件で即時降伏以外の条件は認められない。さもなければ我々は即刻行動を起こす」というものだ。この演説以来、北部側でつけられたグラントに対するニックネームは「無条件降伏のグラント」となった。ちなみにグラント夫人は彼のことを「ビクター」とか「シーザー」と呼んでいた。

六四年三月には北軍の司令官に昇進していたグラントのことを、北部の新聞は「部下を多数戦死させる将軍、グラント」とさえ呼んだ。オハイオ川付近から南下、テネシー州西部を押さえてミシシッピ州に入っていったグラントの戦法は強引で、むしろでたらめと言ってもよかった。しかしこれがかえって南軍を混乱させ、北軍の勝利に結びついていったのだった。

国家的英雄

戦後のメディアは、グラントを国家的英雄として扱った。将軍としてはグラントより有能な武将であったとさえ言われる南軍の総司令官ロバート・リー将軍と、ヴァジニア州アポマトックスでの会談はグラントの性格を表す象徴的なエピソードだろう。一八六五年四月九日、南部連合の降伏の顚末である。

アポマトックス裁判所において、正装して表れたグラント将軍は、降伏の証として自らの剣を差し出しそうとするリー将軍の申し出を断った。さらに南部連合の他の将軍たちには、故郷に帰れば早速春の耕作のために必要となるはずの彼らの馬を取り上げるようとはしなかった。自らのことを軍人であるよりも農夫であることを重視したグラントらしい提案だった。

戦後、グラントは陸軍大将に昇格した。これはジョージ・ワシントン以来の快挙であったため、敬意を表した贈り物がドネルソン要塞以来グラントに贈られ続けた。総計一万箱の葉巻が贈られたという。このため彼はヘビー・スモーカーになったということだ。

前任者ジョンソン大統領の悪夢のような政権後、共和党はグラント将軍を大統領候補として推すことを決めていた。戦後四年目のことで、彼が政治的に全くの素人であることを熟知しての擁立であった。北軍勝利の指導者として、グラントは連邦にとって救世主のような存在として受け入れられた。

スキャンダルにまみれた「金ぴか時代」

政治的には南北の抗争は止まなかったし、社会的には「金ぴか時代」を迎えていた。金儲けが最優先事項であり、倫理観の低い時代風潮のままに、グラントの二期八年の政権も汚職にまみれて、政治的には不毛の時代となった。西部への庶民の関心が依然と続いていたが、東部では資本主義社会が進行して、大企業が続出した。グラント政権は大企業の利益のために奉仕し、政府高官と企業との癒着は当然のようにはびこっていた。

政治に関して無知ながらも誠実なグラントは、最初から判断ミスをしてしまった。イリノイ州の彼の故郷出身者の中から、閣僚に二人登用したように、政治家としての人を見る眼を持ち合わせないまま、側近たちの汚職三昧を防ぎきれなかったのである。ニューヨークの株式市場をめぐる汚職では、グラント自身が関与していたのではないか、という疑惑も出てきたほどだった。大統領が任命した高官たちの多くのことを、「詐欺師のようなものだ」と評する人もいるほどだった。

政権二期目に起きたクレディ・モビリエ事件は、アメリカ政治史における悪名高い疑獄事件となった。ユニオン・パシフィック鉄道会社の経営者たちは、利益独占のために会社を設立し、そうした会社の安泰をもくろんで、同社の株を第一期目の副大統領コルファックスをはじめとする、多数の議員たちに贈賄した事件である。

政治スキャンダルにまみれた「金ぴか時代」の八年間を過ごした後、勇退した七九年にグラントは家族を伴って世界一周旅行をした。夫人と十九歳になる息子ジェシー、そしてアダム・バデヴォー将軍とともに、英国を訪れたのは六月であった。ヴィクトリア女王との晩餐のためにウィンザー城に招待されていた。

グラント一家（1868年）。左から三男ジェシー、長女ネリー、次男ユリシーズ・ジュニア、長男フレデリック、ジュリア夫人。夫人は斜視を気にして真正面の顔を描かせていない。W・S・コグスウェル画、スミソニアン博物館蔵。

一行が到着すると、サー・コーウェル執事長から、女王と食事できるのはグラント夫妻だけで、息子ジェシーとバデヴォー将軍は別室で執事長たちと食事をしてほしい、と言われた。この提案にジェシーは憤慨し「召使いと一緒に食事をしたくない。女王との晩餐が叶わなければ即刻ロンドンへ帰る」と文句を言ったが、執事長からは言い訳がましく拒否された。父親グラントが強引に息子の同席を主張して、結局親子三人で女王との晩餐となったが、決して盛り上がることはなかった。女王は自分の子供である皇太子と王女とばかり小声で話し、グラント親子に話しかけようとはしなかったためだ。

この旅行の途上でグラント一行は日本にも立ち寄った。明治天皇と浜離宮で会談をしたが、その様子を現在絵画で見ることができる。神宮外苑にある明治記念絵画館の洋画部門に、両者が一つのテーブルに向き合い、懇談する様子が描かれている。その威厳に満ちた顔つきは、元大統領というより、元将軍といった風貌である。

（岩本裕子）

ユリシーズ・S・グラント Ulysses S. GRANT
一八二二年オハイオ州ポイント・プレザントで生まれる。四三年ウエストポイント陸軍士官学校卒業。四八年ジュリア・デントと結婚。五四年除隊。六一年イリノイ州義勇軍大佐に任命される。六四年北軍総司令官に任命される。六五年南軍司令官リー将軍が降伏文書に署名、南北戦争終結。六九年大統領（四十六歳）。七二年再選。八〇年三選に失敗。八五年ニューヨーク州マウント・マクレガーで死去（六十三歳）。

第19代

ヘイズ ラザフォード・B

共和党／任期一八七七年三月四日〜八一年三月四日

Rutherford Birchard HAYES:1822.10.4-93.1.17

二十世紀末、ブッシュ・テキサス州知事とゴア副大統領との僅差の大統領選を我々は目撃した。合衆国ではこのような選挙は初めてではなく、すでに一八七六年に経験していた。それは南北戦争終結後、再建のため連邦軍が南部に入り、戦争の争点の一つであった奴隷制度を廃止し、黒人に市民権、選挙権と次々権利を与えていった時期のことである。

この過程を苦々しく我慢していた南部人は、七六年の選挙で自らが支持する民主党候補ティルデンを諦め、共和党候補ヘイズを新大統領として認めることと交換に、連邦軍の南部からの撤退、すなわち再建の中止を獲得したのだった。僅差というより、不正な駆け引きで大統領となったラザフォード・ヘイズは、オハイオ州生まれの弁護士で、南北戦争では北軍の指揮官の一人として従軍した。

「大統領であったことより、軍人であったことの方がずっと誇り高いことだ」とヘイズ自身は書き残しているが、大統領になるまでの政治家としての経歴は立派なものであった。南北戦争後にオハイオ州選出の連邦下院議員となった後、オハイオ州知事を三期務め、七六年の大統領選挙において共和党候補に選出されたのだった（オハイオ州からの二人目の大統領ということになる）。五十四歳であった。

サインと肖像（1884年）。D・ハンチントン画、ホワイトハウス歴史協会蔵。

選挙戦での民主党選出の対立候補は、ニューヨーク州知事のサムエル・ティルデンであった。ティルデン自身は大統領職にさほど食指が動かなかったようで、積極的な選挙活動はしなかったにもかかわらず、開票当初はティルデンの勝利のようにみえた。二〇〇〇年秋のゴア候補の状態だったわけだ。

ところが、西部のオレゴン州と南部の三州、合計四州で開票結果に疑いが出たため、連邦議会は調査委員会を設定した。四州のうち一州でもティルデンが勝てばそのまま勝利するが、ヘイズの方は四州全部で勝利したとしてやっと選挙人数がティルデンより一票上回り辛勝する、という状況であった。
　調査委員会の委員の過半数は共和党員だった。民主党支持の南部三州で不正があったにも拘わらず、両党の間で秘密裡に取引が行われ、共和党選出のヘイズが当選確実ということで一件落着させてしまった。その取引とは、南部が支持しないヘイズ大統領の出現を受け入れる代わりに、再建と称した軍政を取りやめることであった。さらに解放黒人の市民権を認めた憲法修正第十四条、選挙権を認めた第十五条を南部は守らないことを連邦が黙認することとなった。
　裏工作のお陰で選挙人数において辛勝したヘイズだったが、一般投票では対抗馬ティルデンより約二十五万票も少ないという、実質は敗北を自覚させられるような選挙結果であった。この結果に逆に力を得たのか、就任後のヘイズは強力な閣僚を選んで行政を活性化し、議会に対抗して、悪質高官の解任、公務員任用制度の改革など積極的な政治改革を試みた。

ルーシー夫人は、史上初の大卒のファーストレディ。この「ファーストレディ」という呼び名自体、彼女を讃えた雑誌の記事に由来するという説もある。D・ハンチントン画、ホワイトハウス歴史協会蔵。

　ホワイトハウスでのヘイズ家の習慣は、朝の礼拝と夜の賛美歌唱和であった。「レモネード・ルーシー」のニックネームを持つヘイズ夫人は、ホワイトハウス内での冒瀆、喫煙、飲酒を禁止した。大統領自身は禁酒家ではなかったものの、長く節酒家であった。ホワイトハウスに帝政ロシアの皇太子を迎えての晩餐会でワインが出されて以来、二度と食卓にアルコールが出ることはなかったと言われる。「シャンペンの代わりに水が出た」と国務長官は言い、オハイオ州選出の下院議員で次期大統領となるガーフィールドは「コーヒーと冷たい水で饗された晩餐」の様子を語っている。
　再選に臨まず、政界を引退したヘイズのことを、多くの民衆はすぐに忘れてしまったかのようだった。ニューヨークを訪れたヘイズに会ったという弁護士が、雑貨店に入り「ヘイズ前大統領がそこにいるよ。会いたくないかい」と店主に言ったが、店主は「関心ないね。店の売り上げの方が心配だよ」と答えたという。

（**岩本裕子**）

ラザフォード・B・ヘイズ Rutherford Birchard HAYES
一八二二年オハイオ州デラウェアで生まれる。五二年ルーシー・ウェア・ウェッブと結婚。六四年下院議員。六七年オハイオ州知事。七七年大統領（五十四歳）。九三年オハイオ州フレモントで死去（七十歳）。

第20代

ガーフィールド　ジェームズ・A

共和党／任期一八八一年三月四日～九月十九日

James Abram GARFIELD:1831.11.19-81.9.19

大統領就任式四ヵ月後の七月二日に暗殺者の凶弾に倒れたガーフィールド大統領は、二ヵ月あまり病床にあった後、九月十九日に息絶えた。在任期間はわずか半年、執務期間は四ヵ月ほどで、歴代ではウィリアム・ハリソン大統領に次ぐ二番目に短い在任記録を残した。オハイオ州選出三人目の大統領である。

ジャクソン大統領以来の「丸太小屋からホワイトハウスへ」の出世物語は、十九世紀の大統領の特徴だった。ガーフィールドはその最後の例だろう。幼少の頃に父親を亡くしてからずっと母親を助けて、農場で働いたり、オハイオ運河建設に伴う船頭や大工の仕事をして働いたりしながら、家計を支えていた。

向学心に燃えていたガーフィールドは、単に家計のためだけでなく、自分の学費を蓄えるようになっていた。オハイオ州のハイラム・カレッジ、さらにウィリアムズ・カレッジで学び、優秀な成績であったために、ハイラム・カレッジに戻って教壇にも立つようになっていった。ラテン語やギリシャ語を教え、後には校長職にも就いた。

サインと肖像（1882年）。W・T・マシューズ画、コーコラン美術館蔵。

オハイオ州北部で奴隷制反対論者として有名だった彼は、南北戦争が勃発すると、陸軍に従軍して華々しい成果を上げた。その業績が認められて、三十歳の若さで准将となった。これは従来の合衆国陸軍の記録を破る快挙であった。しかし、従軍中のガーフィールド本人不在のまま、オハイオ州では連邦下院議員選挙が進められ、当選してしまったため、南北戦争半ばにして退役を余儀なくされ、政界に入ることとなった。

一八七六年のヘイズ対ティルデンの大統領選挙における調査委員会が組織されたとき、ガーフィールドも共和党委員の一人に選ばれて、ヘイズ当選の過程に携わっていたのだ。この選挙の次の一八八〇年選挙の年には、オハイオ州議会から選ばれて八一年三月には州選出連邦上院議員になることが決まっていた。八〇年六月にシカゴで開催された共和党大会では、大統領候補不在という事態が起こってしまった。ヘイズの再選拒否に伴い、一代前のグラント将軍を再度担ぎ出そうとした人々もいたほどだった。規定票を獲得できる候補が出ないまま、三十五回も投票が繰り返され、三十六回目にまさにダークホースであったガーフィールドが登場し、指名を獲得したのだった。

この顛末からも分かるように、南北戦争以降の合衆国では、強力な大統領は必要なく、政治家たちにとっても大統領職は魅力あるポストではなくなっていたのである。大統領がその権力を取り戻すまでには、セオドア・ローズヴェルトやウッドロー・ウィルソンの登場を待たなければならなかった。

上院議員ではなく、大統領となったガーフィールドが就任する三月までにしなければならなかったことは、当選に貢献した人々に「論功行賞」を与えることだった。つまり重要な官職に就けるよう割り当てるのだった。だが、党のボスや議会の意向などに左右され思うように采配を振るえなかった。

ガーフィールドの「丸太小屋」。J・ホープ画、西部歴史保存協会蔵。

この論功行賞が徹底していなかったことが、彼にとっては悲劇となった。フランス領事としてパリに勤務できると信じていたチャールズ・ギトーは、何度も国務省に苦情を言いに通ったが聞き入れられず、実力行使に出たのだ。マサチューセッツ行きの列車に乗るために、ワシントンDCのポトマック駅にやってきたガーフィールドを、ギトーは待ち伏せした。待合室に入った大統領に対して二発撃った後、「我は勇敢なり。これでアーサーが大統領だ!」と叫びながら逃げ出した。

ギトーは警官に取り押さえられ、死刑宣告の後、八二年六月に絞首刑となった。ガーフィールドは療養空しく亡くなり、ギトーの言葉通りアーサー副大統領が昇格したのだった。この暗殺が契機となり、猟官制度《スポイルズ・システム》を廃止すべく八三年にはペンドルトン法と通称される連邦公務員法が制定された。公務員が試験の成績によって採用される基礎を築いた法律である。

（岩本裕子）

ジェームズ・A・ガーフィールド James Abram GARFIELD 一八三一年オハイオ州オレンジ郡生まれ。五八年ルクレティア・ルドルフと結婚。六二年もっとも若い陸軍准将となる。同年下院議員。八〇年大統領に当選。八一年七月二日、チャールズ・ギトーに撃たれる。九月十九日、ニュージャージー州エルベロンにて死去（四十九歳）。

アメリカ大統領の暗殺

世界で最も早く民主政治を実践したアメリカ合衆国も、政治指導者の暗殺に関しては決して先進国ではない。初代から今日の四十三代までの大統領のうち四名が在職中に暗殺されている。暗殺者に襲われたが一命を取りとめた現職大統領も含めるとその数は八名、大統領当選者（就任前）と前大統領（立候補中）の二人を加えると計十名にのぼる。

大統領の暗殺事件の中には、暗殺者の異常な個人的性格が大きな役割を果たしているものもあるが、その多くは深刻な政治的対立を背景にしている。アメリカで暗殺者から銃撃されて死亡した最初の大統領は、歴代で最も偉大な大統領の一人とされている第十六代のリンカンである。南部諸州の分離独立を軍事力で抑え合衆国の統一維持に成功したリンカンは、再選され、南軍の降伏を確認した数日後の一八六五年四月十四日にワシントン市内のフォード劇場で観劇中、過激な南部独立派の俳優ブースに至近距離から拳銃で頭部を撃たれ、翌日死去した。

この報復的な暗殺が歴史の歯車を逆転することはなかったが、その突然の死は、南部諸州の戦後処理と民主化のあり方を変えた。大統領職を継承した副大統領のアンドリュー・ジョンソンは奴隷から解放した黒人に政治的権利を与えることに否定的な保守派で、反乱を起こした南部の旧指導層の復権に対しても融和的だった。ジョンソンと南部の改革を主張する議会共和党の対立は激化した。そして結局議会が主導権を握って南部を軍政下に置く急進的な再建策が実行され、南部の人々に合衆国政府と共和党に対する抜き難い不信を植え付けることになった。

『アメリカの暗殺者』の著者ジェームズ・W・クラークは、歴史上大統領の暗殺を狙った犯人を、政治的過激派、強い自己中心的欲求の持ち主、生きていることに絶望した人物、非合理的な幻想や被害妄想を抱く精神異常者、の四つのタイプに分類している。リンカンを暗殺したブースは典型的な第一のタイプだが、一八八一年七月にガーフィールド大統領をワシントン駅頭で狙撃し死亡させたギトーは、第四のタイプに分類される。だがこの事件も猟官制のあり方を

スター俳優だった暗殺者、J・W・ブース

めぐる当時の共和党内の対立と無関係ではなかった。

暗殺がアメリカ政治の潮流をはっきりと変えたのは、再選されたばかりのマッキンレー大統領が一九〇一年九月にニューヨーク州の博覧会場で無政府主義者チョルゴッシュから拳銃で撃たれ、八日後に死亡したケースである。副大統領セオドア・ローズヴェルトは共和党内で少数派の革新主義者だった。図らずも大統領職を得た四十二歳の彼は、大企業の独占的経済活動の規制など思い切った改革を次々に行って、保守的な共和党政権の政治を転換した。

一九六三年十一月にケネディ大統領がテキサス州ダラス市街で狙撃され即死した事件は、テレビ中継されていたこともあり、全米に大きなショックを与えた。彼の人気が高かっただけに、その悲劇的な死は多くの国民から惜しまれ、「もし彼が生きていたら」という人々の願望が彼を偶像視するケネディ神話を生んだ。当時の南部に見られた政治社会対立がその背景にあった可能性もあるが、犯人のオズワルドが逮捕されて護送中に射殺されたため、暗殺者の動機や背後関係、共犯者の有無などの真相は不明である。

暗殺された四人の大統領に共通しているのは、彼らが公衆の面前で狙撃されたことである。大統領は選挙運動中はもとより、平常時でも外に出ると可能な限り民衆と直接接触しようとする。国民が大統領に接近しやすいのがアメリカ社会の特徴であり、暗殺の試みが多いのはアメリカの民主主義が遅れているのではなく、むしろ民主主義がより実践されているからだと言うこともできよう。

暗殺未遂を含めれば二十世紀に入ってから大統領を襲撃する事件は増えている。それは大統領（候補）がメディアの発達などでより目につきやすい存在になったこと、同時にアメリカではガン・ロビーの強い圧力もあって銃規制が進まず、今日でも一般の市民が銃を入手するのが他国におけるよりはるかに容易だからである。暗殺の武器の大半は拳銃であるから、まず拳銃の規制がカギとなる。八一年のレーガン大統領暗殺未遂事件の際に重傷を負い半身不随となった当時の大統領報道官ブレイディの熱心な働きかけで、拳銃の購入者の身元をチェックするための待機期間を全国的に設ける「ブレイディ法」が九三年に成立した。しかし攻撃の方法は近年多様化しており、未遂に終わった事件には爆発物を使おうとしたものや、飛行機でホワイトハウスに突っ込もうとした計画もあった。大統領暗殺の潜在可能性は決して減じてはいない。暗殺という悲劇は、自由な民主主義社会アメリカが支払わねばならないコストのようにも見える。

（砂田一郎）

第21代 アーサー チェスター・アラン

共和党／任期一八八一年九月十九日～八五年三月四日

Chester Alan ARTHUR:1829.10.5-86.11.18

アイルランド移民の巡回バプティスト牧師の父と、イギリス移民の子孫である母から一八二九年ヴァーモント州で生まれた。ニューヨーク州のユニオン大学を十八歳で卒業し、中学教師、校長を務めながら法律を独学で学び、弁護士資格を得て開業した（五六年）。同時に共和党に入党し活動を始めた。南北戦争では物資補給担当の主計総監を務めた。共和党保守派に属し、グラント大統領からニューヨーク税関長（七一～七八年）に任命された。当時連邦機関として政治的利益供与力を持つ最高の官職で、職務への清廉さで高い評価を受けるにいたった。

八〇年の共和党大会は大統領候補に進歩派のガーフィールドを指名した。コンクリン率いる猟官制度（政権を握った党が公職の任免を支配すること）を標榜する堅固派（Stalwarts）を抱き込む必要から、アーサーが副大統領候補に指名された。黒人への選挙権の支持、人事の適切性などを主張し、熱心に運動して、共和党の勝利に貢献した。ガーフィールド大統領は翌年三月就任したが、堅固派は論功行賞を要求して大統領に迫った。アーサーは批判されながらも所属する派閥の行動を支持した。六月二日に、望む職を得られず正気を失った堅固派のギトーが「これでアーサーが大統領だ！」と叫びながら大統領を撃った。直ちに代理に任命されたアーサーは、混乱を鎮めるためにガーフィールド路線の人事を進めた。これが堅固派の上院議員の辞職を促し、上院で民主党優位を招き、孤立した状況で政界を担うことになった。九月十九日の大統領の死に伴い、翌日大統領に昇格した。

アーサーほどそれまでの評判を覆した大統領はいなかった。世間の危惧をよそに、立派に職責を果たし始め、まず有能な人材を重要なポストにつけた。最初の年頭教書で、長年求められていた公務員任用制度改革に着手、民主党ペンドルトン議員が提案した「連邦文官任用制度」を三三年成立させた。前年の

サインと肖像（1884年）。G・P・A・ヒーリー画、コーコラン美術館蔵。

中間選挙で大敗した共和党が危機を悟り、改革に賛成したこともある。連邦公務員への評定や不明朗であった任官制に一石を投じたこの法案は画期的なものといえる。連邦の下級職への試験による資格任用制の適用は全体の一二％に過ぎなかったが、行政改革の第一歩だった。

　中国人排斥法案には中国との条約に違反することを指摘し、中国人の大陸横断鉄道建設への貢献を評価して敢然と拒否権を発動して否認、また、利権の温床となっていた河川港湾法案も否認した。モルモン教の一夫多妻への反対法案を通過させたが、関税引き下げ法案、その他多くの法案は、民主党にはばまれ成立しなかった。また、ペルーとボリビア両国を相手にチリが勝利した七九～八四年の太平洋における戦争を契機に、アメリカは海軍の不備を認識し、貿易振興と危機への備えとして、巡洋艦三隻と快速船建造の法案を通過させた。ここにアメリカ海軍の新時代の幕が開いた。アーサーは近代海軍の創設者の一人として知られている。

エレン夫人。探検家ウィリアム・ルイス・ハーンドンの娘で、夫の副大統領当選直後、肺炎で急死。From *White House Gossip*,Doubleday & Co.,Inc.

　一方、外交政策は失敗の連続であった。ペルーとチリの戦争調停に失敗。パナマ運河をめぐる条約締結に議会の承認を得られず、ドイツからのアメリカ豚肉輸出禁止に対処できず、コンゴをめぐる航海権に関する条約も議会を通せなかった。

　アーサーはハンサムで、エレガントなベストドレッサーの大統領として“The Gentleman Boss”というニックネームを与えられ、パーティーを好み、華麗な社交をホワイトハウスに持ち込んだ。正直で、洗練した大統領は徐々に信頼を勝ち取り、政権末期の支持率は高かったが、次期指名を受けるには遅すぎた。

　任期後は弁護士生活に戻り、好きな釣りを楽しんだという。アーサー政権はリンカンからセオドア・ローズヴェルトに至る歴代の政権中、最高の共和党政権であったと後世の歴史家に評されている。

（田中美子）

チェスター・アラン・アーサー　Chester Alan ARTHUR
一八二九年ヴァーモント州フェアフィールド生まれ。五九年エレン・ルイス・ハーンドンと結婚（八〇年死別、再婚せず）。六一年北軍主計総監。終戦後、七一年にニューヨーク税関長となる。八〇年副大統領となり、翌年ガーフィールド暗殺を受けて大統領に昇格（五十一歳）。八五年引退、八六年ニューヨークで脳出血により死去（五十六歳）。

第22・24代

クリーヴランド グローヴァー

Grover CLEVELAND:1837.3.18-1908.6.24

民主党／任期一八八五年三月四日〜八九年三月四日・九三年三月四日〜九七年三月四日

長老派教会牧師の息子として一八三七年ニュージャージー州の小さな町で生まれたが、数年後ニューヨーク州に移り住んだ。十代半ばにして父親を失い、バッファローに住む富裕で有力な伯父のもとへ移る。この成長著しい新興都市にある最高の法律事務所で法律を学んだ。その後二十七年間住み慣れたこの町が、地方的な態度と人を動かす性格を培った。綿密、慎重、勤勉、厳格、誠実、清廉、独立心など多くの長所を持つ青年は、五九年にニューヨーク州の司法試験に合格した。その後、エリー郡の地方検事補、保安官となり、一方、民主党員として地方で活躍、名声を高めていった。

八一年にバッファロー市長に選ばれ（八一〜八二年）、市政改革に業績をあげた。八二年にはニューヨーク州知事（八二〜八四年）に共和党の革新派からの支持も受けて選ばれ、行政改革の手腕を認められた。地方から中央へとんとん拍子に頭角を現し、八四年の民主党大会で指名を受け、大統領選に出馬することになった。共和党J・ブレイン候補との大統領選は互いに中傷しあう泥仕合の様相を呈していたが、ほんのわずかな差でクリーヴランドが大統領となった。なお、余談であるが、独身、四十八歳でホワイトハウス入りしたクリーヴランドは、翌八六年、社交界入りしたばかりの若い女性と結婚した。史上最年少のファーストレディであった。

共和党政治が続いた後、国民の期待をになって選ばれた大統領は、不屈の勤勉さ、信頼感、炎のようなエネルギー、正直さの固まりであった。民主党員ではあるが、強い政府、内政への大統領の指導的役割に関しては、従来の共和党の考え方と近かった。政府の家父長的保護（温情主義）を好まず、国民は政府に経済性、清廉さ、正義を求めるべきであり、経済的対立への介入や社会事業を求めるべきではないと考えていた。このことは、事業に有利な関税、退役軍人への年金、鉄道への土地の優

サインと肖像(年代、画家ともに未詳)。ニューヨーク歴史協会蔵。

遇などに反対したことにも表れている。閣僚には、大多数を占める農民や労働者や少数グループからの代表はなく、法律、政治、ビジネス界から実力のある人物を抜擢した。

しかし細部にわたるまで自分で決定しなければ気がすまない性格として、ブレーンとなる側近、スタッフをおかず、メディアとの接触も避け、孤高を貫いた。強い大統領論者だけに、法案への拒否権の回数も著しく多く、第一期目だけで、四一四回（初代から歴代の大統領の拒否件数合計は二〇四回）にも及んだ。議会工作は苦手で、努力もしなかったようである。

美貌で全米の人気をさらったフランシス夫人。史上最年少、二十一歳のファーストレディである。彼女は父親の死後、父の友人であったクリーヴランドを親がわりとしていた。なお彼女は夫の死後再婚した最初のファーストレディでもある。

大統領第一期

大統領特権を有効に使い、重要問題に国民の関心を高めて立法化に努め、議会に対してイニシアティヴを取るという「大統領らしい大統領」となった。官庁の市民サービスの改善、主要政府機関の改革、南北戦争従軍者への軍人恩給削減など実施した。しかし、旱魃に苦しむテキサスに穀物種子を支給するための特別支出金を認めず、インディアンから不法に借り受けていた牧草地の契約を無効にして、放牧業者、インディアン双方の生活条件を苦しめることとなり、非難された。議会との関係もうまく行かず、銀貨の「自由鋳造」廃止を提案したが失敗に終った。

当時の最大の関心事は関税問題であった。歴史的に見ると、アメリカは保護関税が効果を上げ、先進国のイギリスをしのぐ産業国へと発展していた。共和党の優勢が自由貿易を抑えることに貢献していた。

クリーヴランドは、関税を下げる政策を掲げて大統領選に勝利した。関税の引き下げには、民主党の内部にも少数ではあるが強硬な反対があった。八七年末に出された議会教書（関税教書）は、関税修正態度を盛り上げるために一石を投じたものであった。内容は、一般関税の引き下げと、特に原料品に対する課税の撤廃を強調したものである。輸入関税によって国民が多額の支払いを製造業者に支払っているとし、積極的に保護関税修正意見を喚起させた。しかし、次期大統領選で、保護関税を

1892年11月6日、ホームステッド工場側が雇ったピンカートン探偵団(手前)と労働者が衝突、7人が死亡した。

めぐってハリソンと争い敗退、逆にマッキンレー関税法により高関税を招くに至った。

大統領を退いて一時ニューヨーク市で弁護士活動を始めたが、マッキンレー関税法を攻撃、銀本位制による通貨膨張に強く反対し、九二年の民主党大統領候補に再度選ばれた。

カーネギー鉄鋼会社のホームステッド工場のストライキで共和党は労働者を見放し、大手産業の利益を維持したために、一般大衆は民主党に味方し、大統領選は民主党の圧勝に終った。

大統領第二期

鉄道網の行き過ぎた拡大、八〇年代からの農業不況、通貨問題などが重なり、九三年から深刻な恐慌が始まった。特別会期を招集して激論の末、クリーヴランドは銀購入法廃止案をどうにか可決させたが、関税法引き下げという公約を果たせなかった。財政危機回避のため、金を国庫に導入する四法案を提出したが失敗。不況はさらに続き、労働者のストライキが頻発した。中でもシカゴのプルマン寝台車会社のストライキは大規模なものであった。アメリカ鉄道組合も同調し、シカゴを中心とする二十四州に及ぶ大ストライキへと発展した。これに対し会社の要求により、クリーヴランド政権は鎮圧のため、連邦正規軍を派遣して抑圧し、指導者の投獄を要求した。ストライキは収ったものの、全米労働者の憤激で、中間選挙は民主党の大敗だった。不況が続く中、内政の数々の失敗により、次期大統領選挙で民主党は敗退することとなる。

なお、自然保護に深い関心を寄せており、二期目の任期終了近くに、ヨセミテ峡谷を含む十三の保護林の指定を決定した。この自然保護への関心はセオドア・ローズヴェルトに影響を与え、後世の人々への恵みとなっている。

外交政策

クリーヴランド大統領は、アメリカのフロンティア消滅と共に領土拡張というアメリカの「明白な天命」(Manifest Destiny)はすでに果たされていると信じていた。従って、アメリカの領土を巡っての海外進出に対しては消極的であった。前ハリソン政権時代に先送りとなった、実業界の利益を追求するために仕組まれたハワイ併合問題を認めなかった。スペイン領有のカリブ海に位置するキューバは、その戦略的位置と、砂糖の産出で注目されていた。十九世紀になって独立を求め繰り返し反乱を起こしていたが、この反乱に介入せず、中立を保った。

しかし、九五〜九六年にかけて、イギリス領ギアナとヴェネズエラとの間の国境紛争に関しては、武力を使ってもイギリスに対抗すべきという断固たる態度を取った。結果としてイギリスは調停を受け入れることになった。これは外交的勝利として評価された。

晩年

任期後ニュージャージー州プリンストンに引退し、著作に専念するかたわら、法律相談を受けたり、プリンストン大学の行事に参加したり、公共の場で講演をしたりした。

一九〇二年の無煙炭労働争議に際して、実状調査の労を取ることを時のローズヴェルト大統領に申し出た。〇四年に、オールトン・B・パーカーを大統領に推して短期間政治活動を行った。〇五年からは「公正なる生活保証協会」の再建に積極的に参画した。

一・二期を通して、社会改革の必要性を強調して国民の支持を得たが、経済不況で政策実現は困難となり、また、労働争議解決をねらった保守的手段は国民を失望させ、人気を失う結果となった。

後世の歴史家によれば、クリーヴランドは傑出した偉大な大統領ではないが、歴代の大統領の中で次のカテゴリー、「偉大に近い大統領」(near great)に位置付けられている。当時まだ情実があたりまえの政界にあって、議会に対して「ノー」と言えただけでも評価に値するとされる。その勇気、正直さ、道徳的正しさ、強い義務感などにより、欠点をカバーするに足りる立派な大統領、能力ある大統領として記憶されている。

一九〇八年死去に伴い、国葬で送られた。

（田中美子）

グローヴァー・クリーヴランド　Grover CLEVELAND

一八三七年ニュージャージー州コールドウェル生まれ。八一年バッファロー市長、翌年ニューヨーク州知事。肥満短躯ながらその公平無私な政治姿勢を買われ、八四年大統領として南北戦争後最初の当選。八五年に大統領就任（四十七歳）、その翌年に二十七歳年下のフランシス・フォルサムと結婚（最年少のファーストレディ）。八八年の再選では一般投票で多数だったが選挙人票で敗れ、九二年再挑戦して当選。九三年の恐慌に無策で人気を失った。一九〇八年ニュージャージー州プリンストンで死去（七十一歳）。

第23代

ハリソン ベンジャミン

Benjamin HARRISON:1833.8.20-1901.3.13

共和党／任期一八八九年三月四日～九三年三月四日

曾祖父は「アメリカ独立宣言」署名者、祖父は先住民との戦いで勇名を馳せた将軍で第九代大統領（ただし就任一ヵ月で病死）、父は下院議員という、まさにアメリカの政治「王朝」の家系に、一八三三年オハイオ州で生まれた。華麗なる一族、共和党への貢献、南北戦争での輝かしい働き、共和、民主どちらの党にも流れる浮動票を持つインディアナ州代表という四要素が大統領への道の布石となった。

マイアミ大学を一八五二年卒業、ただちに結婚、法律を学んで二年後にインディアナポリスで開業し、同時に共和党で活躍をはじめた。五七年同市の検事、五八年州中央委員会書記、その翌年高収入の州最高裁判所記録官となった。南北戦争勃発と同時に北軍のインディアナ歩兵隊を組織して参戦、後にシャーマン将軍のアトランタ方面作戦で功績をあげ英雄となった。戦後知事選には落選したが、八〇年上院議員（八一～八七年）に当選し中央政界入りを果たす。ガーフィールドの大統領候補指名に尽力、雄弁な政治家・法律家として知名度を上げていった。

サインと肖像（1895年）、E・ジョンソン画、ホワイトハウス歴史協会蔵。

一八八四年の共和党大会では大統領候補の指名をブレインと争い、敗れた。そのブレインは民主党のクリーヴランドに敗れ、次の八八年にはハリソンが指名を受けた。ニューヨークの銀行家のモートンを副大統領として戦ったが、一般投票では敗北、選挙人の獲得数で辛くも勝利した。ただし、資金集めの組織化により、以後共和党を一部の大資本・大企業のために奉仕させなければならなくなる。

一八九〇年の「十億ドル議会」（十億ドルの予算を組んだ強力な議会）が連邦の立法・行政を支配した政権といわれている。リンカンからウィルソンに至る半世紀中、大統領の力が最低だった。互恵条項を含むマッキンレー高率関税法、シャーマン銀購入法は一部大企業にのみ恩恵をもたらし、国の経済に悪影響を与えた。この高関税率は保護貿易を守り、海外進出を促進させた。州際通商を制約する全ての独占と合併を違法としたシャーマン反トラスト法（九〇年）は実質空文化してしまい、大企業に利益をもたらし続けた。新たに西部六州（南北ダコタ、モンタナ、ワシントン、アイダホ、ワイオミング）を連邦に加えることに成功したが、大統領の政権基盤を強化するものとはならなかった。また、南部黒人の保護を目的としたロッジ選挙法案に議会が反対し、黒人公民権を守る共和党の公約も放棄せざるを得なかった。

共和党の農民や労働者階級の無視、ドイツ・アイルランド系カトリック教徒への差別などから民主党支持がふえ、二大政党に飽き足らない人々の第三党形成への動きも活発化した。九〇年の中間選挙では民主党が多数を占め、地方レベルでの第三党、ポピュリスト議員も増え、共和党は議会で少数派に落ち込み、大統領の指導力はさらに減退した。

外交政策は非常に攻撃的で、「愛国心」による「新帝国」の創設者としての役割を果たした。近代海軍を築き、カリブ諸島、太平洋に海軍基地を広げた。九〇年に海岸線防衛のために三隻の戦艦を建造、さらに二年後、遠洋航海用の戦艦を建造した。英・独と協定を結び、サモア諸島を保護領土とした。中南米諸国代表を集め、初の汎アメリカ会議（九〇〜九一年）を招集し、ベーリング漁業問題、チリ官憲のアメリカ船員暴行事件などを解決した。九三年にはハワイで革命が勃発し、女王が退位、共和制がしかれた。指導したアメリカ人を中心とするハワイ共和国は、大統領とアメリカへの併合の交渉を始めたが、結局議会の賛成を得られず妥結しなかった（このハワイ併合は、マッキンレー大統領が九八年に実現するまで待たねばならなかった）。

九二年の共和党大会で再度指名を獲得したが、民主党のクリーヴランド候補に敗れた。引退後は講演を行ったり、英ギニア領の国境紛争へのヴェネズエラ代理人を務めたりしたが、一九〇一年肺炎で死去。

ハリソンは威厳こそあれ政治力に欠けており、人の意見を聞かずに何事も自分だけで判断した。後世の歴史家は、クリーヴランド政権にはさまれたハリソン政権は国民の記憶から遠く、国内政治は最低だったと評している。

（田中美子）

ベンジャミン・ハリソン Benjamin HARRISON
一八三三年オハイオ州ノースベンド生まれ。五二年マイアミ大学を卒業し、翌年キャロライン・スコットと結婚。法律事務所を開くが、六二年から二年間は北軍兵として従軍。八一年上院議員、八八年大統領に当選、八九年就任（五十五歳）。九二年妻に死なれ、再選もならなかった。九六年妻の看護をした二十五歳年下（娘と同い年）のメアリー・デミック夫人と再婚。一九〇一年インディアナポリスで死去（六十七歳）。

第25代

マッキンレー ウィリアム

共和党／任期一八九七年三月四日～一九〇一年九月十四日

William McKINLEY:1843.1.29-1901.9.14

近代的大統領の嚆矢

最初の近代的大統領といわれ、二期目が始まってすぐ無政府主義者の凶弾に倒れ、志半ばで生涯を終えた。

マッキンレーはオハイオ州の小村で一八四三年に生まれたが、両親の先祖は共にニューイングランドへ移民したイギリス系の子孫で、鉄細工を扱う鋳掛け屋であった。十七歳でペンシルヴァニア州のアレガニー大学に入学した。当時勃発した南北戦争に参戦し、除隊の時は陸軍少佐であった。その後郵便局員、教職を経て、オルバニー法律学校で学び、六七年オハイオ州カントンに法律事務所を開いた。この頃から共和党の活動に入った。六九年選挙で地方検事となり、公職の道を歩み始めた。七六年に下院議員に選出され、九一年まで計十四年間つとめることになる。国政とオハイオ州のため共和党員として活躍し、その影響力を高めていった。

マッキンレーは一八七一年結婚したが、二人の娘は夭折し、病弱な妻をかばう心優しい人であった。オハイオ州は著名な政治家を数多く輩出し、二大政党の勢力争いが激化する難しい州であった。その中で政治家として成功するには、いろいろな業種、あらゆる階層の人々が望むことを敏感に感じ取り、対処する能力が必要であった。特に良い人間関係を保つ非凡な才があり、組織力と行政能力に優れ、生来の誠実さと温厚さゆえに人々から信頼されていくことになる。政治上中道政策をとったことも成功の秘訣であったと言われている。

オハイオ州知事選にラザフォード・B・ヘイズを推し、後にヘイズの大統領選（一八七六年）に協力したマッキンレーは、その後も共和党大会で数々の重要な役割を演じた。関税問題に特に精力を注ぎ、八九年に下院の歳入委員長となり、マッキンレー関税法を成立させた（九〇年）。これは保護関税法で、特徴は、繊維製品については税額を細かく分け、低価格の商品に対

サインと肖像（1900年）。W・T・マシューズ画、コーコラン美術館蔵。

して切り下げ、高級品はアメリカの製品保護のため引き上げた。実業界は強く支援し、この関税法のため、マッキンレーの名は全米に広く知れ渡った。有力資本家の支援を受けて九一年から二期オハイオ州知事を務めた。知事として、支援者の意に背きながら、労働者に好意的な法案を作り、さらに支持を増やしていった。従って、九六年大統領選に、共和党からマッキンレーが指名を受けることは衆知の事実となっていた。

　一八九六年の大統領選はアメリカ史上もっとも激しい争いの一つと言われている。人民党寄りの政策を掲げ、人民党からも支持を取り付けた庶民派W・J・ブライアンと、大資本家をバックにアメリカに繁栄をもたらすという旗印を掲げた共和党のマッキンレーが争い、僅差でマッキンレーが勝利した。

大統領選にあたってマッキンレーは、癲癇の発作に苦しむアイダ夫人を気遣い、地盤であるオハイオを離れることはなかった。写真は自宅のポーチを開放しての演説。

　マッキンレーの登場が現代に近い大統領像を作り出した。ホワイトハウスは初めて近づき易い場となり、政策をアピールするためそれ以前のどの大統領よりも各地に遊説をした。プレスとの関係も改善され、毎日二回報道官による会見が行われ、大統領も記者と親しく接した。ホワイトハウスの組織も近代化し、公式声明を出すシステムを作りあげ、ニュース源としての価値ある場にしていった。

　先のマッキンレー関税法は民主党政権により緩和されていたため、まず、互恵関税条項をさらに取り入れたディングリー関税（一八九七年）により最高の保護関税を課し、さらに一九〇〇年に金本位法を成立させ、アメリカ工業製品の国際競争力を強め、輸出の拡大を促した。

　独占経済の調整問題にも関心を持ち、ハリソン、クリーヴランド政権のトラスト政策を参考にして、トラスト形成に対する国家による規制が望ましいと議会に勧告した。知事時代に労資間の協調を提唱していたように、労働政策の重要性も認識していた。しかし外交に時間を取られすぎ、これらを二期目の課題としていたが、暗殺により未解決のままに終ってしまった。

米西戦争

一八九五年から続いていたスペインへのキューバ反乱はひどくなる一方であった。マッキンレーはスペインに対し平和的解決を要望し、スペインもついに受け入れる方向で進んでいた。

しかし、九八年二月、駐米スペイン公使のアメリカ大統領を誹謗した私信書が暴露され、アメリカ国民の憤激を煽った。次いで二月十五日、アメリカ軍艦メイン号がハバナ港内で爆破され、乗員二五二名が死亡した。大統領は翌日覚え書をスペイン政府に送ったが、満足のいく回答を得られぬまま、世論の高まりもあって、四月に宣戦布告した。米西戦争の始まりである。アメリカは挙国一致に近い態勢で「キューバを解放するための戦争」に突入した。

元来平和的解決を望んでいたので、その優柔不断な態度は非難の的となったが、一旦開戦を決定してからは、マッキンレーは総司令官として全指揮を執った。ホワイトハウス内に「戦争執務室」を作り、作戦用に地図を貼り、電信・電話を備え付け、専任スタッフをおいた。大統領の司令はキューバ前線の司令官に二十分で伝えられたという。

海軍強国と言われたスペイン海軍は実は戦闘準備ができておらず、十五年ほどで急速に整備された有能なアメリカ海軍はあっという間に勝利を収めていった。極東艦隊にフィリピン急襲の命令を出し、マニラ湾でスペイン艦隊を撃滅（一八九八年五月）、さらに、カリブ海域のスペイン艦隊も撃滅した。陸軍もキューバのサンチアゴを征服し、さらにプエルトリコを占領した。わずか四ヵ月の戦闘でアメリカは勝利したのである。八月に入り休戦協定が成立し、翌年パリ講和条約により、スペインのキューバに対する主権の放棄、プエルトリコ、グアムのアメリカへの割譲、フィリピン群島の譲渡が決定した。

この間、アメリカ議会は懸案のハワイ諸島併合を、大統領の強い指導で議決した（一八九八年）。実業界の強い要望がかなったのである。

アメリカ外交の中心課題は軍事の介入無しに交易の権利を確保することであった。

国務長官J・M・ヘイはその意を受けて、列強に対する門戸開放政策（一八八九年）と義和団事件へのアメリカ参加（一九〇〇年）の覚え書を提示した。これは中国に勢力圏を持つ各国に対し、アメリカの権利と特権を侵さぬよう、港湾や鉄道の差別なき料金などを明記したもので、中国における平等かつ公平な通商の原則を保証することを目的とした。

その他の外交問題として、カナダとアラスカ国境問題は未解決のままとなり、パナマ運河建設をめぐるイギリスとの折衝は、死後ヘイ・パウンスフォート条約（〇一年）の締結によって実現への道が開かれた。

再選、そして暗殺

さて、一九〇〇年の大統領選には、米西戦争の勝利、好景気と繁栄をバックに、絶大な人気があった米西戦争のヒーロー、セオドア・ローズヴェルトを副大統領候補としてマッキンレーが指名され、民主党ブライアン候補との再度の争いとなった。今回は大差で再選された。

爆沈するメイン号（想像図）。ハーストを筆頭とするイエロー・ジャーナリズムがスペインの残虐行為を報道して世論をあおり、マッキンレーも開戦に踏み切らざるをえなかった。

国民の圧倒的支持を受け、自信に満ちたマッキンレーは、二期目に対して意欲的な抱負を持っていた。前例にないキューバ、プエルトリコへの視察、トラスト問題への取り組み、高くなりすぎた関税問題の検討等である。一九〇一年三月四日に就任、各地へ遊説旅行に出かけ、国民の義務、国家の目標、繁栄、アメリカの輝かしい未来について、熱狂的な群衆に語り掛けた。日頃から国民と親しく接することを誇りとしていたが、結局これが命取りとなってしまった。ニューヨーク州バッファローで開催された汎アメリカ博覧会の開会式（九月六日）に出席後、二人の護衛官に守られ公式のレセプションを催したが、歓迎の列に加わっていた無政府主義者のピストルで至近距離から撃たれ、九月十四日息をひきとった。

マッキンレーは、議会と国民の両方を巧みに操り、人気があり、権力ある大統領であった。誠実な人柄、威厳のある態度、議会への説得力の強さなどが特に挙げられる。マッキンレー外交は、アメリカの伝統的孤立主義からの脱皮、積極的な海外進出、帝国主義政策への転換を意味するものであった。ハワイの真珠湾、グアム、マニラという基地は〝太平洋の橋〟として、その後のアメリカ発展の基礎となった。

（田中美子）

ウィリアム・マッキンレー William McKINLEY

一八四三年オハイオ州ナイルズ生まれ。六一年南北戦争では北軍の志願兵として従軍。七一年アイダ・サクストンと結婚。七六年共和党下院議員。九一年オハイオ州知事、九七年大統領（五十四歳）。戦争を嫌い、キューバ独立闘争に際しては当初仲裁役のつもりだったが、九八年世論に負けスペインに宣戦、短期間で勝利を収める。フィリピンを併合、プエルトリコ、グアムも割譲。一九〇〇年再選、〇一年バッファローで無政府主義者に射たれ、八日後に死去（五十八歳）。

第26代 ローズヴェルト セオドア

Theodore ROOSEVELT:1858.10.27-1919.1.6

共和党／任期一九〇一年九月十四日〜〇九年三月四日

「ペンの人」

テディの愛称で親しまれ、強烈な国家主義者、自然愛好者のローズヴェルトは、ニューヨークの裕福な商家に一八五八年生まれた。父は何代にもわたって名士を輩出したオランダ系の商人、母はイギリス系ジョージア州旧家の出身であった。快活で威厳のある恐い父親から、社会的責任と上流階級の義務感とを叩き込まれた。小児喘息を患っていたためもあり、名門家族でよくある家庭教師から教育を受け、少年時代一年以上も欧州旅行をして感化を受けていた。七六年ハーヴァード大学に入学、当初の博物学者になる夢から、次第に政治学、歴史学に関心が移っていった。優等生で卒業後、コロンビア大学で法律を学んだりしたが、やはり政治への関心が強く、歴史関係の著作に専念するようになった。卒業後すぐ出版した『一八一二年戦争における海戦』（八二年）は高く評価された。

当時ニューヨーク州政界の腐敗が著しく、共和党革新派に所属したローズヴェルトは二十三歳（一八八一年）で州議会議員に選出され、多くの改革を行った。正義感が強く、勇気ある実行力が絶賛され、八四年までの三年間で政界浄化の中心となる。社会問題に関心を持ち、州議会に提出した数多くの法案の一つは劣悪な作業所の規制を目的としたもので、労働運動指導者のサミュエル・ゴンパースと共同で作成したものであった。

しかし、自分が推した共和党大統領候補が指名に敗れたこと、相次ぐ母と妻の死などから、たまたま喘息発作の療養で訪れて購入してあったダコタ準州の牧場に引きこもり、バッファロー狩り、農場経営、著作の生活を送り始めた。

生来「ペンの人」と言われ、生涯で三十八冊の本、数多くの雑誌論文などを著し、その分野は歴史、政治、紀行、博物学、狩猟など多岐にわたった。この農場での生活中、専念して二冊の著を出版、さらに名著として評判となった『西部の獲得』四

サインと肖像（年代、画家ともに未詳）。シカゴ歴史協会蔵。

巻（一八八九〜九六）の準備を始めた。余談であるが、この著書が名著として絶賛をあびたため、後に歴史学会の会長に選ばれることにもなった（一九一二年）。

「ラフ・ライダーズ」

共和党は一八八六年ローズヴェルトをニューヨーク市長候補に指名したが選挙に敗れた。八九年ハリソン大統領から、かつての貢献への報奨として連邦公務員任用委員会委員長に任命された（九五年まで）。ローズヴェルトは熱心に職務にあたり、有資格者全てに公務員への門戸を開放しようと法の厳正な施行を主張、共和党の政治家と衝突しながらも、六年の在職期間中にほぼこの制度を確立した。九五年ニューヨーク市公安委員長に任命され、二年間警察の近代化、人事の浄化に尽力した。惜しまれながら九七年マッキンレー政権の海軍次官補となるためこの職を退いた。

ローズヴェルトは最初の妻の死後の1884年、州議会議員を辞めノースダコタの牧場でカウボーイ生活を送った。ベットマン資料館蔵。

ここで、ローズヴェルトの海軍についての考えに触れておきたい。十九世紀末、西部への領土拡張に唱えられた「明白な天命」(Manifest Destiny) に新しい主張が加えられた。「ダーウィニズム」から発展したハーバート・スペンサーの「社会進化論」と、A・カーネギーの「富の福音」である。アメリカはモンロー主義を拡大解釈して、海外進出を目指すことを考え始め、海軍力強化に踏み切っていた。ローズヴェルトは多くの幅広い友人に恵まれたが、ボストン出身の上院議員H・C・ロッジとは特に信頼し合った仲で、海軍次官補への推薦もロッジによる。二人がもっとも影響を受けたのが、後に海軍大学学長となった軍人、海軍史、戦術に関する多数の著作があるA・T・マハンである。主な主張は、国家間の関係は国民的利益の追求が支配すること、適者生存の主張に沿って自己保存及び発展を基準として考慮することであり、強力な海軍増強の必要性を説いた。マハンによれば、海軍は防御のみならず、状況しだいで攻撃し、相手に打撃を与えるほど強力でなければならない。そこで次官補として海軍強化に尽力していった。ローズヴェルトが、新しい戦争こそアメリカの遠大なる国策をかなえ、全国民をまとめるものと考えていたその時、米西戦争が起きたのである。

幼少時から乗馬に親しむ自然児であったローズヴェルトは職を退き、「ラフ・ライダーズ」（荒馬乗り）という志願兵騎馬隊を組織、キューバで指揮した。その猛攻は新聞で全米に伝えられ、一躍英雄となってニューヨークに凱旋した（九八年八月）。

ニューヨーク州共和党は、この英雄ローズヴェルトを一八九八年秋の州知事候補として指名した。僅差で勝利したが、その後二年間の州政は進歩的で公正なものだった。人事を刷新し、党や議会の反対を押し切り、会社法人に対する税制、公務員制度の改革に手腕を発揮した。あまり革新的すぎるため知事への再選を断念した共和党は、折からの大統領選に、マッキンレー候補の副大統領として、知名度抜群のローズヴェルトを指名した。副大統領という閑職に追いやったはずであったが、運命の巡り合わせか、大統領暗殺に伴い、四十三歳の誕生日を前に史上最年少で大統領に就任することになる（一九〇一年）。

ローズヴェルト、続くタフト、ウィルソン大統領は、進歩的保守主義者であり、歴史上「革新主義の時代」と呼ばれている。アメリカの社会にすでに生じたり、生じつつある変化に、連邦、州、地方自治体政府を適合させようとした。その政策をローズヴェルトは「スクエア・ディール」（公平な取り扱い）と称した。

自然保護に尽力

一九〇一年九月十四日大統領に就任したローズヴェルトは、前大統領の閣僚と路線を踏襲した。但し、官僚制度を徐々に活性化させ、ユダヤ人を初めて入閣させるなど、人材登用をしていく。上下両院とも共和党保守派に支配され、改革は難しい状況であったが、大統領の権限を最大限に行使して立法措置を講じていった。ちなみに第一期より二期の方がより革新的だった。

第一に取り組んだのは反トラスト政策である。産業界と金融界における自由競争を回復するため、企業独占と金融独占とを取り締まる手段として、一八九〇年代に制定されたシャーマン反トラスト法を用いて、告発・解散に至る方法で実行した。鉄道のノーザン・セキュリティーズ、USスティール、スタンダード・オイル等、次々と巨大企業が告発された。大統領は独占を容認、つまり、公衆の利益に役立つトラストは良しとし、監督と規制を提唱した。規制の原則を、第一に公開、第二に連邦政府による規制とした。

基本理念として、連邦政府は産業問題に介入すべきであるという考えをローズヴェルトは持っていた。連邦政府が、大企業、労働組合、消費者の調停者としての役割を演じるべきという方針を打ち出したのである。

労働者を現代工業社会の基礎として重視し、組織された労働組合を必要な存在として認めていた。しかし、大企業と同様、労働組合の不正、不法行為、暴力の行使などは、公共の立場から連邦政府が規制する必要があるとした。

労働争議においても連邦政府の介入の先例を開いた。一九〇二年五月、ペンシルヴァニア州の無煙炭鉱労働組合が賃上げを要求して大規模なストライキに入り、経営者側は組合との交渉も拒否した。組合も冬が近い頃になっても屈服せず、石炭不足が社会問題化しかけた。そこで大統領は労資代表をホワイトハウスに招き、経営者側が組合との交渉に応じなければ軍隊を派遣してでも採鉱するという強硬な方針の準備を始めたところ、やっと仲裁委員会の調停を受諾し、解決に至った。一般大衆の利益を優先させることを基本的な姿勢として、その後も労資紛争の調停に努力した。しかし、八時間労働法、婦人・幼年者の労働に関するものなど、多数の法案は勧告のみに終ってしまった。

鉄道運賃問題に関しては、第一期にリベートを禁止するエルキンス法が制定されたが実効力はなく、第二期になってヘップバーン法(一九〇六年)を成立させ、公益擁護の大統領の姿勢を示した。食品・薬品業者を規制する立法として、食肉検査法(〇六年)、純正食品薬事法(〇六年)を制定、缶詰工場の規制など、消費者の保護を計った。

土地、河川、森林保護の政策にも力を注いだ。この自然資源保護の政策はローズヴェルトが成し遂げた最大の業績として後世の歴史家によって評価されている。森林管理、不毛地の開墾、水利事業、乾燥地の灌漑、開墾された土地の供与など、全て連邦政府が行う必要を第一年目の年頭教書で勧告した。その後在職中に政策を実行していくが、例えば、開墾法(一九〇二年)、合衆国森林管理局の設立(〇五年)、開墾地の入植者への提供など。この政策は、森林保存を軸に水力資源、金属埋蔵地帯、油田など包括的な天然資源保存運動として発展していった。

後に四四州の知事と約五百人の専門家による「全国天然資源保存会議」(〇八年)がワシントンで開催され、委員会が設立された。自然保護運動の指導者J・ミューアとヨセミテ渓谷やグランドキャニオンの谷底まで訪れ、自然を乱開発から守る決意を固めたと言われている。五十一ヵ所の国立野生生物保護区を指定、国有林を四倍に増やし、十五ヵ所を国定公園に指定、五ヵ所の国立公園を新設した。この間、電力会社、大農場主、牧畜業者などを敵にまわしたが、長期的利益のため、国家権力により法案を通した。後世への遺産である。

棍棒外交

ローズヴェルトの外交信条は、「大きな棍棒をたずさえて、やわらかく話す」という「棍棒外交」と言われた。モンロー主義の拡大解釈で、一九〇四年年頭教書で「ローズヴェルト・コロラリー」(系論)を発表、ラテンアメリカへのヨーロッパ列強の干渉を排除することを意図し、代わりに、アメリカが国際

ローズヴェルト自身が第一の業績とする、パナマ運河建設を報じる新聞漫画。頭上の冠は、軍艦を派遣してコロンビア守備隊を捕虜にし、強引にパナマを独立させ運河の永久租借権を得たローズヴェルトの、「大勝利」をあらわしている。

警察力を行使してもこれら諸国に責任を持つことを主張した。つまりアメリカが太平洋を含む西半球を実質的に支配することであった。

議会に対しては海軍力の増強を要求し続けた。

その顕著な例がパナマ運河建設計画であった。一九〇一年になってイギリスが譲歩し、中米にてアメリカの単独運河建設が可能になった。大統領はコロンビア領パナマ地区を選定し、コロンビア政府と交渉を始めた。その時パナマ運河地帯の住民が独立を決意、〇三年十一月独立を宣言した。アメリカは海兵隊を介入させ、直ちに独立を承認、パナマ共和国との条約締結によりパナマ運河地帯の永久租借権を得たのである。この独立運動の支援を含む強引な運河建設政策は内外から激しい非難を受けたが、これで悲願の太平洋と大西洋を結ぶことが可能になった。運河建設は〇四年着工、一四年に完成する。

極東政策も、米西戦争で太平洋国家となったアメリカを含め、アジアの勢力均衡を保つことが根本であった。まず、領有したフィリピンでの反乱を鎮圧し、治安の安定を得るまで時間がかかった（〇二年）。朝鮮争奪戦であり、アジアでの勢力争いである日露戦争（〇四～〇五年）で、ロシア抑制の対抗勢力としてアメリカは日本を財政的、道徳的に支援した。日本の圧勝に終わると、日本勢力拡大を警戒し調停に乗り出した。ローズヴェルト自ら交渉にあたり「ポーツマス条約」（〇五年）に至らせたが、日本にとっては不満足なものであった。結果として日米関係は悪化し、アメリカでも西部における排日運動が起きたが、「紳士協定」（〇七年）によって一応解決をみた。また、〇五～〇六年のモロッコ危機（混乱状態にあったモロッコでのフランス勢力拡大にドイツが挑戦）の際も、請われて解決に乗り出し、国際協定締結によって平和をもたらした。なお、日露戦争とモロッコ危機への働きにより、ノーベル平和賞を受賞した（〇六年）。

メディア大統領

再選を果たした（一九〇四年）ローズヴェルトはこれ以上再出馬しないと宣言していた。後継者としてW・H・タフトが大統領となる（〇九年）とすぐに、息子と共にアフリカへの狩猟と科学調査、次いでヨーロッパへの旅に出た（〇九～一〇年）。

帰国すると共和党内の分裂が深刻化していた。党内の融和を図ろうと国内各地を遊説するが、この時の有名な演説が「ニューナショナリズム」であった。一〇年の中間選挙で大敗した共和党は、一二年の大統領選にタフトとローズヴェルトが指名を争うことになった。ローズヴェルトが敗れると、支持派は革新党を結成、もう一度大統領選に臨むことになった。この遊説中（一二年十月）ウィスコンシン州ミルウォーキーで暗殺者の凶弾で負傷する一幕もあった。結果として民主党のW・ウィルソンが勝利したが、ローズヴェルトの得票はタフトを上回っていた。

この後は公の場から退き、ブラジル探検や著作に励んだ。

第一次世界大戦が始まると、対外強硬論を主張してウィルソン政権を攻撃した。英米仏の軍事同盟を平和維持の手段と考え、国際連盟には批判的であった。一九一六年の共和党大会でまたも指名を画策するが敗れ、政治生命は終焉した。息子のフランスでの戦死に落胆し、ブラジルで罹った熱病の再発で、一九年一月、六十歳で死去した。

眼鏡、口ひげ、大きな歯という特徴で誰からも愛され、漫画の登場人物としても人気があったローズヴェルトは、そのエネルギー、熱血、活力、正義感などで知名度抜群であった。しかし、後世の歴史家の評価は「偉大に近い大統領」(near great) に留まっている。本人の自己評価によれば、第一にパナマ運河建設、第二に自然保護活動、第三に日露戦争調停を業績として挙げている。名門出身、家庭教師による教育、ハーヴァード大学優等生、スポーツ万能、狩猟を好むこと、幅広い交友等々、ヨーロッパ好みの東海岸上流アメリカ人の典型であった。新聞、雑誌などを効果的に利用し、最初の「メディア大統領」と言われている。精力的に外交、内政、及び世界政治の場で果たした役割は非常に大きく、多くの自然を開発から救って遺した功績も高い。また、ローズヴェルトは、自動車（一九〇二年）、潜水艦（〇五年）、飛行機（一〇年／引退後）に乗った最初の大統領であった。

（田中美子）

セオドア・ローズヴェルト Theodore ROOSEVELT
一八五八年ニューヨーク生まれ。八〇年十七歳のアリス・リーと結婚するも四年後死別、八六年昔の恋人イーディス・カーロウと再婚。九七年海軍次官補、九八年米西戦争で義勇兵団を組織、キューバ遠征し人気を得る。九九年ニューヨーク州知事、一九〇〇年副大統領、〇一年マッキンレー暗殺により史上最年少の四十二歳で大統領昇格。〇三年パナマ革命に乗じ運河の永久租借権を獲得。〇四年再選、〇六年モロッコ危機の平和的解決、日露戦争の仲裁の功績からノーベル平和賞。一二年に革新党をつくり三期目を目指すが、暗殺未遂もあって敗北。一九年ニューヨーク州の自宅で死去（六十歳）。

副大統領物語

大統領経験者はクリントンまで含めて四十一人いるが、副大統領経験者のリストにはゴアを入れても三十一人しか載っていない。実はこの他にも副大統領経験のある政治家が十四人いるのだが、うち九人は大統領が任期中に死亡あるいは辞任したため昇格し、他の五人は副大統領の任期終了後に自力で大統領に当選したため、いずれも大統領経験者として扱われているのである。

この例が示すように、副大統領の最大の責務は、大統領に万一のことがあったとき遅延なくその職を引き継ぐことである。合衆国憲法の二条一節六項が規定しているように、憲法の制定者たちが考えていた副大統領職も大統領が死亡、辞任した際の代役であった。憲法の副大統領についてのこれ以外の規定は、弾劾の対象になることと、上院議長職を兼ねるという一節があるだけで、大統領を補佐して行政権を行使するとはどこにも述べられていない。

党大会で大統領候補が選ばれた後、それに反対した派閥の推す人物を副大統領候補に指名するのは、十九世紀以来、党内対立を融和し統一して選挙戦を戦うには有効な作戦だった。だが反面、副大統領候補となった党内派閥のリーダーが有能で野心的な政治家だと、選挙戦は良いが当選後に大統領と対立して政権を不安定にしてしまう。その好例が一八三〇～三二年のジャクソン大統領とカルフーン副大統領との対立だった。そしてそれ以後、たとえ派閥人事であっても、副大統領候補にはあまり目立たぬ、大物でない政治家が指名されるようになった。しかし彼らがみな無能であったわけではない。それは大統領の死によって急遽大統領に昇格した過去八人の副大統領出身者の多くが、大統領としてまずまずの仕事をしたことでもわかる。だが十九世紀の副大統領は所属政党の政治的便宜から起用された者が多く、大統領に昇格してよい仕事をしても、党の主流派の利益と合わなくなれば使い捨てにされた。

だが代役が前任者以上の業績をあげ国民の高い人気を得ると、所属政党も彼を次期大統領に指名せざるを得なくなる。マッキンレー暗殺のあと一九〇一年に史上最年少で大

ジョン・C・カルフーン

統領職に就き、大企業の独占的経済活動の規制などを積極的に行ったセオドア・ローズヴェルトが好例である。

　第二次大戦後、政党より候補者が投票を決める重要な要素になると、二大政党はできるだけ幅の広い有権者層に訴える大統領・副大統領候補の組み合わせ作り《チケット》に腐心するようになった。そうなると副大統領候補には、指名された大統領候補が個人的に好み、党内融和からも望ましく、かつ大統領候補に欠ける部分を補えるようなタイプの政治家が最適である。北東部のエリート出でカソリック教徒の若いケネディ大統領候補に、上院院内総務を務める老獪な政治家で南部出身のジョンソンを組ませた一九六〇年選挙での民主党のチケットは、その一例であった。

　では任期を全うし、自分が仕えた大統領から政権を受け継ごうとした副大統領の場合はどうか。今日では現職の副大統領が次期大統領選への出馬を望めば、党の指名を得ることはほぼ確実だが、大統領が再選を求めたときに発揮されるような現職の強みは副大統領にはなかなか働かない。それまで大統領の影の下で目立たぬ存在だったのに、次期選挙のキャンペーンが始まると突如変身して自分を国民に大きく見せなければならず、場合によっては大統領と距離を置くポーズも取らねばならぬという難しい役割を演じなければならないからである。二〇〇〇年選挙でゴア副大統領が大接戦の末に勝ちを逃したことが示すように、副大統領職を継ぐのはかなりのリスクが伴う。そして政権の継承に失敗した副大統領の多くは、パートナーの大統領が残した政治的負債を背負わされている。副大統領が政権を引き継げるか否かは、彼自身の力よりも大統領の行動と業績に掛かっているようだ。

　最後に副大統領の政治的影響力の増大という近年の傾向について述べておこう。クリントン前大統領は当選するとゴア副大統領に行政の指揮権の一部を分け持たせるとともに、重要な政策決定にも参加させた。ゴアも期待に応えて政府の行政改革プロジェクトの責任者となり、また環境保護やハイテク促進の分野で政策通としての指導力を発揮した。現ブッシュ政権のチェイニー副大統領も大統領の有力なアドバイザーとして同政権内で重きをなしている。

　今日のアメリカでは大統領がこなさなければならぬ仕事の量が飛躍的に増え、質的にも専門化し複雑になっている。したがって特定の政策分野に強い副大統領がその膨大な仕事の一部を分け持って大統領を補佐するという最近の傾向は、時代の要請にも合っている。それは副大統領の実質的な地位の向上を伴った変化である。


（砂田一郎）

第27代

タフト ウィリアム・ハワード

共和党／任期一九〇九年三月四日〜一三年三月四日

William Howard TAFT:1857.9.15-1930.3.8

判事の家系

オハイオ州シンシナティ市の裕福な家庭に生まれた。父方も母方も十七世紀にイギリスからマサチューセッツに移住した祖先をもつ古い家柄だった。祖父も父も判事で、父はグラント政権の陸軍長官と司法長官、アーサー政権のオーストリア=ハンガリーおよびロシア公使をつとめた。一八七八年、イェール大学を百三十二人中二番の成績で卒業したタフトは、シンシナティ・ロー・スクール（のちにシンシナティ大学に併合）に進学し、二年後に法学の学位と弁護士資格を取得した。八六年に結婚したヘレン（愛称ネリー）・ヘロンの父も判事だった。

タフトは地元の判事からスタートし、八七年にはシンシナティ高等裁判所判事に任命された。判事として有能なタフトは、その後も合衆国訟務長官および第六連邦巡回区控訴裁判所判事を歴任した。九六年からはシンシナティ大学ロー・スクールの教授も兼任した。一九〇〇年には大統領ウィリアム・マッキンレーから、併合したばかりのフィリピンに設置される文民政府組織委員会の統括を託され、翌年には初代総督に任命された。タフトは、フィリピンの治安と経済の回復、公共事業の推進、土地改革などの諸改革に行政手腕を発揮した。またフィリピン人に親近感と責任感をもち、マッキンレーの後任のローズヴェルト大統領から最高裁判所判事になることを二度打診されたが、フィリピンでの任務が未完であることを理由に辞退した。

一九〇四年、ローズヴェルトから陸軍長官の打診を受けた時には、フィリピンの統治にも関与する仕事だったので引き受けた。ローズヴェルトは、誠実で有能なタフトを気に入り、重要な外交問題の処理をゆだねた。タフトは日露戦争中の一九〇五年七月に来日し、アメリカのフィリピン統治と韓国における日本の優越的支配を相互に認める、秘密の「桂=タフト覚書」を交換した。また政情不安な中国の情報収集、パナマ運河建設計

サインと肖像 (1911 年)。A・L・ゾーン画、ホワイトハウス歴史協会蔵。

画の推進、キューバの秩序回復なども手がけた。

革新主義的政策とドル外交

ローズヴェルトは、一九〇八年の大統領選挙に立候補しないことを決め、タフトを後継者として支持した。共和党全国大会では、タフトは最初の投票で指名を獲得し、大統領選挙でも民主党候補のウィリアム・ジェニングズ・ブライアンに対して、選挙人では三百二十一対百六十二の差をつけて当選した。かねてからタフトが大統領になることを期待していた妻は喜んだが、タフト自身は、あまりにも順調に大統領になったことに驚くとともに、自分の適性に一抹の不安を覚えていた。

タフトは毎年大リーグの開幕ゲームで行われる大統領の始球式の第一号である。これは1910年、ワシントン・セネターズ対フィラデルフィア・アスレチックス戦の始球式の写真。ベットマン図書館蔵。

タフトは、前任者のローズヴェルトと同様に、自由放任主義経済の弊害を痛感し、独占企業を規制する必要性と大統領の役割の重要性を理解していた。しかし裁判官出身のタフトは、大統領の権限が憲法によって制限されていることも強く認識していた。タフトが実施した革新主義的政策としては、環境保護の推進、郵便貯蓄制度の創設、鉄道規制法の議会通過などがあり、またローズヴェルトよりも積極的に反独占法を適用し、行政の能率化に努めた。

外交では国務長官フィランダー・C・ノックスとともに「ドル外交」を行った。これは、ローズヴェルトの中南米政策が軍事介入を伴うことが多かったのに対して、タフトが年頭教書のなかで「弾丸ではなくドル」によって外交を推進すると述べたことに由来している。タフトは、中南米やアジアにおいてアメリカの投資が増大することによってアメリカの啓発的な影響力が拡大することを期待した。しかし、ニカラグアでは反乱鎮圧のために海兵隊を送り込まなければならなかったし、中国におけるアメリカの勢力拡大は日本やロシアによって阻まれた。

大統領になることを強く望んではいなかったタフトにとって、忙しく責任の重い大統領職は重圧だった。大統領の地位と権限を享受し、目立つことが好きだったローズヴェルトとは違い、演説の原稿を書くことも、一般大衆に向かって演説をすることも苦手だった。

大衆にアピールする資質に欠けていただけでなく、自分のイメージにも無頓着だった。ローズヴェルトであれば、記者や文持者の名前を覚えて親しい関係を保つことに配慮したものだったが、タフトには親しくない人の名前を覚える気などなかった。また、趣味のゴルフや旅行に興ずるタフトは、精力的に職務を遂行する革新的大統領のイメージにはほど遠かった。

ローズヴェルトとの対立

タフトにとって致命的だったことは、大統領就任後、共和党内の革新派との関係が悪化したことだった。タフトが彼らの意に反する閣僚を任命したこと、保守的な下院議長の解任に同意しなかったこと、保護関税の引き下げを約束しながら保守派と妥協してペイン＝オルドリッチ関税法を通過させたことなどに革新派は失望した。またアラスカの石炭埋蔵地をめぐって、内務長官リチャード・バリンジャーと農務省森林局長でローズヴェルトの親友であり、国民にも人気のあったギフォード・ピンショーが対立した時には、バリンジャー批判をやめないピンショーを解任し、革新派との溝をさらに広げた。タフトには政治的取り引きを行う才覚がなかった。

一九一〇年六月、アフリカでの狩猟の旅から帰国したローズヴェルトは、共和党が分裂し、タフトが強力な大統領の役割を担っていないことを知った。ローズヴェルトは公的にはタフトを批判しなかったものの、批判的であることはタフトの知るところとなり、敬愛し信頼していた後見人に裏切られたことにタフトは傷ついた。秋の中間選挙で民主党が躍進したことも大きな痛手だった。タフトはもともと太っていたが、つのる苛立ちと不安を食べることでいやし、体重は百五十キロを超えた。またゴルフと旅行に逃避し、トレードマークの笑顔も消え、不機嫌なことが多かった。それでも表立ってローズヴェルトを批判することはなかったが、ローズヴェルトが最高裁の保守性を批判し、国民の一般投票によって最高裁判決を覆す提案を行なった時、タフトはついにローズヴェルトを危険な急進者として攻撃し始めた。ローズヴェルトが革新性を強めるのに対して、タフトはより保守的になった。

一二年の大統領選挙を前に、ローズヴェルトはこのままでは民主党に政権の座を奪われると危惧し、再び共和党の大統領候補になることを決意した。一般の共和党員の間ではローズヴェルトがタフトよりもはるかに人気があったが、共和党大会では多くの州の党組織がタフトを支持したため、タフトが一回目の投票で指名を獲得した。ローズヴェルトはこの結果を批判し、革新党を結成して大統領選挙に挑んだ。

民主党の大統領候補は、革新主義者として知られるニュージャージー州知事ウッドロー・ウィルソンで、ローズヴェルトに劣らず雄弁だった。タフトはこの二人の候補にはさまれ、しかも共和党が分裂している状態では勝ち目はなかった。選挙人では、ウィルソンが四百三十五人、ローズヴェルトが八十八人であったのに対し、タフトはヴァーモントとユタの二州でしか勝つことができず、八人を獲得するにとどまった。しかし、自分を見捨てたローズヴェルトではなくウィルソンが勝利したことに、タフトは安堵した。

最高裁長官

一九一三年から二一年まで、タフトは母校のイェール大学で法学部教授をつとめた。とくに一六年からは、国際連盟の推進とアメリカの国際連盟加入のために精力的に活動した。二一年にはハーディング大統領から最高裁判所首席判事（長官）に任命され、大統領と最高裁判所長官を経験する歴史上唯一の人物となった。タフトにとって最高裁判所判事は以前から憧れていた職であり、タフトの能力が活かされる任務でもあった。タフトは水を得た魚のようにいきいきとし、体重も減り、穏やかな笑顔が戻ってきた。判事としてのタフトはおおむね保守的で、少年労働の禁止や労働組合の保護よりも企業活動の自由を支持することが多かったが、裁判長として、判事たちの意見の調整と裁判の能率化にすぐれた行政手腕を発揮した。

妻ヘレン。大統領夫人として三千本の日本の桜を首府ワシントンに植樹する企画を支援し、1912年3月の式典では日本大使夫人とともに最初の苗木を植えた。ウィリアム・タフト記念館蔵。

三〇年初頭に体調を崩し、二月に最高裁判所首席判事を辞任、その一ヵ月後にワシントンで亡くなった。タフトは二人の強烈な個性をもつ大統領にはさまれ、大統領としては影の薄い存在だった。タフト自身、大統領時代を振り返り、「非常に単調で人の興味を引かない政権」だったと述べたことがある。しかし、タフトの飾らない誠実さは、大統領のイメージが中身に先行することが多い今の時代には、むしろ一陣の清風のようにも思われる。

（藤田文子）

ウィリアム・ハワード・タフト William Howard TAFT　一八五七年オハイオ州シンシナティ生まれ。七八年イェール大学卒業。八六年ヘレン・ヘロンと結婚。八七年からシンシナティ高等裁判事、合衆国訟務長官、連邦巡回区控訴裁判事歴任。一九〇一年フィリピン総督、〇四年陸軍長官、〇九年大統領就任（五十一歳）。一二年大統領選で敗北。二一年連邦最高裁首席判事。三〇年ワシントンで死去（七十二歳）。

第28代

ウィルソン ウッドロー

民主党／任期一九一三年三月四日〜二一年三月四日

Thomas Woodrow WILSON:1856.12.28-1924.2.3

牧師の子

ウィルソンは、ヴァジニア州スタントンの長老派の牧師の家に生まれた。母方の祖父も長老派の牧師だった。家族はその後、ジョージア州オーガスタ、サウスカロライナ州コロンビア、ノースカロライナ州ウィルミントンに移り住み、父は各地の教会の牧師をつとめた。神学校や大学でも神学を教えた。ウィルソンの正式の名前はトマス・ウッドローで、二十代初め頃まではトミーと呼ばれていた。両親、姉二人、弟一人の六人家族は親密で、とりわけウィルソンは敬虔な信仰と広い学識をもち南部を愛する父を尊敬し、大きな影響を受けた。

一八七三年、ノースカロライナ州のデイヴィッドソン・カレッジに入学したが、二年後にカレッジ・オブ・ニュージャージー（現在のプリンストン大学）に再入学し、歴史と政治学を学んだ。ウィルソンは文芸クラブや討論クラブの活動に参加し、また学生新聞の編集にも携わり、文章力や演説、説得、リーダーシップなどの術を磨いた。イギリスの政治理論や議会政治に感銘し、将来は政治家になることも考え始めた。七九年に卒業したあとヴァジニア大学で法律を学んだが、健康を損ない家に戻った。八二年に弁護士の資格を取得し、ジョージア州アトランタで友人と法律事務所を開いたが、顧客は集まらなかった。

サインと肖像（年代未詳）。F・G・クーテス画、ホワイトハウス蔵。

学長から大統領へ

一八八三年、ウィルソンはジョンズ・ホプキンズ大学の大学院生となり、再び政治と歴史を学んだ。八五年には『議会政治』を出版し、イギリスの議会政治を讃え、公的議論と大統領の指導力を欠くアメリカの実態を批判した。この本によって、翌年ジョンズ・ホプキンズ大学から政治学の博士号を得た。また八五年には長老派の牧師の娘エレン・ルイーズ・アクソンと結婚し、良き理解者である妻と三人の娘に恵まれた。

ウィルソンは、ブリンマー・カレッジ、ウェズリアン大学で教鞭をとったあと、九〇年に母校プリンストン大学の教授となった。講義は学生たちの人気を集め、また多くの論文や著書を通して一流の政治学者としても広く知られるようになった。一九〇二年にはプリンストンの学長に就任し、大学の名を高めることをめざして、チューター制の導入やカリキュラムの改革に手腕を発揮した。しかし、ウィルソンはしばしば自説の正しさを確信し、妥協することを好まなかった。新設する大学院の設置場所をめぐって大学院の長とウィルソンの対立が、大学や同窓会を巻き込みながら二年間にわたって続き、ウィルソンは、一〇年、学長を辞任した。

ウィルソン夫妻(手前)と三人の娘。後列左からマーガレット、エレノア、ジェシー。ヴァジニア商工会議所蔵。

同年、ニュージャージー州の民主党のボスたちは、自分たちと協力しながら、かつ革新勢力も引き付けることのできる知事候補として、ウィルソンを担ぎ出した。しかし、知事に当選したウィルソンはボスたちと袂を分かち、選挙の民主化、公共事業の規制、労災補償などの改革を行ない、革新知事として全国的に注目されるようになった。一二年の民主党全国大会は紛糾し、四十六回目の投票でウィルソンが大統領候補に選出された。政治の世界に入ってから、わずか二年後のことだった。

大統領選挙では共和党のウィリアム・ハワード・タフト、社会党のユージン・デブスも候補だったが、実質的にはウィルソンと革新党のローズヴェルトの戦いだった。二人はいずれも改革を唱えて選挙にのぞんだ。ローズヴェルトは「ニューナショナリズム」のスローガンを掲げ、大企業の必然性を前提として、その弊害を是正するために政府による規制と労働・福祉立法の必要性を主張した。ウィルソンは「ニューフリーダム」を提唱し、自由競争を復活させ、これから競争に参画する人たちの機会を守ることを約束した。共和党の分裂のおかげで当選したウィルソンは、選挙人では五百三十一人中四百三十五人を獲得したが、一般投票の得票率は四十二パーセントにとどまった。

「ニューフリーダム」と人種差別

大統領に就任したウィルソンは、大統領だけが全国民の代表であるという認識のもとに強力な指導力を発揮した。ウィルソンのイメージはきまじめで親しみやすさを感じさせなかったが、道徳的で格調の高い雄弁な演説は人びとを引きつけた。ジェファソン以来、大統領は議会で演説をするかわりに教書を文書で届けたが、雄弁さを誇るウィルソンは議会で重要な教書を読む慣習を復活させた。

ウィルソンは「ニューフリーダム」の公約を実施に移した。まず関税の改革に着手し、議会で保護関税の大幅な引き下げを訴えた。一九一三年に成立したアンダーウッド関税法は、南北戦争後はじめての実質的な関税の引き下げを実現させるとともに、関税収入の減少を補うため累進制の連邦所得税を導入した。同年、連邦準備法を通過させ、通貨の流通に柔軟性をもたせる連邦準備制度を設けた。一四年には従来の反トラスト法を拡大するクレイトン反独占法を成立させ、さらに企業の規制を強化する連邦取引委員会を設置した。この委員会の設置は「ニューナショナリズム」の企業規制の構想に近いものだった。

他方、ウィルソンは、労働立法、女性の参政権、人種問題などに対しては保守的で、児童労働禁止法や農民への融資に反対した。女性の領域は家庭にあると考え、女性の参政権にも反対だった。しかし、一六年の大統領選挙を控えて革新派の支持を得る必要を認識し、労働条件の改善や農民への融資を推進するようになった。一八年には女性の参政権も支持した。しかし南部出身のウィルソンは、黒人を白人と平等に扱うことには終始反対で、連邦政府の施設に黒人差別が導入された。

宣教師外交から参戦へ

対外政策においては、ウッドロー・ウィルソンは民主主義を他国に伝播することがアメリカの使命であると確信し、その外交は「宣教師外交」と呼ばれた。

しかし道義的外交はしばしば軍事介入をともなった。中南米諸国の秩序を維持し、アメリカの経済的権益を擁護するために、ウィルソンはハイチ、ドミニカ、ニカラグアに海兵隊を送った。メキシコでは、一九一三年に前任者を殺害して大統領に就任したヴィクトリアーノ・ウェルタの政権を、ウィルソンは道義的理由から承認せず、ウェルタ追放のために海兵隊を派遣した。一九一六年にはアメリカに侵入したフランシスコ・ビリャ（通称パンチョ・ビリャ）を逮捕するためにアメリカ陸軍をメキシコに送り込んだ。アメリカ軍の撤退は対独戦の可能性が強まった一七年一月のことだった。

アジアでは辛亥革命を経て一九一二年に共和国となった中国にアメリカの民主的・経済的影響力を広げようとしたが、日本の抵抗にあった。さらにアメリカが第一次世界大戦に参戦した一七年には、日本が中国の領土保全と門戸開放の原則を認めるかわりに、アメリカが中国における日本の特殊権益を承認する

パリ講和会議にて、左からロイド・ジョージ（英）、オーランドー（伊）、クレマンソー（仏）、ウィルソン。United Press Int.

石井・ランシング協定を締結した。妥協を余儀なくされたウィルソンは、日本に対する不信感を強めた。

　ウィルソンは、従来のような列強諸国による勢力均衡（バランス・オブ・パワー）ではなく、法と道義が支配する民主的な国際社会を樹立したいと強く願っていた。一四年、第一次世界大戦が勃発した時には、列強の紛争からの中立を宣言し、同時に、イギリスとドイツによる海上封鎖に対しては中立国としての通商の自由を主張した。しかし、海軍力で劣勢のドイツは、潜水艦作戦によってイギリスに対抗した。一五年五月、ドイツの潜水艦によってイギリスの客船ルシタニア号が撃沈され、百二十四人のアメリカ人をふくむ千人を超える死者が出た時には、ウィルソンはドイツに強く抗議した。アメリカの調停によって戦争を終結し、理想的な国際秩序を樹立したいと願うウィルソンは、一六年初頭、大統領顧問のエドワード・ハウスを欧州に派遣し、和平を打診したが、列強諸国はアメリカの介入を歓迎しなかった。同年秋の大統領選挙では、ウィルソンは「彼のおかげで戦争に巻き込まれなかった」というスローガンのもとに再選を果たした。しかし、分裂を乗り越えた共和党の候補チャールズ・エヴァンズ・ヒューズとの差は小さく、選挙人ではウィルソンが二百七十七人、ヒューズが二百五十四人だった。

　当選後の一七年一月、ウィルソンは上院で、「勝利なき講和」と権力政治に代わる諸国の共同体の建設を提唱した。しかし、二月にドイツが潜水艦による無制限攻撃を再開したため、アメリカはドイツと国交を断絶した。さらにドイツ外相アルトゥール・ツィンメルマンがメキシコに軍事同盟を提案した電報が暴露されたこともあり、四月二日、ウィルソンは議会で「世界を民主主義のために安全にする」戦争に参戦することを呼びかけた。四日後、議会はドイツに宣戦を布告した。

　参戦後、ウィルソンは、アメリカ国内の大規模な動員体制を確立するために強力なリーダーシップを発揮した。選抜徴兵法の成立、戦時産業局の統括による経済の軍需産業化と生産の能率化、全国戦時労働局によるストの阻止、公共情報委員会（通称クリール委員会）の世論操作、反戦論者の取り締まりなどが展開し、戦時下の状況で大統領の権限は一挙に拡大した。

ウィルソンが願ったのは単なるドイツの打倒ではなく、参戦によってアメリカの発言権を強め、民主的で開放的な国際秩序を樹立するための主導権を握ることだった。一七年十一月のボルシェヴィキ革命によって成立したソヴィエト政府も、ウィルソンの構想にとっては脅威だった。ボルシェヴィキ政権が休戦を呼びかけ、連合国側の秘密条約を暴露し、平和攻勢を行ったのに対抗し、ウィルソンは一八年一月の議会演説で「十四ヵ条」の平和原則を発表した。このなかでウィルソンはあらためて外交の公開、航海・通商の自由、軍縮、民族自決、国際機構の設立など、法と道義が支配する自由主義的国際秩序の樹立を呼びかけた。同年夏には、ボルシェヴィキ政権の打倒と日本軍の牽制を期待し、ウィルソンはロシア北部とシベリアへのアメリカ軍の派遣に同意した。

国際連盟に託す理念

一九一八年十一月ドイツは降伏し、一九年一月講和会議がパリで始まった。ウィルソンは自ら主席全権として会議に出席した。イギリスでもフランスでも、ウィルソンは平和の使徒として国民の大歓迎を受けた。しかし、列強の老練な首脳を相手とするヴェルサイユ講和会議では、ウィルソンはいくつもの妥協をよぎなくされた。イギリスとフランスは植民地を保持したままだったし、実のところ、アメリカもフィリピンの独立を先延ばしにしていた。日本もドイツの旧支配地だった中国の山東半島を獲得した。ドイツは支払い能力を超える法外な賠償金を要求された。しかし、ウィルソンは国際機構さえできれば、こうした問題は徐々に解決されると確信し、国際連盟の設立をふくむヴェルサイユ条約の成立に努力した。六月二十八日、条約が調印された。

一九年七月ウィルソンは帰国し、「人類にとって唯一の希望」である国際連盟の実現は「神の導きによる」アメリカの使命だと訴え、上院での批准を要請した。

民主党議員の多くは賛成だったが、一八年の中間選挙で共和党が上下両院ともに多数派に返り咲いていた。共和党のなかでも、いかなる加入にも反対する議員は少数派だった。上院外交委員長ヘンリ・キャボット・ロッジを筆頭とする多くの共和党議員は、連盟規約第十条の集団安全保障条項によってアメリカの行動が拘束されることを危惧し、留保つきの条約批准を唱えた。

とりわけマサチューセッツの名門の出身であるロッジは、ウィルソンと同様に強い個性と自信の持ち主で、連盟規約はウィルソンの出身校のプリンストンでは合格かもしれないが、自分の卒業したハーヴァードでは不合格だと述べたこともあった。しかし、連邦議会の決議なしには集団防衛の義務を負わないとする条件を条約につけることは、ウィルソンには到底受け入れられなかった。

ウィルソンは国民に直接訴えるために、医師の警告にもかかわらず、一九年九月三日、西部諸州の遊説に出かけた。しかし強行日程の遊説を二十二日間こなしたところで倒れ、ワシントンに戻ったあとの十月二日、脳血栓に見舞われた。その後は誰も大統領に直接面会することはできず、ウィルソンの意思は夫人を通して伝えられた。ウィルソンの最初の妻エレンは一四年に亡くなりウィルソンを悲嘆させたが、その翌年に再婚した未亡人で南部出身のイーディス・B・ガルトも、よき理解者としてウィルソンを支え続けていた。病床のウィルソンは最後まで留保つきの条約批准には反対するように民主党議員に要請した。上院は十一月と翌二〇年三月に二度の採決を行ったが、留保付きの批准も留保なしの批准も否決された。

再婚した妻イーディスと。彼女はポカホンタスの子孫で、先住民の血を引く唯一のファーストレディだった。From World Wide

ウィルソンが倒れたあと政務は閣僚が担ったが、戦後のアメリカ社会は混乱した。一九年、戦時体制が解除されると、物価は高騰し労働争議が頻発した。二〇年には景気後退に見舞われた。人種暴動や黒人に対するリンチが相次いだ。急進主義に対する恐怖心も高まり、司法長官ミッチェル・パーマーは多くの急進主義者を逮捕した。国民は平穏なアメリカへの復帰を切望し、二〇年の大統領選挙で共和党候補ウォレン・ハーディングを選んだ。

二一年三月、ウィルソン夫妻はワシントンの自宅に戻り、静かに暮らした。ウィルソンは、二四年二月三日に亡くなるまで、民主主義と資本主義、民族自決と集団防衛のバランスに立脚する進歩的で平和な国際秩序の構築を訴え続けた。アメリカは国際連盟への参加を拒否したものの、ウィルソンの構想は二十世紀アメリカ外交の理念として生き続けた。

（藤田文子）

ウッドロー・ウィルソン Thomas Woodrow WILSON
一八五六年ヴァジニア州スタントン生まれ。七九年プリンストン大学卒業。八五年エレン・アクソンと結婚。八六年ジョンズ・ホプキンズ大学から博士号（政治学）取得。九〇年プリンストン大学教授、一九〇二年プリンストン大学学長。一一年ニュージャージー州知事。一三年大統領就任（五十六歳）。一四年妻と死別。一五年イーディス・B・ガルトと再婚。一六年再選。一七年対独宣戦。一九年ノーベル平和賞受賞。二四年ワシントンで死去（六十七歳）。

第29代 ハーディング ウォレン・G

共和党／任期一九二一年三月四日〜二三年八月二日

Warren Gamaliel HARDING:1865.11.2-1923.8.2

オハイオ州コーシカの農場で生まれた。ハーディングの祖先は一六二三年にイギリスからマサチューセッツに渡り、一八一八年にオハイオに移住した。その頃からハーディング家には黒人の血が流れているという噂が流れ、ハーディングも子供の頃には「ニガー」と呼ばれたこともあった。八二年にオハイオ・セントラル・カレッジを卒業し、家族とともにマリオンに移った。ここで父は医業をいとなみ、ハーディングは教員、保険の勧誘員、記者などを経験したあと、八四年に廃刊寸前の『マリオン・スター』紙を買い取り、編集と経営に専念した。九一年に結婚した五歳年上のフローレンス・ドゥウルフには、別の男性と駆け落ちした若い時に生まれた息子がいた。

温厚で気さくなハーディングは、新聞の仕事のかたわら地域の商工業や文化の推進にも積極的にかかわり、人望を集めるようになった。一八九九年にオハイオ州議会上院議員、一九〇三年に副知事になり、知事選の敗北後、一四年に連邦議会上院議員に選ばれた。二〇年の共和党全国大会で、ハーディングを最初から大統領候補とみなしたのはオハイオ州の政治ボスたちくらいだったが、有力候補が対立しあうなかで、ハーディングが妥協の候補として浮上し、十回目の投票で指名を獲得した。大統領選挙では五百三十一人の選挙人のうち四百四人を獲得し、民主党候補のジェームズ・コックスに圧勝した。第一次世界大戦とウィルソン大統領の理想主義に疲れたアメリカ国民は、「平常への復帰」を唱える、平凡だが温厚で、しかも大統領の風采を備えたハーディングに国の舵取りを託したのだった。

サインと肖像（1923年）。M・L・ウィリアムズ画、スミソニアン博物館蔵。

ハーディングの閣僚には、財務長官アンドルー・メロン、商務長官ハーバート・フーヴァー、農務長官ヘンリ・ウォレス、国務長官チャールズ・エヴァンズ・ヒューズなど全国的に名の通った逸材がいた。政策は時代を反映し、高関税、戦時課税の引き下げや廃止、政府支出の削減、暫定的移民制限法の通過などおおむね保守的で、実業界を優遇し、内向きだった。外交では、ヒューズ国務長官の采配のもとでワシントン会議が開催され、列強諸国は主力艦の制限、太平洋の現状維持、中国の独立と領土保全を約束する条約を締結した。

他方ハーディングは、自分を大統領に担ぎ出した「オハイオ・ギャング」と呼ばれる旧知の政治家たちも政府の要職に任命した。退役軍人局長チャールズ・フォーブスは、公金を流用し関連企業からリベートを受け取った。ハリー・ドーハティが長官をつとめる司法省では、賄賂を渡すことで服役者の釈放や酒の密売がまかり通った。一連の不正事件のなかでももっとも悪名高い「ティーポット・ドーム事件」では、内務長官アルバート・フォールがワイオミング州ティーポット・ドームとカリフォルニア州エルク・ヒルズにある海軍の油田を内務省に移管することをハーディングに認めさせ、その後、油田を民間の石油業者に貸与して莫大な賄賂を受けた。海軍長官も連座した。

ハーディングが、自分の死後に明るみに出た一連の不祥事をどこまで知っていたかは定かではない。しかし二三年の初めまでには、その一端に気づき始めていたらしい。二三年六月、遊説と休養のため、妻や随行者とともにアラスカに向かった。その後、サンフランシスコで心臓発作に見舞われ、八月二日に亡くなった。死因が取り沙汰されたが、脳出血だった。

多くのアメリカ国民は、謙虚で親しみやすいハーディングを愛し、その突然の死を悲しんだ。しかし、政権の不正の全貌が明らかになるにつれて、ハーディングの評価は失墜した。

女性関係も取り沙汰されるようになった。死後、ハーディングの愛人ナン・ブリットンはハーディングとの間に生まれた子どもがいると主張する手記を出版した。また、友人の妻であるキャリー・フィリップスとの関係も生前から噂されていたが、一九六三年、老人ホームで亡くなったフィリップスの遺品からハーディングの書いた恋文が数多く発見された。

ハーディング自身は不正行為を行うような人間ではなかったが、能力的にも、決断力に欠ける性格からしても大統領の器ではなかった。にもかかわらず大統領に選ばれ、最も腐敗した政権という汚名を歴史に残したことは、ハーディングにとっても、アメリカにとっても悲劇だった。

（藤田文子）

ウォレン・G・ハーディング Warren Gamaliel HARDING
一八六五年オハイオ州モロー郡コーシカ生まれ。八二年オハイオ・セントラル・カレッジ卒業。八四年新聞編集・発行人となる。九一年フローレンス・ドゥウルフと結婚。九九年オハイオ州議会上院議員、一九〇三年同州副知事、一九一五年連邦議会上院議員、二一年大統領就任（五十五歳）。二三年サンフランシスコで死去（五十七歳）。

第30代

クーリッジ キャルヴィン

共和党／任期一九二三年八月二日～二九年三月四日

Calvin COOLIDGE:1872.7.4-1933.1.5

ヴァーモント州プリマス・ノッチで生まれた。祖先は一六三〇年頃にイギリスからマサチューセッツに渡り、その後ヴァーモントに定住した。父は農業と雑貨店経営のかたわら、州議会の下院議員や上院議員、市の行政委員、収税吏、治安官などの公職についた。クーリッジは尊敬する父から正直、勤勉、倹約などの伝統的価値観と政治への関心を受けついだ。

一八九一年、マサチューセッツ州のアマースト大学に進んだクーリッジは、口数の少ない勤勉で内省的な学生だったが、討論や演説は得意だった。卒業後は同州ノーサンプトン市の法律事務所で働き、普通であれば三年かかるところを二年たらずの猛勉強のおかげで、九七年に弁護士の資格を得た。翌年、二十五歳でノーサンプトンに法律事務所を開いた。同年、市議会に選出されたのを皮切りに、以後、地元のさまざまな公職についた。一九〇五年には、ヴァーモント大学を卒業後、ノーサンプトンの聾唖学校で教えていた明るく快活なグレイスと結婚した。

勤勉、誠実、有能なことで定評のあるクーリッジは、政治家としての階段を着実にのぼった。一九〇六年にマサチューセッツ州議会下院議員、〇九年にノーサンプトン市長、二年後に州議会上院議員、一五年に副知事、一八年に知事に選ばれた。一九年には、第一次世界大戦終結後の急激なインフレを背景にアメリカ各地で労働争議が続出したが、九月にはボストンでも、低賃金と長時間労働にあえぐ警察官が組合結成権を要求してストライキに入り、市民は無防備の恐怖にさらされた。知事のクーリッジは、ボストン市長の要請を受けて州兵を送り、ストを鎮圧した。「誰でも、どこでも、いつでも、公衆の安全を脅かすストライキを行なう権利はない」と述べたクーリッジは、法と秩序の擁護者として全国的に脚光を浴びた。二〇年の共和党大会では副大統領候補に指名され、大統領選挙ではハーディングとともに民主党に圧勝した。

サインと肖像（年代未詳）。W・アダムズ画、ニューヨーク・ユニオン・リーグ・クラブ蔵。

副大統領としては、目立つことのないクーリッジだったが、二三年八月、ハーディングの突然の死去により大統領になった。就任後、ハーディング政権の汚職が次々と明るみに出たが、クーリッジは事件の真相解明を積極的に押し進め、清廉潔白な政治家としての定評は揺るがなかった。二四年の大統領選挙では五百三十一人の選挙人のうち三百八十二人を獲得し、民主党候補のジョン・デイヴィスと革新党のロバート・M・ラフォレットに圧勝した。連邦議会の両院でも共和党が多数派を確保した。

「サイレント・キャル」と呼ばれることもあるクーリッジは、前任者のハーディングとは対照的に寡黙で慎重な性格だったが、政策においてはハーディングと同様に実業界を優遇し、「アメリカの主たるビジネスはビジネスだ」と公言した。連邦政府予算の削減をはかり、減税を実施した。対外的にはアメリカの輸出と投資を推進する一方で、高い関税率を維持した。他方、生産価格の低落に悩む農民に対して、議会は農産物価格を維持するための法案を通過させたが、政府予算の増大を恐れるクーリッジは拒否権を発動した。また移民の数を国別に割り当てる移民法は、クーリッジ政権が日本人移民入国禁止に反対したにもかかわらず、二四年、排日条項をふくむ形で議会を通過した。

アメリカのビジネスを賞讃するクーリッジ大統領は、二〇年代の繁栄の象徴だった。クーリッジが体現する伝統的価値観は、大量生産や大衆文化の到来、都市化、あるいは伝統に対する若者の反逆などに特徴づけられる二〇年代とは異質だったが、人々はむしろ実直謹厳なクーリッジに安心感を抱いたのかもしれない。現在では、クーリッジは何もしなかった大統領と評されることが多いが、現状に満足する二〇年代のアメリカ国民は、そんな大統領を支持していた。

二八年の大統領選挙でクーリッジの再選を予期していた多くのアメリカ人は、クーリッジの不出馬に驚いた。二九年、クーリッジは故郷のノーサンプトンに戻り、執筆活動のかたわら、地元の銀行や大学などさまざまな団体の役職についた。クーリッジが何をしなくても大統領でいられたアメリカの繁栄は、二九年十月の金融恐慌とともに一挙に崩れ始めた。アメリカが大恐慌のさなかにあった三三年一月五日、クーリッジは心臓発作のために急死した。

(藤田文子)

キャルヴィン・クーリッジ Calvin COOLIDGE
一八七二年ヴァーモント州プリマス・ノッチ生まれ。九一年アマースト大学卒業。一九〇五年グレイス・アナ・グッドヒューと結婚。〇六年マサチューセッツ州下院議員、一一年同州上院議員、一八年同州知事に選出。二一年副大統領、二三年ハーディング急死のあと大統領に昇格(五十一歳)。二四年大統領選で当選。三三年ノーサンプトンで死去(六十歳)。

第31代 フーヴァー ハーバート・C

共和党／任期一九二九年三月四日～三三年三月四日

Herbert Clark HOOVER:1874.8.10-1964.10.20

孤児から資産家へ

アイオワ州の小さな町ウェスト・ブランチに生まれた。両親は敬虔なクェーカー教徒だった。父は鍛治屋だったが、フーヴァーが六歳の時に亡くなり、母も九歳の時に病死した。孤児になったフーヴァーは、親戚に引き取られ、家の手伝いやアルバイトをしながら高校を卒業した。

フーヴァーの夢は鉱山技師になることだった。一八九一年、スタンフォード大学に一期生として入学し、働きながら勉学に励み、九五年に卒業した。カリフォルニアの金鉱で鉱夫として働いたあと、サンフランシスコの鉱山会社で才能を認められ、九七年にはイギリスの会社からオーストラリアの鉱山調査を委託された。九八年、大学時代の後輩ルー・ヘンリーと結婚した。その後の十五年間は、世界各地の鉱山調査や開発を手がけ、鉱山技師としての名声と巨万の富を得た。

一九一四年、第一次世界大戦が勃発した時ロンドンにいたフーヴァーは、ヨーロッパに在留するアメリカ人を救済する活動の陣頭に立った。その後、「ベルギー救済委員会」の委員長として、食料物資を届ける救援活動を指揮した。アメリカが参戦した一七年には、ウィルソン大統領から国内の食料管理を統括する食糧庁長官に任命され、采配を振るった。戦後もヨーロッパのアメリカ救済局総局長として活躍し、フーヴァーの名は、人道的援助活動の推進者としてアメリカのみならずヨーロッパでも広く知られるようになった。

サインと肖像（1931 年）。D・チャンダー画、スミソニアン博物館蔵

成功物語のヒーロー

二〇年の大統領選挙では、民主党からも共和党からも大統領候補の誘いがあったが、フーヴァーは出馬を辞退し、ハーディング政権およびクーリッジ政権で商務長官を八年間務めた。

フーヴァーは、二二年に出版した著書『アメリカの個人主義』

からも窺われるように、個人と企業の自主性に揺るぎない信頼を抱いていた。アメリカの資本主義経済は実業界の指導者たちの見識と協力に支えられ、必ずや社会全体の福祉に貢献すると確信していた。商務長官のフーヴァーは、企業が業界団体を組織して協調体制をつくり、合理化を推進するとともに、不正を排する倫理規定を設けるように説得した。同時に連邦政府の積極的な役割も認識したが、個人や企業の自発性を抑制するような存在にはなるべきでないと考えていた。フーヴァーのもとで、業界に助言と情報を提供する商務省の機能は著しく拡大した。

二八年の大統領選挙に現職のクーリッジが出馬しないことが分かると、フーヴァーは共和党の当然の候補とみなされ、共和党大会では一度目の投票で候補に選ばれた。選挙では民主党からどんな候補が出ようとも、フーヴァーの人気には抗しがたいと思われた。民主党候補はニューヨーク州知事アル・スミスだったが、カトリックであることに加えて、当時施行されていた禁酒法の撤廃を訴えたこともスミスに不利に働いた。さらに未曾有の繁栄は、共和党にとって何よりの追い風だった。フーヴァーは四百四十四人の選挙人を獲得し、八十七人の選挙人しか得られなかったスミスを大差で破った。孤児から資産家へ、そして大統領になったフーヴァーは、アメリカにおける成功物語のヒーローだった。

1917年、ヨーロッパ支援の小麦袋と、食糧庁長官として国民に食料消費節約を呼びかけ始めた頃のフーヴァー（右）。当時「フーヴァリズム」は倹約の代名詞だった。United Press Int.

恐慌の代名詞

大統領選挙中に「アメリカは神の恵みにより、貧困をなくす一歩手前まできている」と述べたフーヴァーは、就任後、アメリカをより能率的で公正な社会にするために一連の政策を行った。労働規制法を通過させ、石油採掘に制限を設け、累進課税を改革した。自然保護・公有地管理局を創設し、農産物価格を安定させるために連邦農業委員会を設置した。

しかしフーヴァーの悲劇は、就任して一年もたたないうちに、アメリカが大恐慌に見舞われたことだった。大恐慌は主として第一次世界大戦後の経済的不均衡から生じた世界的現象だったが、とくにアメリカでは、二〇年代の繁栄の陰に一部産業の不振、農業の慢性不況、収入格差によって低迷する購買力と飛躍的に拡大する生産力との不均衡が存在していた。さらに、政府が適切な金融政策を講じなかったことも状況を悪化させた。二七年から過熱した投機ブームが続いたあと、二九年十月二十四日、ニューヨーク株式取引所で起こった株の大暴落を引き金に、アメリカは大恐慌に突入した。失業者は三二年末には八百万人、三三年初頭には千二百万人とふくれあがった。

この間、フーヴァーは何もしなかったわけではなかった。株の暴落後、経済界の指導者たちに賃金、雇用、生産の水準を維持するように要請した。州や都市にも公共投資の拡大を求めた。二九年、恐慌が起こる前に設置された連邦農業委員会を活用して、余剰農産物の買い付けによる価格の安定をはかった。しかし、運転資金はすぐに底をついた。また農産物の生産を制限することにはフーヴァーは反対だった。

三〇年、議会は国内産業の保護のために関税を引き上げるスムート・ホーリー関税法を成立させた。フーヴァーは拒否権を行使するようにとの助言を無視して署名した。この措置は、諸外国の報復的な関税引き上げを招いただけでなく、ヨーロッパに金融恐慌を引き起こす一因となった。翌年六月、フーヴァーは、ヨーロッパの賠償と政府債務支払いの一年間の猶予（モラトリアム）を宣言した。三二年三月、フーヴァーの提唱を入れて復興金融公社が設置され、連邦政府は雇用拡大のために銀行や大企業に融資を行った。のちには州の公共事業にも資金の貸し付けを行った。復興金融公社の設置はニューディール政策にも取り入れられた革新的な試みだったが、融資額が少なく状況を改善させるには至らなかった。

フーヴァーの恐慌対策は当時としては進歩的だった。しかし、連邦政府の権限拡大を警戒し、個人の慈善と地方政府の対応に期待するフーヴァーの根本的な姿勢は変わらなかった。それは、もはや大恐慌に太刀打ちできる解決策ではなかった。また演説が単調なフーヴァーは、恐慌の不安にとりつかれた国民を励ますこともできなかった。

とりわけフーヴァーが不評を買ったのは、三二年五月に恩給の支給を求めてワシントンに集まってきた退役軍人への対応だった。この「ボーナス・アーミー」と呼ばれる人たちの要求を議会が却下したあと、約二千人近い旧軍人が掘立て小屋を建てて残留した。しかし衛生も治安も日ごとに悪化したため、七月末、フーヴァーはワシントン退去の命令を出し、ダグラス・マッカーサー陸軍参謀総長率いる連邦軍は戦車や催涙弾で旧軍人たちを首都から排除した。この事件は、フーヴァーの冷淡さを国民に印象づけることとなった。実際、三二年には、全国各地で家を失った人たちが掘立て小屋に住む光景が見られたが、そうした場所は「フーヴァー村」、ホームレスが寒さから身を守るために用いた新聞紙は「フーヴァー毛布」と呼ばれ、フーヴァーは恐慌の代名詞となった。

悲劇の大統領

外交ではフーヴァーは平和を求めた。三一年九月、日本の関東軍が満州一帯に勢力を拡大した時、アメリカ政府内には日本に対する強硬な経済制裁を主張する声もあったが、フーヴァーは制裁が戦争の引き金となる可能性を危惧し、三二年一月、日本の行動を非難する道義的不承認宣言を出すにとどめた。また中南米でも、フーヴァーはニカラグアに一二年以来駐屯していたアメリカ海兵隊を撤退させ、フランクリン・D・ローズヴェルトの「善隣外交」をすでに開始していた。

三二年の大統領選挙で、フーヴァーは民主党候補のローズヴェルトに大敗した。ローズヴェルトが四百七十二人選挙人を獲得したのに対して五十九人しか得られなかったし、一般投票の得票率でも四十パーセントに達しなかった。四年前には、卓越した知性と人道的関心をもつ精力的で有能な人物として、国民から熱い期待を寄せられたフーヴァーにとっては、歴史に翻弄された悲劇的な結果だった。

妻ルー。フーヴァーがスタンフォード大学に在学した四年間を通して，地質学を専攻する唯一の女子学生だった。L・F・エメット画。Girl Scouts of the U.S.A. 蔵。

ホワイトハウスをあとにしたフーヴァーは、カリフォルニアに住み、スタンフォード大学の理事をつとめるかたわらフーヴァー・ライブラリーを設立させた。その後ニューヨークに移り、回顧録やニューディールにおける連邦政府の拡大を批判する本を書いた。第二次大戦勃発後は再びヨーロッパの食料救援活動にあたった。戦後は、トルーマン大統領およびアイゼンハワー政権の下で、行政改革委員会の長をつとめた。六四年十月二十日、ニューヨーク市で九十歳の生涯を閉じた。個人の努力と希望に応える国としてのアメリカに寄せるフーヴァーの信頼は、最後まで揺らぐことはなかった。

（藤田文子）

ハーバート・C・フーヴァー　Herbert Clark HOOVER
一八七四年アイオワ州ウェスト・ブランチ生まれ。九歳で孤児になる。九五年スタンフォード大学卒業。鉱山技師として世界各地を廻る。九九年ルー・ヘンリーと結婚。一九一四年アメリカ救済委員会委員長、ベルギー救済委員会委員長。一七年食糧庁長官。一九年ヨーロッパの救済活動に従事。二一年商務長官（二期）。二九年大統領就任（五十四歳）。三二年大統領選で敗北。六四年ニューヨークで死去（九十歳）。

第32代 ローズヴェルト フランクリン・デラノ

民主党／任期一九三三年三月四日～四五年四月十二日

Franklin Delano ROOSEVELT:1882.1.30-1945.4.12

旧家の出身

ニューヨーク州ハイド・パークのハドソン川を見下ろす広大な敷地で生まれた。父はニューヨーク州の旧家のローズヴェルト一族に属し、資産家だった。父が五十二歳のときに再婚した二十六歳年下の母も、ニューイングランドの旧家の出身だった。一人っ子のローズヴェルトは両親に寵愛され、家庭教師から教育を受け、また一年のうち数ヵ月は両親とヨーロッパで暮らした。十四歳の時にマサチューセッツ州のグロートン校に入学し、一九〇〇年ハーヴァード大学に進学した。学生時代は勉強よりも社交や学生新聞の編集長の仕事に熱心だった。

一九〇四年、コロンビア大学ロー・スクールに入学し、翌年、同じローズヴェルト一族で現職大統領セオドア・ローズヴェルトの姪にあたるエレノア・ローズヴェルトと結婚した。一九〇七年、ニューヨークの弁護士試験に合格し、ウォール街の法律事務所に就職したが、大統領の叔父を崇拝するローズヴェルトは、法律よりも政治の世界に心をひかれた。

一九一〇年、ニューヨーク州ダッチェス郡の民主党指導者たちに推されて州議会上院議員に立候補した。民主党には不利な選挙区だったが、若くハンサムなローズヴェルトは農村地帯をくまなく廻り、見事当選した。一三年にはウィルソン政権の海軍次官に任命された。私生活では、一八年、エレノアの秘書ルーシー・マーサーとの情事がエレノアの知るところとなったが、ルーシーと二度と会わないことを約束し、離婚の危機を乗り越えた。二〇年には民主党の副大統領候補に指名された。選挙で民主党は惨敗したものの、まだ四十歳にならないローズヴェルトの前途は有望だった。

しかし二一年夏、ローズヴェルトは突然ポリオにかかり、下半身不随となってしまった。一時は将来に絶望したが、持ち前

サインと肖像。United Press Int.

の不屈の精神と妻エレノアらに支えられ、政界復帰をめざした。一生自分の足で歩くことはできなかったが、カメラマンたちの協力もあり、多くのアメリカ人はそのことに気づかなかった。エレノアも内気な性格を捨て、夫のかわりに公的な場で話をすることが多くなった。

ニューディール

二八年、ローズヴェルトはニューヨーク州知事に立候補し、当選した。このときは僅差だったが、二年後の知事選では積極的な恐慌対策を掲げて圧勝した。さらに三二年の民主党大会では革新知事としての実績が評価され、大統領候補に指名された。前例はなかったが、ローズヴェルトは受諾演説を行うためにニューヨークからシカゴに飛び、党大会の会場で「ニューディール」（新規巻き直し）を約束した。選挙戦では「忘れられた人びと」の代弁者としてアピールし、フーヴァーに圧勝した。

1933年3月4日、ローズヴェルトの就任式。議事堂前広場の10万人の参列者を前に行った「恐れなければならないのは恐怖そのものである」との演説で有名。AP

ローズヴェルトの就任演説は、「恐れなければならないのは恐怖そのものである」という名言で有名だが、ローズヴェルトには快活な笑顔、明るく力強い声、人を勇気づける雄弁さがあった。とくにラジオを通して、暖炉のそばの家族に語りかけるように政策を説明する「炉辺談話」は、ローズヴェルトを国民にとって身近な存在にした。また系統的な政治哲学をもたず、世論の動向に配慮しながら、さまざまな新しい政策を試みるプラグマティストだった。新政権の閣僚には共和党支持者を加え、超党派で恐慌に立ち向かう姿勢を示した。労働長官に任命されたフランシス・パーキンズは初の女性閣僚だった。また「ブレーン・トラスト」と呼ばれる大学教授たちを登用し、その専門知識を政策の立案や実施に活用した。

ローズヴェルトは就任後すぐに議会の特別会期を召集し、三月から六月までの「百日間」に十八の法案をみな通過させた。まず閉鎖されていた銀行のなかから再建可能な銀行を再開させる一方、金本位制を廃止し、管理通貨制度を導入した。負債のために農地や家を失う人々に融資する法律も成立させた。農業調整法は生産統制と補助金によって農産物価格の安定と農民の購買力向上をめざした。全国産業復興法は、価格の下落をくい止めるために業界ごとの生産と価格の統制を認める一方で、労働者の団体権と団体交渉権、最低賃金、最高労働時間を保証した。民間資源保存団は、職のない若者たちに技術を教え、道路建設、山火事予防、土壌改良、植林などにあたらせた。連邦緊急救済局や民間事業局は、州政府に失業者救済資金を供給するとともに、連邦政府による道路や学校の建設などの公共事業を推進し、失業者に仕事を与えた。とくに画期的な試みはテネシー渓谷開発公社の設置で、連邦政府自らがダムを作り、電力を生産し、電気や肥料を販売して、この貧しい地域の大規模な開発に着手した。金融においても、銀行預金の保証、投資の規制、投資と貯蓄部門の分離などの改革がなされた。

第二次ニューディール

「第一次ニューディール」と呼ばれる一連の政策にもかかわらず、失業率は高かった。保守派からはニューディール政策が社会主義的だと攻撃され、革新派からは救済や改革が不十分だと非難された。しかし一般国民の間でローズヴェルトの人気はきわめて高く、三四年秋の中間選挙では民主党が上院下院ともに十ずつ議席を増した。そこで、ローズヴェルトは第二次ニューディールに着手し、救済や復興をめざすだけでなく、富や権力の再分配につながる法律を三五年に相次いで成立させた。最高裁が全国産業復興法に違憲判決を下したため、労働者の団体権と団体交渉権を保証する全国労働関係法が成立したが、これによって労働組合は飛躍的に拡大した。

また連邦政府が直接に、あるいは州を通して、老人年金、失業保険、貧窮老齢者・母子家庭・身体障害者への援助を提供する社会保障法が成立した。適用範囲も援助額も限られていたが、個人主義が強いアメリカで、弱者の救済は社会の責任であるという考えを連邦政府が具体化したことの意義は大きい。さらに所得税の最高税率が七十五パーセント、相続税の最高税率が八十パーセントに達する税改革も行った。失業救済策としては、事業促進局を新設し、公共事業を拡大した。なかでも連邦芸術プロジェクトは、音楽家や俳優に無料の音楽会や劇の上演を行わせたり、画家に壁画を描かせたり、作家や歴史家に地方史を編纂させたりするなど、専門の技能を生かすユニークな失業対策だった。全国青年局は、学費の払えない高校生や大学生にアルバイトや奨学金を提供した。

三六年の大統領選挙では、ローズヴェルトは支持層の拡大と景気回復の期待を背景に五百三十一人の選挙人のうち五百二十三人を獲得し、共和党候補のカンザス州知事アルフレッド・ランドンに圧勝した。しかし、ニューディール政策は行き詰まっていた。

期待するような成果が上がっていないことに加えて、最高裁は三五年に全国産業復興法を、三六年に農業調整法を違憲とした。これに対してローズヴェルトは、三七年二月、最高裁の判事が七十歳をすぎても退職しない場合には、大統領が六人まで裁判官を追加任命できるという案を議会に提出した。三権分立を損なう法案は厳しい非難を浴び、成立しなかった。さらに夏には、回復に向かっていた景気が急に後退し、三八年の完全失業者は再び千万人を超えた。民主党は三八年の中間選挙で多数を維持したものの議席を大幅に減らし、議会での主導権を失い始めた。

史上初の三選と「四つの自由」

対外政策では、ローズヴェルトは中南米に対して「善隣外交」を掲げ、内政不干渉を約束するとともに、経済・文化交流の拡大と西半球の集団防衛体制づくりをめざした。ヨーロッパではヒトラーの率いるドイツが再軍備を開始し、中国では日本が勢力を拡大していた。しかしアメリカ国民は戦争に巻き込まれることを危惧し、三五年から三七年にかけて、交戦国への武器輸出や借款を禁止し、非軍事物資に関しても現金取引・自国船運搬に限ることを定めた一連の中立法が議会を通過した。三七年七月、日本の中国に対する軍事侵略が本格化したのに対して、ローズヴェルトは同年十月、侵略国を国際社会から隔離する必要を説く「隔離演説」を行ったが、国民の反戦感情は強く、具体的な政策には至らなかった。

ローズヴェルトとエレノア。UPI

三九年九月、第二次世界大戦が始まった。十一月、議会は中立法を改正し、イギリスへの武器輸出を可能にした。さらに四〇年六月のフランス降伏後、ローズヴェルトは連合国側の戦況に危機感を募らせ、アメリカの国益のためにも連合国を積極的に援助する必要性を痛感した。九月には平時における初の徴兵選抜法を制定し、またイギリスを支援するため、イギリスの軍事基地を借用するかわりに五十隻の古い駆逐艦をイギリスに譲渡した。

四〇年十一月の大統領選挙では、ローズヴェルトは共和党候補のウェンデル・ウィルキーを破り、アメリカ史上初の三選をはたした。十二月の「炉辺談話」では、アメリカが「民主主義の兵器廠」として連合国を支援するよう訴え、翌年三月には、連合国への武器の売却や譲渡を可能にする武器貸与法を成立させた。四一年の年頭教書のなかでは「四つの自由」、すなわち言論と表現の自由、信教の自由、欠乏からの自由、恐怖からの自由こそアメリカが守るべき理念であることを宣言した。

さらに八月、イギリス首相チャーチルと共同で公表した大西洋憲章においても、民族自決、貿易と航海の自由、世界平和のための恒久的組織の設立などをうたったが、それはウィルソンの十四ヵ条の平和原則を彷彿とさせるものだった。

こうしてローズヴェルトは、孤立主義の気運が強い国内世論に向かってファシズムに反対する連合国の理念を強調し、同時にアメリカ艦隊をイギリス輸送船団の護衛にあたらせるなど支援体制を強化した。

真珠湾攻撃、そして参戦へ

日米関係は日中戦争の拡大とともに悪化したが、とくに四〇年九月、日本が北部仏領インドシナに軍を進駐させ、同時に日独伊三国軍事同盟を締結したことによって、日米の亀裂は一段と深まった。アメリカは三九年から対日経済制裁を開始していたが、四一年七月、日本軍の南部仏領インドシナ進駐に対する報復として、在米日本資産の凍結と対日石油輸出の全面禁止に踏み切った。日米交渉で合意に達する見通しがないと判断した日本は、十二月八日（アメリカでは七日）真珠湾を攻撃した。戦時体制下のアメリカでは、莫大な政府支出が投入され、生産は活況を呈し、完全雇用が実現した。他方、西海岸に住む十一万人の日系アメリカ人は、ローズヴェルトが署名した行政命令九〇六六号により強制収容所に送られた。

ローズヴェルトの最大の関心は連合国の勝利だったが、「四つの自由」演説や「大西洋憲章」が示すように、民主的な国際秩序の確立にも強い関心を抱いていた。ウィルソン政権の一員としてアメリカの国際連盟への不参加を目にしたローズヴェルトにとっては、セオドア・ローズヴェルトの現実主義的な権力均衡の考え方とウィルソンの理想主義を併せ持つ国際連合の設立は悲願だった。四三年には、カサブランカ、カイロ、テヘランでの連合国首脳会談に出席し、戦争遂行や戦後処理について話し合った。

四三年初めには戦況は連合国側に有利になり始めていたが、その一方でローズヴェルトは体調を崩し始めていた。四四年春、主治医から深刻な心臓疾患があることを警告されたが、公的には快活に力強く国民を奮い立たせる指導者の役を演じ通した。四人の息子は戦地に赴き、エレノアは視察や兵士の慰問で不在がちだった。四四年秋、ローズヴェルトは大統領選挙で四選をはたし、翌年の一月から二月にかけてはマルタおよびヤルタでの首脳会談に出席した。会議でもローズヴェルトのやつれた様子はチャーチルやスターリンを驚かせたが、とくに帰国後は疲れはてていた。長引く戦争の重圧と深刻な病いに耐えるローズヴェルトにとって、救いは、再び折に触れて会うようになったルーシーと過ごす時間だった。

アメリカ社会を変えた大統領

四五年四月初め、ローズヴェルトは静養のためジョージア州ウォーム・スプリングズの別荘に出かけた。ルーシーがローズヴェルトの肖像画を描いてもらうために絵描きを連れて訪ねてきた四月十二日、ローズヴェルトは脳溢血に見舞われ、そのまま息を引き取った。六十三歳だった。ローズヴェルトのひつぎをワシントンに運ぶ列車の沿線には多くの人びとが並び、敬愛する指導者を見送った。遺体はハイド・パークに埋葬された。

ヤルタでの三巨頭会談。左はチャーチル、右はスターリン。 United Press Int.

アメリカが大恐慌と第二次大戦という大きな試練に見舞われた十二年間、ローズヴェルトは大統領として国民を励まし続けると同時に、国民の福祉に対する連邦政府の責任と世界におけるアメリカの役割を認識し、そのための政策を遂行した。景気回復は第二次大戦による政府支出の拡大を待たねばならなかったが、ニューディール政策はアメリカ社会を大きく変えた。自由放任経済に終止符が打たれ、連邦政府が金融や産業の規制から労働者の保護や社会保障に至るまで介入する「ニューディール」体制が定着した。政府も企業も労働者も、それぞれに大規模な組織化の時代の幕開けとなった。さらにニューディール政策の受益者である都市の低所得者層、移民、労働者、黒人が民主党の支持者となり、長期にわたる民主党の優位をもたらした。

大統領夫人のエレノアもまた、黒人、貧困者、女性など弱い立場の人々の代弁者をつとめた。夫の死後も、六二年に七十八歳で亡くなるまで活躍し続け、多くのアメリカ人から敬愛された。ローズヴェルト夫妻は公的にも私的にも波瀾に満ちた人生をともにしながら、二十世紀のアメリカに大きな足跡を残した。

（藤田文子）

フランクリン・デラノ・ローズヴェルト
Franklin Delano ROOSEVELT
一八八二年ニューヨーク州ハイド・パーク生まれ。一九〇四年ハーヴァード大学卒。〇五年エレノア・ローズヴェルトと結婚。一一年ニューヨーク州上院議員、一三年海軍次官。二一年ポリオにかかる。二九年ニューヨーク州知事、三三年大統領就任(五十一歳)。三六・四〇・四四年再選。四五年ジョージア州ウォーム・スプリングズで死去（六十三歳）。

ファーストレディ物語

クリントン政権における大統領夫人ヒラリーの存在感は大きかった。彼女は大統領の最重要政策である医療保険改革計画を策定する責任者に任命された。改革法案は不成立に終わり、その理想主義的なアプローチが批判されたが、このケースは彼女が大統領の最も信頼されたアドバイザーであり、政策決定で重要な役割を担っていることを国民に印象づけた。クリントン大統領が不倫疑惑を追及され、政治的に窮地に陥ったときには妻として夫を支える役割を演ずる一方で、保守派の攻撃に対処する作戦を指揮し、世論の助けも借りて大統領を守り抜いた。

だが彼女は政治にばかり関わっていたわけではない。ホワイトハウスでしばしばレセプションを開いてホステス役を務め、大統領と並んで外国の賓客をもてなした。ホワイトハウスの諸施設をチェックし、そこに働く人々の職場環境や勤務条件などを管理するのも大統領夫人の仕事だった。これらをこなすためにヒラリーはホワイトハウス内に事務室を構え、社交、政策、メディアをそれぞれ担当する二十人あまりの専任スタッフを持っていた。ヒラリーの公的な活動の多様性と量の大きさ、質の高さは圧倒的であった。

大統領夫人の果たす役割は大きく分けて三つある。一つはホワイトハウスの社交行事のホステス役、二つ目はホワイトハウスの家政の管理者としての役目、そして三つ目が社会問題に取り組んだり政治的に発言し行動したりする公人としての役割である。初めの二つは大統領夫人として当然に生ずる役割であるから、憲法に規定がなくても合衆国の歴史の初期から夫人たちが負わねばならぬ責務であった。これに対して三つ目は二十世紀に入ってからの役割であり、新しい時代の国民の大統領夫人に対する期待の変化と対応していた。したがって合衆国の成立から十九世紀末頃までの大統領夫人は非政治的であり、大統領官邸の女主人としての活動も概して目立たず、影に隠れたような存在であった。一方で十九世紀後半になると識字率が向上し、普及した新聞の報道などを通じて人々は大統領夫人にも興味を抱くようになった。それを反映して大統領夫人がファースト

エレノア・ローズヴェルト
(1898年)

レディと呼ばれるようになったのは、一八七〇年代のグラント夫人の頃とも次のヘイズ夫人の頃ともいわれる。

二十世紀に入って世論が女性の政治への関わりに寛容となり、それに対応するかのように公的活動に乗り出した最初の大統領夫人は、革新主義者セオドア・ローズヴェルトの妻イーディスである。大統領自身がしばしば知的な彼女の政治的助言を求め、それは周知の事実となったがもはや批判の対象とはならなかった。彼女はまた専任の秘書を雇った。大統領夫人の行う業務の制度化の始まりである。

二十世紀の現代的ファーストレディの役割を再定義し、その公的役割を新しい分野にまで大きく広げたのは、一九三三〜四五年の長きにわたってその職にあった偉大な大統領の一人、フランクリン・ローズヴェルトの夫人エレノアである。彼女が始めた新しい活動とは、大統領夫人が単独でインタビュー、記者会見、演説、講演を積極的に行い、新聞のコラムに筆を執り、ラジオ番組で語るなどあらゆる機会を捉えて自己の政治社会問題に対する見解を発表し、国民を啓蒙しようとしたことであった。エレノアは政権のニューディール諸政策を検討し、彼女の支持するものを積極的に実現するよう大統領に圧力をかけた。

エレノア・ローズヴェルト以来、国民はファーストレディに対してなにか社会問題を自分の課題として持ち、その解決のために働くことを期待するようになった。第二次大戦後の歴代の大統領夫人たちは何らかの形で公的役割を引き受け、またそれぞれのやり方でファーストレディの存在感を高めたといえる。

大統領夫人の活動が大統領の政治運営にとってプラスになるかマイナスになるかを判断するのは、近年難しくなっている。夫人の大統領に対する助言、政策や人事への口出しに関して、ローズヴェルト夫人は夫の政治的成功に貢献したが、後のカーター大統領夫人の場合はマイナスに働いたと一般に考えられている。クリントン夫人の派手な政治関与とリベラルな発言は大統領夫妻を保守派の攻撃の標的にしたという意味では夫の足を引っ張ったが、一方で大統領が妻の意見を尊重し女性の権利を擁護する新しいタイプの人物であることを人々に印象づけ、ベビーブーム世代、ことにその女性たちの支持のクリントン政権に集めるという効果も果たした。今後のアメリカ人は夫人が大統領のパートナーとして政治に関わることにより寛容になるであろう。そしてその延長線上の未来にあるのが女性大統領の可能性であり、その意味でもヒラリー・クリントンの果たした役割は大きかったといえる。

（砂田一郎）

第33代 トルーマン ハリー・S

民主党／任期一九四五年四月十二日〜五三年一月二十日

Harry S. TRUMAN:1884.5.8-1972.12.26

第二次世界大戦後の米国の歴史の中で、トルーマンほど評価の混乱した大統領も珍しい。

大戦末期、一九四五年春のローズヴェルト大統領の急死で、急遽、副大統領から大統領に昇格、戦後の混乱の中で内外政策を遂行した。五二年に大統領再選に「立候補せず」と声明したとき、世論の二五％しか彼の在職時代の実績を評価しなかったのに、十年後に米国の歴史家たちの多くはトルーマンを大統領として「第一級」と評価するように変わった。

国内政治に関心があったものの、外交や国際問題にはおよそ不案内で主要な国際会議に出た経験もなく、大統領になるまで原子爆弾の存在さえ知らされていないまま、三ヵ月間の副大統領の経験だけで、世界を動かすリーダーにさせられたのだから、評価に混乱が起こったのも無理はない。

歴史的評価の是非については別として、広島、長崎への原爆投下の命令を下して戦争を終わらせ、西側の戦後復興の基礎を確立させる一方、ファシズムに代わって登場した共産主義陣営との対決に当たらねばならず、朝鮮戦争にも米軍を直接参加させ、その後五十年以上続いた東西冷戦体制の基礎をつくりあげたのはトルーマンだった。

平時には欧州への干渉をしないという「モンロー・ドクトリン」を原則としていた米国が、第二次大戦後これを破棄して世界平和に積極的に発言するようになる「パクス・アメリカーナ」の時代を確立させたのもトルーマンである。

サインと肖像。Photo by Harris & Ewing

農民から大統領への道

一八八四年五月八日、ミズーリ州西部のインディペンデンス市の郊外ラマールの農家に生まれたトルーマンは、若いときから大きな夢は抱いていなかった。

カリスマ的風貌でもなく、ひどい近眼で読書を通じて歴史を知ることが趣味であり、唯一の希望はウエストポイント（陸軍士官学校）に入ることだった。だが、視力が弱かったせいで落とされている。カンザスシティ大学に入ったが、あまり行かなかったという。第一次大戦時は砲兵中尉としてフランス戦線に従軍しているがとくに殊勲を上げたわけではない。戦後、幼友達だったエリザベス・ヴァジニア・ウォレスと結婚、カンザスシティに移り住み、小間物屋を始めた。二人の間には一女。

ポツダム会談。左からチャーチル、トルーマン、スターリン。なおチャーチルは総選挙で敗れ、会談期間中に労働党のアトリーに交替した。

その頃から国内政治に少しずつ関心を持ち、民主党内で政治運動を始めた。まず一九二二年、ジャクソン郡の判事に選出され、地元の問題解決に当たった。そして大恐慌後にはローズヴェルトのニューディール政策に共鳴し、三四年にミズーリ州の上院議員に選出された。第二次大戦中は上院で軍部のスキャンダルを調査する委員となり、軍事費の無駄遣い、腐敗を摘発して、一五〇億ドルの軍事費節約に貢献したといわれる。

四四年の大統領選挙の際には、すでに民主党内でかなりの影響力をもっていた。副大統領になる気はなかったが、党内で副大統領候補の人選で対立が起こり、結局妥協候補として、トルーマンが選ばれたのだった。だから戦時中の副大統領とはいえ、国際問題にはほとんどタッチしなかった。

ところが三ヵ月しか経っていないときに、大統領が突然亡くなったのである。トルーマンはこのときの心境を後に記者団に「月と星と惑星が一挙に頭の上に落ちてきたような衝撃だった」と語っている。

それから先は、のんびり構えて考える余裕は全くない。とくに不得意な国際問題が次々出てきた。ローズヴェルト前大統領が晩年気力を失せ、ソ連のスターリンに戦後処理でかなり妥協する姿勢を見せ、周りの側近たちをはらはらさせていた。

まずドイツのポツダムに飛んでドイツをめぐる戦後処理の話し合いをつける。続いて、対日戦を終わらせるため、史上初の原子爆弾の投下命令を出す。彼が原子爆弾の存在を知ったのは大統領になってからのことだった。この新型爆弾の使用命令を出したのは、これ以上米国の若者の犠牲者を増やすことに耐えられず、軍事都市に限った使用を認めたといわれる。

その直前、四五年六月、戦後世界の平和を維持する国際機構として、国際連合（United Nations）を設立する憲章に署名している。第一次大戦後の「国際連盟」が米国の非加盟で効果を発揮しなかったことに鑑み、戦勝国側の大国の全会一致で紛争を処理していく「安全保障理事会」を新設して平和の継続をはかろうとした。ちなみにUnited Nationsは戦勝した「連合国」の意味である。

ここまでは、ローズヴェルト前大統領の考えていた路線のほぼ継承であった。

戦後処理と冷戦体制の確立

第二次大戦後、国内的には戦時体制から平時体制に切り替えるためローズヴェルトのニューディール政策に対応するフェアディール政策をすすめたが、インフレ抑制のため、賃上げを要求する労組のストライキの圧力を抑える一方、労組の権力縮小をねらう経済界をバックにしたタフト・ハートレー法を拒否権を発動して抵抗、バランスをはかろうとした。また人種対立を解消するため、軍隊内部の差別排除やスラムを一掃するための住宅法など公民権法の実現に着手した。だが全体としてはフェアディール政策の実現は成功したとはいえないようだ。四六年の中間選挙では共和党に敗北した。

しかし戦勝国戦敗国とも疲弊しきった戦後世界の復興をはかると同時に、その間隙をねらって台頭してきた「同盟国」ソ連を中心とした共産主義陣営の勢力拡大をなんとしても防がねばならなかった。

ほぼ全土が戦場と化した欧州大陸の復興のため、一七〇億ドルのマーシャル計画（マーシャルは時の国務長官の名前）で同盟国の経済復興をはかり、一方共産主義の拡大を防ぐために「封じ込め政策」（トルーマン・ドクトリン）を採用した。とくに共産主義勢力の拡大で混乱していたギリシャとトルコへ四億ドルの経済援助して梃入れした。ソ連にはオーストリアからも手をひかせている。また開発途上国援助のため四項目計画を立てた。四九年大西洋をはさんだ北大西洋条約機構（ＮＡＴＯ）という西側の集団防衛条約組織を創設した。

その背景にはソ連によるはじめての原爆実験の成功、中国内戦での蒋介石の率いる国民党軍の敗北で中華人民共和国の樹立という世界のバランス関係を揺るがす大事件があった。もはや米国が核兵器を保有する唯一の超大国の時代は終わり、新しい国際政治軍事政策の早急な確立が必要になっていた。ソ連の原爆実験の成功は、米国の核情報の漏洩が裏にあるのではないかと、トルーマン政権は疑われた。

前年の四八年には、東西間で分割占領されていたベルリンの西側地区への輸送をソ連に止められた。これを救出すべく、米軍は大空輸作戦を展開、ソ連の嫌がらせを一年で止めさせた。

　こうした時期に、五〇年北朝鮮（朝鮮民主主義人民共和国）軍が突如韓国へ侵入、瞬く間に韓国軍は朝鮮半島の南東部に押し込められてしまった。その時米軍を中心とする国連軍が逆に仁川に上陸して反撃、これを機に北朝鮮の共産主義体制を一挙に撲滅しようと三八度線を越えて北進、北朝鮮軍を中国近くまで追いつめた。ここで中国軍が出動してきて形勢はわからなくなってきた。このときの国連軍の司令官は米国のダグラス・マッカーサー将軍。彼は形勢逆転のため中国本土の爆撃、核兵器の使用などを大統領に進言した。しかしトルーマンは朝鮮戦争が第三次大戦に発展することを懸念してこの進言を拒否、逆にマッカーサー司令官を解任した。

1948年、再選が決まり喜ぶトルーマン。手にしたシカゴ・トリビューンの見出しは予定稿の「デューイ、トルーマンに勝つ」。United Press Int.

　このとき、トルーマンには一挙に朝鮮半島全体を民主主義陣営に引き戻したいという期待もあったが、それは平時の米国の軍事力を縮小するという政策と合致せず、またもし米軍を大量に朝鮮半島に派遣すれば欧州に空白地帯が生まれ、ソ連に欧州再進出の機会を与えるのではないかとの心配もあったようだ。

　トルーマンとしては米国民の英雄マッカーサーを解任したのは大英断である。マッカーサーは解任されたにもかかわらず、帰国時ニューヨークでは凱旋将軍のように歓迎を受けたのは皮肉なことだった。

　そこまで踏み切れたのは四八年の大統領選挙で得た自信からだった。当時のトルーマンに対する大統領としての評価はきわめて低く、民主党内部でも彼の再立候補には反対の声が少なくなかった。一時は大戦時の欧州戦線の英雄アイゼンハワー将軍の担ぎ出しの工作まで登場した。対する共和党が選んだ候補は、大物トマス・デューイ・ニューヨーク州知事。トルーマンの人気は上がらず、投票日直前の予想ではほとんどが「デューイ圧勝」だった。この間トルーマンは選挙運動で三万二千マイルを遊説、三百五十五回の演説を行ったという。死にものぐるいの反撃だったのだ。

　この選挙結果は予想を見事に覆して、トルーマンの大勝に終わった。二十八州で支持を得たのである。選挙予想がこれほど狂ったことは米国大統領選史上でも珍しく、一般選挙民の気持

1950年2月9日、「国務省内には205人の共産党員がいる」と発言するマッカーシー。「赤狩り」はトルーマン批判をも射程に入れていた。

ちが急変したのか、世論調査の確度の低さを露呈したものか、今でも議論のあるところだが、とにかくトルーマンはこの再選で国際問題の介入にも大変な自信をつけたのは間違いない。

しかし共和党のマッカーシー上院議員を中心とする国内右翼のトルーマン政権批判は異常だった。ローズヴェルト時代ニューディール政策を積極的に支持したトルーマンやアチソン国務長官を「容共派」と決めつけ、国務省内の高官やハリウッドのリベラル派に確たる証拠もなく「アカ」の烙印を押し、追放していった。マッカーシズムといわれる時期である。

こうして政権の晩年は、詰まらぬスキャンダルや地元選挙区の小さな腐敗で汚され、トルーマンは続投する気にならず、五二年には「再立候補せず」との声明となった。

庶民の大統領を意識

トルーマンは引退後も健康に恵まれ、郷里のインディペンデンスに腰を据え、ちょうど二十年間、主として若者相手に講演を行っている。米国の政界では政党は党首をもたない習慣が続いている。当然、元大統領もしくは大統領候補が政党の重鎮として影響力を持つ。トルーマンはその意味で引退後も五六年、六〇年の大統領選挙では民主党に貢献した。必ずしも彼の思惑通りに党が動いたわけではなかったが。

若いときから歴史にことのほか関心の強かったトルーマンは現代史の主役としての意識が強く、二冊の回想録を書いている。『決断の歳月』（五五年）、『試練と希望の歳月』（五六年）がそれである。

終戦後、日本はトルーマンと直接の縁はほとんどなかった。しかし進駐してきた米軍の管理下にある日本で、今でも強烈に印象に残っているのは、米軍の検閲下に置かれたラジオ放送がしばしば「ミスター・プレジデント」という言葉でトルーマン大統領を紹介していたことである。日本に民主主義を育てることに大きな関心をもった米国が、民主主義の中心は庶民であり、その頂点に立っている国家元首には庶民がなれるのだということを証明するものとしてトルーマン大統領がことさらに紹介されたのだと思う。

六〇年に書かれた若者向きの自伝風の読み物『ミスター・シティズン』はまさにその考え方の現れである。

七二年、クリスマスの翌十二月二十六日、カンザスシティで亡くなった。遺体は、引退後故郷につくってカンザスシティに寄贈したトルーマン図書館の敷地内に埋葬された。プロテスタント・バプテスト派の信者だった。

エンサイクロペディア・アメリカーナには、ニックネームとして「くたばれハリー」(Give 'Em Hell Harry) と堂々と紹介されている。ハリー・S・トルーマンの真ん中のSはミドルネームのイニシャルではないようだ。命名の際、どの祖父の名前を入れるかで家族の中でもめたらしく、単にSを加えたものだという。

左はトルーマンの初恋の人だったというベス夫人。トルーマンは父が事業に失敗したあと生活が苦しく、結婚したのは出会ってから29年後だった。夫人はファーストレディとして史上最長命で死去（1982年没、97歳）。右は一人娘のマーガレットで、女優・歌手として活躍、のちに推理作家となった。

前任の大統領、フランクリン・ローズヴェルト（FDR）が注目されすぎてその後任として損をしているが、「間違って大統領まで登りつめた」トルーマンの残した業績は良きにつけ悪しきにつけFDRが残したものより遙かに大きく、二十世紀後半の世界地図の青写真を作り上げた「第一級の大統領」だったことは間違いない。

ただ第二次大戦を経験した日本人からみると、広島、長崎への原爆投下の理由付けの「これ以上米国の若者（戦闘員）の犠牲者を出したくなかった」「広島と長崎は軍事都市であった」という部分には釈然としないものが残るだろう。（**北詰洋一**）

ハリー・S・トルーマン Harry S. TRUMAN 一八八四年、ミズーリ州生まれ。農業に従事し、大学は出ていない。一九一七〜一九年第一次大戦に従軍。一九年エリザベス・ウォレスと結婚。三四年上院議員。四一〜四四年トルーマン委員会議長。四四年副大統領。四五年四月、ローズヴェルトの急死により大統領（六十歳）。広島・長崎への原爆投下を決定した。第二次大戦後フェアディール政策、トルーマン・ドクトリンを打ち出す。四八年再選、五〇年朝鮮戦争、五一年マッカーサー罷免、五三年退任。七二年ミズーリ州カンザスシティで死去（八十八歳）。

第34代

アイゼンハワー ドワイト・D

Dwight David EISENHOWER：1890.10.14-1969.3.28

共和党／任期一九五三年一月二十日～六一年一月二十日

「アイク（Ike）」とか「I like Ike」の愛称で、第二次大戦の英雄として米国民に親しまれたドワイト・D・アイゼンハワーは、一九五二年の大統領選挙で共和党候補に担ぎ出されて大勝、二十年ぶりに共和党を政権に復帰させた。

軍歴以外に政治経済などにはまったく経験がなく、大統領としては傑出した業績は残さず、晩年はゴルフを興じる姿の方が目立ち「Do Nothing President」（何もしない大統領）と悪口も叩かれた。

だが、東西対立の激しい中、共産陣営との軍事対決の行き過ぎを懸念し、ソ連との「雪どけ」をはかり、軍拡競争が引き起こす「軍産複合体」の肥大に警告を発した告別演説は歴史に残るものとなった。

軍人として最高の活躍

一八九〇年十月十四日、テキサス州デニソンの農場で、戦争と暴力を極端に拒否する敬虔なキリスト教復興主義者の一派「河川兄弟団」の一家に生まれる。しばしば職業軍人は戦争を嫌う傾向があるといわれる。アイゼンハワーの場合は職業軍人として異例の活躍をしたわけだが、生まれの宗派の影響で終生戦争嫌いであったことは有名である。高校時代から「アイク」という愛称で親しまれ、一九一五年ウエストポイント（陸軍士官学校）を卒業、若手の将校の頃、後年米国人全体から「マミー」の愛称で親しまれた、デンバーの富豪の令嬢メアリ・ジェネヴァ・ダウドと結婚、二人の間に男子二人をもうけている。

士官学校卒業後、戦車隊の創設などで注目されてはいたが、第一次世界大戦では従軍の機会は与えられなかった。彼は若手の参謀として作戦能力や企画力は評価されたが、パットン将軍やダグラス・マッカーサー元帥が表舞台で活躍するとき、いつも日の当たらぬ場所にいた。パナマやフィリピン勤務で三八年

サインと肖像。Photo by Karsh, Ottawa

四十八歳になってもまだ中尉で、一時は退役を考えたという。

　彼にチャンスが与えられたのは、第二次大戦。参謀将校として慎重な作戦と緻密な兵站《へいたん》の必要性を説き、鋭い政治的感覚と思い切った決断で頭角を現した。彼の能力をいち早く見抜いたのはジョージ・マーシャル将軍（後の国務長官）で、彼を陸軍参謀本部に引き抜いた。

　四二年夏、米軍を率いて英国へ。さらに北アフリカ、イタリア戦線で活躍した。その間、四三年一月、欧州戦線の実情報告のためカサブランカへ飛び、ローズヴェルト米大統領とチャーチル英首相に会っている。その後、米陸軍では最高の名誉あるフォー・スター・ジェネラル（元帥）に昇進した。

　なんといっても彼が名声を博したのは、四四年六月六日（Dデイ）連合軍最高司令官としてナチス・ドイツに蹂躙されている欧州戦線で挽回すべく敢行したフランスのノルマンディー上陸作戦の大成功である。その時アイゼンハワーが指揮した連合軍の上陸兵力は十六万、援護に当たった艦艇五千隻、空軍七千機。二年がかりで立てたこの計画は空前の規模であり、これをきっかけに連合軍の反撃は本格的となり、ナチス・ドイツの敗北をもたらした。ドイツは十一ヵ月後無条件降伏して欧州戦線は収束する。

結婚式の日のアイゼンハワー夫妻。妻は十九歳だった。この日から十年も経たずに夫は完全な禿頭となった。

　この作戦を立てたのはローズヴェルトとチャーチルといわれるが、実は上記のアイゼンハワーの両首脳に対するカサブランカ報告が大きく評価されたのだった。こうして第二次大戦で大勝をおさめた連合国軍の最高の英雄はアイゼンハワー将軍となった。

　米国の作家、スコット・フィッツジェラルドは「アメリカ人の人生には第二幕はない」といって、一つのことに精一杯の努力をするアメリカ人の単純素朴な性格を表現したことがあるが、アイゼンハワーほどの英雄には、第二の人生が待ちかまえていた。かれ自身、そんな前途があるとは思わなかったに違いない。事実、彼は終戦後、退役するどころか社会から引退することすら考えていた。ところが第一幕よりももっと困難な「米国大統領」という第二の人生が用意されていた。

　第二幕が上がる前に、幕間劇までついていた。四八年に退役したが、すぐに要請され受諾したのはコロンビア大学総長。だが教育者として新しい道を開こうとしたのもつかの間、ソ連との軍事対決が焦眉の急となり、四九年に西側の集団安全保障機

アイゼンハワー（左）とチャーチル。彼らは大戦中もしばしば会っていた。

構として誕生した北大西洋条約機構（NATO）軍の最高司令官に迎え入れられた。これまた落ち着かぬうちに、五二年の大統領選挙で共和党から同党候補に指名された。同党はパリ近郊にあるNATO司令部に使節団を送り、大統領候補指名を受け入れるよう、アイゼンハワーを説き伏せたのだった。

「なにもしない大統領」

英雄好きの米国民にとって、かれ以上の大統領候補は考えられない。民主党がたてたリベラル派のアドレイ・スティヴンソン候補を簡単に破って大勝、二十年ぶりに共和党政権を実現させた。

アイゼンハワーは共和党が「本来政府は小さい方がよく、基本的には民間に任せるべきだ」「軍備拡張には反対」「国家財政は均衡をはかるべし」という立場であり、その路線に共鳴したから共和党の大統領になったのである。だから二期の期間中に均衡予算を原則とし、二回財政黒字を実現している。

だが五〇年代という米国の経済が最高の時期に、国民も世界情勢もそんな考えを許さなかった。ソ連を中心とする共産主義陣営との対決と共存が最大の課題であった。外交を苦手とするアイゼンハワーはタカ派の理論家ジョン・フォスター・ダレスを国務長官に抜擢、ほとんど外交政策はダレスに委ねた。まず朝鮮戦争を完全に終結させるため五三年七月休戦条約に調印すると同時に、東南アジア条約機構（SEATO）を創設、NATOを強化して核抑止力を前提とする大量報復戦略（ニュールック政策）、中近東に関するアイゼンハワー・ドクトリンなど反共強硬路線をとった。一方原子力の平和利用、米ソの相互空中査察提案をだし、軍備管理による東西間の雪どけムードを醸成、ソ連のフルシチョフとの首脳外交を実現した。しかし六〇年五月、米英仏ソ首脳会談が直前のU2型機事件で流会、訪日の機会も反安保闘争でご破算になってしまった。

国内政策では、保健・教育・厚生省を創設してニューディール福祉路線を継承し、五七年にはアーカンソー州リトルロックで起こった人種対立に連邦軍の介入を認め、公民権法の制定で黒人の権利獲得闘争を支持した。

「何もしない大統領」といわれたアイゼンハワーが最後に注目されたのは、六一年初頭の大統領告別演説で、軍拡競争で肥大化する軍事組織と軍需産業の結合（軍産複合体）がもたらす危険性に警告を発したことである。

六九年三月、首都ワシントンで死去。著作に『ヨーロッパの十字軍』（四八年）『ホワイトハウス時代』（二巻、六三年、六五年）『平和の報酬』（六五年）など。

平和を求めた職業軍人

アイゼンハワーはしばしばマッカーサーと比較される。人間としてはマッカーサーの方が十年先輩、両者とも根っからの軍人で元帥まで上りつめている。ウエストポイントの卒業時、マッカーサーは首席、アイゼンハワーは下から数えた方がはるかに早い成績だった。だがエリート意識の強いマッカーサーは自信家でありすぎたためか、今ひとつ周りに人が集まってこない。朝鮮戦争時、確信をもってだした提案を退けられ、トルーマン大統領から解任されたことが何よりの屈辱だった。それに対し、アイゼンハワーは戦術戦略ともとくに天才的なひらめきがあったわけではないが、多くの優秀な部下に慕われ、第二次大戦中主として欧州戦線で現地の指揮官として最高の点数を上げ、終戦時にはまさに国民的英雄だった。だから共和党ばかりか、民主党からも大統領候補の声が出るほどだった。

米国ではしばしば歴史の専門家による歴代大統領の「人気投票」が行われるが、アイゼンハワーは引退二年後の六二年には三十一人の大統領中二十二位。ところが九〇年頃から彼の評価が急に上がりだし、「洞察力と分別がある、穏健派の真の愛国者」としてしばしばトップ・テンに入っている。（**北詰洋一**）

1959年9月、アイゼンハワーはフルシチョフ（左）をソ連首相として初めてアメリカに招いた。写真はハリウッド訪問の際のもので、女優シャーリー・マクレーンと。

ドワイト・D・アイゼンハワー　Dwight David EISENHOWER　一八九〇年テキサス州デニソン生まれ。一九一五年ウェストポイント陸軍士官学校卒業。一六年メアリと結婚。マッカーサーの副官を経て、四三年ヨーロッパでの連合軍最高司令官に任命され、翌年のノルマンディー上陸作戦を指揮。五〇年NATO最高司令官、五三年大統領（六十二歳）。国務長官ダレスの巻き返し政策を推進するも、「雪どけ」も前進させた。五六年再選、五七年アイゼンハワー・ドクトリン、五八年レバノン内乱に軍事介入、六一年引退。六九年ワシントンの病院で死去（七十八歳）。

第35代

ケネディ　ジョン・フィッツジェラルド

民主党／任期一九六一年一月二十日～六三年十一月二十二日

John Fitzgerald KENNEDY:1917.5.29-63.11.22

ＪＦＫの愛称で親しまれている第三十五代大統領ジョン・Ｆ・ケネディは様々な意味で、いまなお現代の「神話的存在」である。

まずこれまでの数々の米大統領の記録を破った。史上最年少で当選した（四十三歳）、初のアイルランド系ローマ・カトリック教徒の大統領である。就任後千日足らずのうちに、白昼大衆の面前で劇的に暗殺されたにもかかわらず、その死は謎のまま今も語り継がれている。しかも話をケネディ一家に広げれば、米国民はいまなお親ケネディと反ケネディに（その比率はともかく）かなりはっきり分かれる。

なるべくしてなった大統領

ＪＦＫについて触れるには、どうしてもケネディ一家からはじめなければならない。一八四〇年代、故郷アイルランドが深刻な飢饉に襲われ一家は新天地米国に移住、ボストンの貧民街に居を定めた。祖父がはじめたのは酒場の主人だったが、懸命に働いたお陰で財産を作り、父親のジョセフ・パトリックはハーヴァード大学を卒業後、二十五歳にして銀行の頭取となり、実業家として大成功をおさめボストン市長の娘と結婚した。

ジョンは一九一七年五月二十九日、マサチューセッツ州ブルックリンで九人兄弟姉妹の二番目に生まれた。次々豪華な邸宅へ変わり、ついにニューヨークに移住、優雅な子供時代を送っている。父親の希望は有能な長男のジョゼフ二世が米国を背負う指導者になってくれることだった。だが早世（戦死）したため、その期待は、ＪＦＫ、つまりジョンに移った。ＷＡＳＰ（白人でアングロサクソンでプロテスタント）が政治を動かしているこの国で、アイルランド系カトリック教徒であるという経歴は大統領になることは不可能に近いタブーに挑戦することだった。

父親はその後駐英大使となった。ケネディは、ハーヴァード

サインと肖像。アルフレッド・アイゼンスタッド撮影の「ライフ」より

日本軍に自艇を破壊されながら、リーダーシップを発揮して生還したヒーローだった。

大学在学中の一九三〇年代後半に、二回ヨーロッパを旅行、緊張する国際情勢を垣間見、とくにロンドンでは父親のいる米大使館に滞在し、出入りする外国の政治家や外交官を通じて国際政治そのものを実地で見聞した。この頃から父親はやがてジョンが大統領になることを期待していた。ハーヴァード大に戻ったジョンは、ヒトラーの横暴を認めてしまった三八年の「ミュンヘンの譲歩」に注目、英国外交を徹底的に分析、学位論文のテーマに「英国はなぜ眠っていたか」を選んだ。この論文は歴史の研究家ばかりでなく政治家にも高く評価され、後刻、単行本になっている。

四〇年ハーヴァード大を卒業、海軍を志願、太平洋戦線で魚雷艇の艇長として活躍した。四三年、彼の魚雷艇が日本軍の駆逐艦に沈められ、以前から持病を抱えていた背中にさらに重傷を負ったにもかかわらず、生存していた部下を無事に救出、海軍と海兵隊から勲章をもらったことは有名な話である。

戦後は父親の希望でもある政界に入ることを決意、民主党からまず四六年にボストン選出の下院議員を三期つとめ、ついで五二年には上院議員となり二期つとめた。

翌五三年、ジャクリーン・ブーヴィエと結婚、二人の間に息子二人と娘一人をもうけている。ケネディは背中の持病に悩まされ、再三入退院を繰り返していたが、「大統領への道」は諦めなかった。静養中も「その日」に備え、八人の上院議員の政治的な勇気ある行動を分析し、『勇気ある人々の横顔』を五六年書き上げて、ピュリッツアー賞（伝記部門）を受賞した。

時の民主党大統領トルーマンの社会正義を柱にした「フェアディール」政策には内政面で協力。外交面では共産主義陣営を封じ込める「トルーマン・ドクトリン」に共鳴しながら、中国の共産化を阻止できなかったことを厳しく批判した。あらゆる問題に確信ある評価を下し旗幟を鮮明にしたので彼は「現実的理想主義者」と高く評された。

豊富な財産を活用して絶えずケネディ家の結束を図り、また民主党組織内でも一段低くみられていたアイルランド系移民との連帯に気を遣い、都会の大衆、個人的な選挙組織を基盤として、同時にエリート意識をむきだしにしていた。このような政治姿勢は、若者やリベラル派をつかむ効果があったが、同時に従来の民主党の保守本流の中に多くの「敵」をつくったのも事実である。

　こうして「大統領への道」を着実に歩んでいたケネディは、六〇年の大統領選挙で民主党候補として立候補した。党内での主たる競争相手はベテランのハンフリーとジョンソン、それにリベラル派のスティヴンソンだったが、若さと理想色で三者を破った。本番の大統領選挙での相手は共和党のニクソン、それ以上にしたたかな政治家である。ケネディは「大統領には若すぎる」「未熟である」などの批判を受けたが、そうした批判を逆用した。当時ケネディにとり最大の味方は米国民に定着してきたテレビである。国民の前で直接討論する「テレビ討論」がはじめて登場したのだ。視聴者を前に若さと歯切れの良い理想主義的な論理を展開し、ケネディは若者と女性の有権者の心をつかんだ。

　事前の世論調査の予想通り、ケネディが勝利した。だが、投票した有権者六千九百万のなかで、ニクソンとの差は十一万九千四百五十票、薄氷を踏む勝利だった。

「ジャッキー」は31歳でファーストレディとなった。Photo by Mark Shaw

　かくて米国に初のローマ・カトリック教徒で、史上最年少の大統領が誕生した。

ニューフロンティアを旗印に

　待望の大統領に選ばれたケネディは、まず「豊かな米国」にかげりの見え始めていたことに気付き、国家を再活性化し、自由と人権を世界に広めるスローガンとして「ニューフロンティア」を選び、五一年一月二十日の就任演説に臨み「君たちが国に何を望むかではなく、君たちが国に何ができるかを問うことを望む」と主として若者層に語りかけ、カリスマ性を発揮した。そして最初にだしてきたのが「平和部隊」と「進歩のための同盟」構想である。

「平和部隊」は十八歳以上の青年男女を発展途上国に二年間派遣、教育、農業技術、公衆衛生、地域開発に当たらせるもので、国務省管轄下におかれた。理想主義に燃える若者たちはこぞってこれに参加した。「進歩のための同盟」は西半球に第二のキューバ、つまり社会主義国が出現することを阻止するため、中南米諸国に土地改革などの自主政策を進めさせるため十年間で二百億ドルの経済援助を約束する構想だった。（いずれも注目されたが、予期せざるケネディの「退場」で中途半端な形に終わった）。

　大統領選挙で生み出された「ケネディ神話」は予想以上のも

のだったが、僅少差の勝利だったことをケネディは十分知っていた。組閣に当たって、共和党の重鎮ディロンを財務長官に、フォードモーター会長のマクナマラを国防長官に、そしてロックフェラー財団理事長のラスクを国務長官に据え、民主党内の〝政敵〟スティヴンソンを国連大使に任命、一種の挙国一致内閣を実現した。といっても、身内のケネディ家から弱冠三十五歳の弟ロバートを司法長官に置き、一番の相談相手にしたことを忘れるわけにはいかない。

ケネディ政権にとって最初の試練は、亡命キューバ人によるキューバ侵攻（ピッグズ湾事件）の失敗である。この計画はアイゼンハワー前政権時代にたてられたものであるが、訓練と指揮に当たったのがCIA（中央情報局）であり、ケネディ大統領が実行を承認した責任は免れられず、海外での反米感情は高まってしまった。

1961年6月、ウィーンでの米ソ首脳会談。ケネディはこの時初めてフルシチョフに会った。Photo by Magnum

フルシチョフとの対決

ピッグズ湾事件の失敗を注意深くみていたソ連のフルシチョフは、ケネディの反共姿勢を知った上で、六一年春から六二年秋にかけてケネディ政権に次々と攻勢をかけてきた。

第一弾はベルリン問題。六一年六月のウィーンでの米ソ首脳会談で、フルシチョフは東独と平和条約を結ぶと脅しをかけてきた。これが実現すると、西ベルリンが完全に孤立してしまう。西側陣営の結束でそれを阻止することに成功すると、ソ連は数ヵ月後東西ベルリン間に壁を設け、西ベルリン経由での共産国の人々の亡命阻止を図った。ケネディは米軍の欧州増派で対抗、フルシチョフもついに東独との平和条約締結をあきらめ、ベルリン危機は一応収束した。

ソ連の対米攻勢第二弾はキューバ問題。六二年十月十六日、ケネディはソ連がキューバにミサイル基地を建設中であることを示す空中写真を見せられた。ここにソ連のミサイル基地が出来上がれば、米国ばかりか西半球全体が核攻撃の射程範囲に置かれてしまう。同月二十二日、ケネディはこの事実を世界に公表、建設阻止のため「米国はソ連によるキューバへの攻撃用兵器持ち込みを阻止する」と発表した。その際、米国は「封鎖」(blockade)という言葉を使わず「隔離」(quarantine)という「医学」用語を使ったが、これは刺激的すぎてはよくないと考えたからだといわれる。

暗殺の一分前……12時29分の写真である。

ミサイルを積んだソ連船が刻々と近づき、米ソ両国とも強硬態度をとったため、世界全体が核戦争の危機に陥ったが、最後にフルシチョフが折れ、両首脳は、ソ連がキューバから攻撃用ミサイルの撤去をする代わりに、米国はキューバ「隔離」をやめることで話し合いがつき覚え書きを交換した。

一方、東西間では核兵器の開発競争が進んでいた。ソ連は六一年九月突如核実験を再開した。ケネディは直ちに抗議して、英国とともに大気圏内での核実験禁止協定を結ぶことを提案、ソ連が拒否すると、地下核実験の再開を命じ、さらに六二年三月大気圏実験の再開も命じている。核実験禁止運動は世界的に広がり、六三年八月、長期間の話し合いのあと、米英ソ三国は大気圏内の核兵器実験を部分的に禁止する条約に調印した。この一連の対応で、ソ連とは「力の立場」で交渉しなければならないことを、ケネディは確信したといわれる。

米ソ対立以外の外交では「平和部隊」「進歩のための同盟」がそれなりの力を発揮したが、東南アジアではベトナム戦争が膠着状態に入り、ケネディは「軍事顧問団」を七百人から一万五千人に増やす形で米軍の直接介入を深めたが、腐敗した南ベトナム政権を維持することが困難で、泥沼化していった。

国内問題では、民主党の南部保守派の抵抗にあい、思うようにリベラルな政策を議会で成立させるのが難しく、一方黒人を中心とした公民権運動が日ごとに過激化し、不穏な雰囲気が醸成されていった。

白昼暗殺の謎

そして六三年秋、米国ばかりか世界を震撼させる事件が起こった。ケネディ大統領はジャクリーン夫人とともにテキサス州をオープンカーで遊説旅行中、十一月二十二日午後零時三十分、ダラスの路上で数発の銃弾により射殺されたのだった。死亡二時間後、ジョンソン副大統領が後任大統領に就任した。遺体は首都ワシントンのアーリントン墓地に埋葬されている。

暗殺当日、警察は二十四歳の元海兵隊員リー・オズワルドを暗殺犯として逮捕したが、二日後、オズワルドはダラス警察署の地下室で、土地のナイトクラブの主人ジャック・ルビーに射殺されてしまった。ルビーもまもなく死んでいる。ジョンソン大統領はアール・ウォーレン連邦最高裁長官を委員長とする調査委員会を任命、綿密な調査を行った。そして報告書を作成。六四年九月二十七日その中身が公表されたが、オズワルドの単独犯行と断定され、オズワルドかジャック・ルビーの絡んだ陰謀による犯行という噂には「根拠がない」と否定された。その後、一九七九年下院暗殺委員会が二年がかりで再調査したが、結論は「オズワルドは組織犯罪グループのからんでいる謀略の関係者かも知れない」となっていた。

　いずれにしても、いまだにあまりにも謎だらけの暗殺事件である。

暗殺者オズワルド（中央）がジャック・ルビー（右）に撃たれた瞬間。ＪＦＫの48時間後に死亡。Photo by Bob Jackson

　ＪＦＫの大統領物語を結ぶにあたっては、やはりケネディ家に触れないわけにはいかない。ケネディ大統領がもっとも頼りにしていた弟のロバート司法長官は事件後ジョンソン政権を去り、ニューヨーク州選出の上院議員となり、六八年の大統領選に立候補した。カリフォルニア州の予備選挙で勝ち、民主党の大統領候補になる可能性がきわめて高くなったとき、ロサンゼルスで暗殺された。その下の弟エドワードも上院議員となり、大統領選挙のたびに候補者の呼び声がかかるが、一度も候補になっておらず、逆にその話がでる度に彼のスキャンダルがジャーナリズムを賑わし、立候補の話は消えていく。

　ワシントンのジャーナリズムの世界の人々に話を聞くと、米国民はＪＦＫを始めケネディ家の人々を「アメリカン・ドリーム」の代表と絶賛する派と、ケネディ家の登場を二度と許さないと否定する派に二分されるという。反ケネディ派は、ＪＦＫの登場でカトリック系が台頭し「ＷＡＳＰの後退」（"De-WASPing of America's Power Elite" 米国のジャーナリスト、ロバート・Ｃ・クリストファーの言葉）を余儀なくされたことに不満をもつ人々かも知れない。

（北詰洋一）

ジョン・Ｆ・ケネディ　John Fitzgerald KENNEDY
一九一七年マサチューセッツ州ブルックリン生まれ。四〇年ハーヴァード大学卒業。四一～四五年海軍。四六年下院議員。五二年上院議員。五三年ジャクリーン（愛称ジャッキー）・ブーヴィエと結婚。六一年大統領（四十三歳）、「ニューフロンティア」を掲げ、若く強いアメリカを標榜した。六三年十一月二十二日、遊説先のダラスで暗殺される（四十六歳）。

第36代 ジョンソン リンドン・B

民主党／任期一九六三年十一月二十二日〜六九年一月二十日

Lyndon Baines JOHNSON:1908.8.27-73.1.22

政治家を表す英語には politician と statesman の二つがある。politician は政界を巧みに操って内政を動かす「政治屋」、statesman はカリスマ性を発揮して国民と世界を動かす「大政治家」である。米国の「大統領作り」のドキュメンタリー作家、テオドア・H・ホワイトはジョンソンのことを「対外問題がなければ、間違いなく二十世紀で最高の大統領になっていた」と評している。politician としてはきわめて有能だったが、statesman になろうとして失敗したということだろう。

議会工作の達人でニューディーラー

リンドン・B・ジョンソン（愛称LBJ）は一九〇八年八月二十七日、テキサス州中部ジョンソンシティの郊外ストーンウォールで生まれた。祖先が移住時に町作りに貢献したのでその名前が町に残っている、政治好きの一家出身だった。繁栄から恐慌へと大きく変化した一九三〇年代初頭、貧困問題に関心をもつジョンソンは南西テキサス州立教育大学を卒業、ニューディール政策に共鳴、ローズヴェルト派の民主党員として政界入りした。

サインと肖像。Photo by Karsh, Ottawa

三七年に連邦下院補選に出馬して当選、四八年に上院に転じて、五三年には上院史上もっとも若い民主党院内総務に。上下両院議員時代を通じてローズヴェルトなど政界の大物に積極的に近付き、議会内に広範な人脈をつくり議会工作で活躍。ニューディール支持でリベラル派を演じ、同時に南部保守系民主党員との結び付きを固めた。彼の議会工作で可決した法案の数は記録的といわれ、共和党のアイゼンハワー政権の主要な政策の実現にも貢献している。「カウボーイハットのマキャベリ」と評される所以である。

三四年クラウディア・テイラー（愛称レディバード）と結婚、二女の父親となる。第二次大戦中は海軍少佐として南太平洋で活躍、銀星章を受賞している。

　一九六〇年の大統領選挙戦では、民主党大統領候補に出馬、若手の本命で、リベラル派のケネディと激しく争い敗れた。しかし南部民主党の保守票がほしいケネディはあえて副大統領候補にジョンソンを選んだ。直前までかなり醜い個人的な論戦を演じた相手だが、意外にもジョンソンはその要請をのみ、結局ケネディ・ジョンソン・コンビの政権が誕生した。

　通常、米国では副大統領は形式的な存在にすぎない。ケネディの側近と選挙運動中の葛藤が後を引いておりうまくいっていなかったが、ジョンソン副大統領は議会工作の実績にものをいわせて、閣僚並の発言権をえた。とくに政府関係機関や政府に関係する企業での就職の平等を実現するために新設された機会均等委員会や宇宙開発のための航空宇宙評議会の議長となり、具体的な政策作りに参画した。これらの経験は大統領に就任後大いに役立つことになった。

下院議員時代のジョンソンはF・ローズヴェルト（左）のもっとも熱烈な支持者の一人だった。

突然、大統領の座に

ジョンソンは政治的計算の非常に緻密な人だった。が、予想が狂ったのは六三年十一月二十二日のことだった。ケネディ大統領がダラスを遊説中暗殺され、自動的にジョンソンが大統領に昇格することになった。いかなる理由であれ大統領の不在の許されぬ米国である。同日、ダラス市郊外のラブフィールド空港の「エアフォース・ワン」（大統領専用機）の機内で第三十六代米大統領になる宣誓を行った。

　ジョンソン大統領に政治的作戦を練り直す余裕はなかった。当時議会はケネディ前大統領が次々とだした法案の審議で紛糾していた。ジョンソンはまずケネディ路線をそのまま継承する意志を示し閣僚とスタッフに留任を求め、前大統領への哀悼の意で国民の愛国心をまとめ、得意とする議会工作で、一ヵ月間でケネディの出した法案をほぼすべて実現した。そこには、その後の米国の人種差別撤廃運動を一変する公民権、減税、学校教育への連邦の援助、大量輸送手段の改善、社会保障の充実を含む画期的法案が含まれていた。国民に彼のリーダーシップを強烈に印象付け、リベラル派と保守派の間を綱渡りしていたジョンソンはほぼ全面的にリベラリストに変身した。

ＪＦＫ暗殺の悲しみの中、エアフォース・ワン機内で大統領宣誓を行うジョンソン。

ジョンソンが国民の真の負託を受けるのは六四年秋の大統領選挙である。彼はまずキャッチフレーズに「偉大な社会」という言葉を選び、ケネディ色の強いリベラルな政策を公約した。選挙結果は共和党候補のゴールドウォーターに米国史上に残る得票数の大差をつけ大勝した。「偉大な社会」計画に基づく包括的な国内法の実現は、ローズヴェルトの初期ニューディール時代を思わせる勢いがあった。その中には医療を含む社会福祉、教育の充実、人種差別の廃止、環境保全、都市再開発などが含まれていた。

外交政策の挫折

だが、国際情勢の変化で、「偉大な社会」計画もほどなく色あせていく。最大の問題はベトナム戦争の行き詰まりである。東南アジアでこれ以上共産主義勢力が拡大することを阻止しなければならないと考えたジョンソンは、ベトナムへの兵力を急速に増強した。

六四年八月、トンキン湾沖の公海にいた米駆逐艦が北ベトナム軍に攻撃を受けたこと（トンキン湾事件）を契機に、ジョンソンは議会に、米軍が攻撃を受けた際それに反撃する権限を一切大統領に与えるよう要請、議会はこれをほぼ全面的に承認した。ジョンソンは北ベトナム爆撃を強化、ベトナム派遣の軍事顧問団を正規の地上軍に切り替えたが、戦況は一向に好転しない。六八年には米軍の派遣兵力は五十万を超えた。六五年中米のドミニカの内戦に米軍が介入したことも米国の威信を傷つけるだけのものだった。

その頃から、米国民の間に、ジョンソンの言明と現実には違いがあるのではないかという不信感が生まれ始め、ジョンソンの言行不一致を批判する評論家が続出した。トンキン湾事件も実は焦る軍部の「でっち上げ」であったことが後刻マスコミに明らかにされた。一方、公民権法の実現などで大幅な自由を得たはずの黒人など少数派や女性、学生が法律と現実の違いを知らされて抗議デモに走り、国内も大混乱となり、反戦運動と「社会革命」運動が反政府運動に変わっていった。毎年夏には、大都会の黒人街などで暴動が起こり収拾がつかなくなった。

ジョンソン自身、国民の前に姿を現すことはほとんどなくなった。

劇的な引退声明

そして六八年大統領選挙の年、まずベトナムで米軍がテト攻勢で敗北、大統領再選をねらっていたジョンソンを取り巻く環境は最悪だった。米国の大統領選挙は現職がきわめて有利といわれていたが、側近たちまでベトナム戦争の和平交渉を勧めるに至った。三月三十一日、突如全米向けのテレビ演説を行い、北ベトナム爆撃の中止、和平交渉の提案を明らかにするとともに、次の大統領選には出馬しないことを宣言した。劇的な退場宣言である。

1964年7月、議会のメンバーが見守るなか、公民権法にサインするジョンソン。人種差別の廃止は「偉大な社会」計画の根幹であった。

その年にパリで和平交渉が始まったが、結果を知ることはなかった。この年の選挙で生まれたのはニクソン共和党政権であり、ジョンソンは引退後ジョンソンシティの牧場に引きこもり、回想録『大統領職の在り方』を執筆した。

七三年一月二十二日心臓病で死去。遺体は故郷ジョンソンシティに埋葬されている。

大統領最後の年の唯一ともいえる明るいニュースは、六八年十二月、人工衛星の打ち上げでソ連に後れをとった米国が、人類史上はじめての有人宇宙船（アポロ八号）の月周回飛行を成功させたことだった。悲しいニュースとしては、この年、マーティン・ルーサー・キング牧師とケネディ大統領の弟ロバート上院議員が暗殺されている。

ジョンソンは米国で百年ごとにやってくる、波乱にとんだ時代の大統領だった。かれをどう評価するかは、米国の現代史の中でもっとも動きの激しかった一九六〇年代を「社会変革の時代」「社会混乱の時代」のいずれに捉えるかによって決まるだろう。

（北詰洋一）

リンドン・B・ジョンソン Lyndon Baines JOHNSON　一九〇八年テキサス州ストーンウォール生まれ。南西テキサス州立大卒業後、三一年ワシントンに行き議会付秘書となる。三四年クラウディア・テイラーと結婚。三七年下院議員。四一～四二年海軍。四八年上院議員。六〇年副大統領。六三年大統領に昇格（五十五歳）、六四年大統領選に勝つ。同年公民権法成立。「偉大な社会」計画を掲げ、国内福祉諸政策を立法化させた一方、ベトナム戦争を拡大した。七三年テキサス州サン・アントニオで死去（六十四歳）。

第37代

ニクソン　リチャード・M

共和党／任期一九六九年一月二十日〜七四年八月九日

Richard Milhous NIXON: 1913.1.9-94.4.22

リチャード・ニクソン米大統領は前任者のジョンソンとはちょうど反対に、外交面ではベトナム戦争の終結、中ソとの和解など第二次大戦後の歴史に残る成果を上げたが、内政面の失敗の連続で、最後には大統領辞任という米国史上初めての汚点を残してホワイトハウスを去った。

彼の人生は初めから挫折の連続であったが、その裏にはアイビー・リーグ（ハーヴァード大学など東部の名門大学群）出身に固められた東部支配層に対する憎しみがあり、それが人間不信感を高め、最後には側近すら信じられず自ら仕掛けた罠（ウォーターゲート事件）にはまって墓穴を掘った性格破綻者だったということができよう。

挫折から始まった野望家

一九一三年一月九日、カリフォルニア州ヨルバ・リンダのクエーカー教徒の家に生まれたニクソンは若いときから父親の経営するガソリンスタンドで働きながら学校へ行った。成績優秀で、東部のアイビー・リーグの大学から入学の勧誘があったほどだ。しかし両親の不和、家庭の生活状況から地元を離れることができず、ウィッティ大学を選び、さらにデューク大学院に進み法律を学び優等生に選ばれた。が、卒業後「家柄のせいで」東部の著名な法律事務所への就職はことごとく断られた。はじめての挫折感は大きく、郷里に戻り、学校の先生をしていたパット・ライアンと結婚、第二次大戦では海軍士官として従軍、終戦後、政治家として「東部」を見返してやろうという政治的野望に燃えた。

四六年カリフォルニア州から下院議員に当選、思想的には本来穏健な愛国主義者で、共産主義についてなにも知らなかったが、ナチス・ドイツのシンパを糾弾するため設けられていた下院非米活動委員会を「赤狩り」に利用、その委員となり、後の

サインと肖像。ホワイトハウス蔵。

反共マッカーシズムの口火をきって「赤狩り」の先頭に立った。「赤狩り」の槍玉にあげられた典型は、ニューディール派の元国務省高官アルジャー・ヒス。彼のもっとも憎んでいたアイビー・リーグ卒の東部支配層の家柄であったからだ。反共ムードの蔓延していた当時の米国ではヒスを偽証罪で告発し糾弾するとともに、ニクソンの人気は上昇した。こうして共和党右派の支持を得て、五〇年には上院議員、五二年の大統領選挙ではアイゼンハワー政権の副大統領として弱冠三十九歳でホワイトハウス入りした。

副大統領を二期務めたあと、六〇年の大統領選挙で共和党候補に選ばれたが、民主党の若手リベラル派ケネディ候補に惜敗した。この時のマスコミの「ケネディ贔屓」、とくにテレビ討論での敗北のショックは大きく、徹底したマスコミ嫌いになった。しかし挫折から立ち直ったニクソンは六二年カリフォルニア州知事選に出たがまたも敗北した。この時、記者団からさんざん批判され怒りを爆発させたニクソンは「二度と記者会見はしません」と口走った。国民はこれで彼の政治生命は終わったと思った。かれ自身、その挫折の連続を『六つの危機』（六二年）と題する著作に書き上げ、東部のジャーナリスト批判をぶちあげたところ、意外にもこれがベストセラーになった。

副大統領候補として大統領選の勝利に貢献、アイクと喜びを分かち合う1952年のニクソン。

奇跡の復活

一九六〇年代の米国は、社会的少数派の抬頭、若者たちの既成価値観の拒否、反戦運動の高まり、ケネディ兄弟の暗殺、黒人過激派の活動で、一種の社会革命状況を呈していたが、その中でニクソンは「負け犬」でおさまるはずがなかった。

次の目標は六八年の大統領選挙である。社会的混乱に不快感をもつ〝物言わぬ大衆〟（サイレント・マジョリティ）にねらいを定め、「法と秩序の回復」をキャッチフレーズに、穏健な黒人や保守的な民主党員をも抱き込む南部戦略をたて、「草の根」から選挙資金を集めてその日に備えた。そして同年秋、民主党のハンフリー候補を破って大統領に就任「東部知識人の牙城」ワシントンに戻ってきた。

就任早々手をつけたことは、政府とホワイトハウスから「東部知識人」を排除することで、側近にアイビー・リーグ出身者

1960年、ＪＦＫ（左）とニクソンの運命のテレビ討論会。

を一切採用してはならないと指示した。同時に、「法と秩序の回復」という公約に従い、反戦運動団体や反体制派を押さえ込んだ。しかし第一期の任期中は、保守的な最高裁の判事の任命で上院と衝突、経済財政政策も不人気で、ベトナム戦争の収拾も思うに任せず、国民の人気は低下していった。再選危うしという声が出るに及んで、彼は外交面で起死回生の手を打った。

国際政治の戦略学者として注目されていたヘンリー・キッシンジャーを安全保障担当の補佐官に起用（後には国務長官も兼任）、中ソ両国との関係改善にあたらせた。彼はハーヴァード大出身だが、米国生まれでないため大統領選で自分の競争相手となる心配がない。反共を売り物にしていたニクソンとしては百八十度の方向転換である。

キッシンジャーを露払いに七二年北京とモスクワを訪問、東西両陣営の緊張緩和の道を開いた。中国には国連での代表権の交代を実現、ソ連とは第一次戦略兵器制限条約（ＳＡＬＴⅠ）を締結、同年の大統領選を前に、一挙に人気を回復した。

大統領選では、民主党が六〇年代の社会変革の混乱が後を引いて分裂、リベラル派のマクガバンが候補になったが、ニクソンの巧みな戦略の前には歯が立たず、史上まれにみる大敗北となった。

人間不信が墓穴を掘る

ニクソンはこの再選で思うままの政策をすすめられるはずだった。ところが、この大統領選挙の運動で思わぬボロをだしてしまった。

世論調査でも早くから「ニクソン再選確実」だったにもかかわらず、マスコミ不信がこうじて余計な工作をしたのが裏目に出た。大統領再選委員会は、民主党が最後に思わぬ手に出て逆転劇を演じるのではないかとおそれて、ワシントンのウォーターゲートビルにある民主党全国委員会本部に盗聴器を仕掛けようとしたのだ。のちにこのことが発覚、芋づる式に共和党の組織的な工作であったことが明らかになり、ニクソンは窮地に追いつめられた。

ニクソンは、自分は関係していないとの態度をとっていたが、閣僚や側近を次々に入れ替え、説明もつじつまが合わず、最後にはホワイトハウスの執務室にもテープが仕掛けられていたことが分かり、最高裁からテープの提出を求められた。出てきたテープは空白だらけで明らかに隠蔽工作が行われていたこと、またそこに現れているニクソンの発言が大統領の言葉とは思えないほど汚いものであることが分かり、国民の不信感は一挙に増大した。下院司法委員会が大統領弾劾決議案を可決するに及んで、ニクソンは七四年八月八日、事件の隠蔽工作に関係していたとの特別声明を発表、翌九日自発的に大統領を辞任した。ニクソンは米国史上、在任中にみずからの意志で辞任した初の大統領である。

ニクソン政権下の副大統領S・アグニューは、ウォーターゲート事件の最中、まったく別の汚職事件で辞任。後任にジェラルド・フォード下院議員が選ばれていたので、自動的にフォード大統領が誕生した。

1974年8月8日午後9時、辞任を表明するニクソン。

ニクソンはその後郷里に戻ったが、在任中に会った海外の政治指導者たちを再訪、回想録や指導者論など多くの著作を書き、一九九四年四月二十二日ニューヨークで死去。遺体は郷里のヨルバ・リンダに埋葬された。

ニクソンはホワイトハウスを去るに及んでも、スタッフに「常に全力をつくし、挫折してはならない。あなたを憎んでいるものがいるかも知れない。憎まれれば、憎み返さなければ相手に勝つことができず、自滅せざるをえないだろう」と助言し、弱みを見せなかった。

ウォーターゲート事件を客観的にみると、ニクソンはこの工作を通じて、汚職などによる次元の低い利益を特別得たわけではない。自分以外の人間を信用することができず、絶えず被害妄想に襲われていた。若いときに受けた「東部」からの侮辱のトラウマが最後まで災いし、悲劇の大統領に終わったのではなかろうか。

（北詰洋一）

リチャード・M・ニクソン Richard Milhous NIXON
一九一三年カリフォルニア州ヨルバ・リンダ生まれ。三四年ウィッティ大学卒業。四〇年パット・ライアンと結婚。四二〜四六年海軍。四六年下院議員、五〇年上院議員、五二〜六〇年副大統領。六〇年大統領選でケネディに敗北、六二年カリフォルニア州知事選でE・G・ブラウンに敗北。六九年大統領（五十六歳）。中国・ソ連訪問、ベトナム和平交渉で実績を上げ再選を果たすも、ウォーターゲート事件が明るみに出て七四年辞任。九四年ニューヨークで死去（八十一歳）。

第38代

フォード ジェラルド・R

Gerald Rudolph FORD:1913.7.14-

共和党／任期一九七四年八月九日～七七年一月二十日

米国史上、選挙民の直接選挙の洗礼を受けることなく副大統領となり、さらにそのまま大統領に昇格した異例の政治家である。ウォーターゲート事件で国民が滅入っているとき、ジェリーの愛称で親しまれたフォード大統領の登場は、その気持ちを癒すにはふさわしかったが、前任のニクソンに全面的な特赦を与えたことは国民に疑念を残した。

大学時代からMVPの人気

フォードは一九一三年七月十四日ネブラスカ州オマハで生まれ、その後ミシガン州グランドラピッズに移っている。ミシガン大学に在学中フットボールの選手として注目され、三四年同大学チームのMVP（最優秀選手）に選ばれた。第二次大戦中は海軍士官として活躍。戦後グランドラピッズに戻って、プロのダンサーとモデルをしていたエリザベス・ブルーマー（愛称ベティ）と結婚。四八年政界入りを決意、ミシガン州の選挙区から共和党の下院議員に当選、以後十三期務める。

サインと肖像。ホワイトハウス蔵。

連邦議会では敵も作らず穏健な保守派政治家として広く好感をもたれ、六四年にはケネディ暗殺事件を調査するウォーレン委員会に協力、六五年から共和党の下院院内総務として活躍、六八年の共和党全国大会がニクソン大統領の再立候補を決めたときの議長を務めている。

突然、副大統領、大統領に

フォードはもう公職から引退しようとしていた七三年、突然ニクソン大統領から副大統領になってほしいとの要請があった。すでにウォーターゲート事件で大騒ぎになっていたが、その時のアグニュー副大統領が別の汚職事件で辞職したためである。「副大統領が空席となったとき、大統領が後任を指名、議会の過半数の承認で就任する」という憲法修正第二十五条の初の適用である。ウォーターゲート事件から距離を置いており、共和党ばかりか民主党にも評判のいいフォードは両院議員の圧倒的多数の賛成を得て副大統領になった。さらに七四年八月九日、ニクソンが同事件の追及で大統領職を辞任したとき、同じく憲法の規定により、自動的に三十八代大統領に昇格した。

いずれも国民の負託を受けずに得た地位である。

フォードが務めた八九六日のホワイトハウスは彼の特色をだすには短すぎた。第一次オイルショックの後始末、経済が停滞しているのに物価が上昇するというスタグフレーションと失業問題の解決と、問題が山積していた。共和党色の強い支出の削減と金利の引き上げ政策を実施したが、逆に「大恐慌」以来の不況を招いた。ニクソンが敷いた中ソ両国とのデタント（緊張緩和）政策の継続はほぼ順調に進み、ベトナムからの完全撤兵も実現したが、共和党政権の人気を取り戻すのには時間が足りなかった。

その上、大統領就任一ヵ月後に、前任のニクソンに対する一切の訴追を免除する特赦を決定したため、フォードとニクソンの間に「事前の取り引き」があったのではとの疑念を国民に抱かせた。ただウォーターゲート事件が生んだ政府と議会の対立を解消し、国民の政治不信を回復するには、笑顔が絶えず、敵をつくらない彼の姿勢は、大統領として最適だったかも知れない。引退後に書いた自叙伝のタイトルが『癒しのとき』（一九七九年）となっているのはまさにその意識のあらわれである。

現職大統領としてはじめて来日

七六年の大統領選挙に出馬、国民の正式の信任を得ようとしたが、景気の回復が今ひとつで、リーダーシップを示す政策を出せなかったため、民主党の無名の新人候補、ジミー・カーターに惜敗した。新任のカーター大統領は就任演説でわざわざフォードのことに触れ「混乱するわが国を癒すのに全力を注いだ前任者に、国に代わって深く感謝したい」と述べたが、これは偶然が重なって大統領（Accidental President）となったフォードにとってせめてもの慰めとなっただろう。

なお、フォードは七四年、現職の米大統領としてはじめて来日している。

（北詰洋一）

ジェラルド・R・フォード Gerald Rudolph FORD

一九一三年ネブラスカ州オマハ生まれ。ミシガン大学ではアメフトの名選手で三五年オールスターゲームにも出場。四一年イェール大学大学院修了。四二〜四六年海軍。四八年ベティ・ブルーマーと結婚、同年下院議員。七三年副大統領。七四年辞任したニクソンを継いで大統領（六十一歳）。七六年カーターに僅差で敗れる。

映画と大統領

二〇〇一年九月十一日を境にハリウッド映画の傾向も変わることは避けられなくなった。世界貿易センタービルの炎上現場を見ながら、多くの人の「映画のようだ」という声を複雑な思いで聞いたものだ。映画であればどんなによかったか。三千人もの被害者を出す現実であったために、事件直後は現場付近が舞台となった映画の再放送中止、テロリスト映画や暴力映画などの企画お蔵入りなど、ハリウッド映画は多くの痛手を被った。

　そのハリウッドの男優たちは大統領の役を演じることを誇りとしてきた。残念ながら女優は『エア・フォース・ワン』（一九九七年）の副大統領の役止まりだが、黒人大統領を出す映画『ディープ・インパクト』（九八年）の登場とともに、映画はアメリカ社会の現状を越えた。現実を越え近未来を予告するような映画も多い。中でも今回の同時多発テロ事件の予告編とも言える映画に『マーシャル・ロー』（九八年）がある。

　架空の大統領が登場する映画の例は、枚挙にいとまがないが、本稿では本物の大統領をモデルとした映画に限定したい。古くは、ジョン・フォード監督自身がお気に入りの映画『若き日のリンカーン』（三九年）で、理想を共にして愛し合う弁護士エイブと若妻メアリが描かれていた。

『若き日のリンカーン』（1939年）のリンカン役、ヘンリー・フォンダ。
Photo by Elmer Fryer

　リンカン亡き後、大統領がその権威を喪失した時期を経て、強い大統領が戻ってくるのはセオドア・ローズヴェルトの登場以降だ。国民からテディの愛称で親しまれ、尊敬されたローズヴェルトが出るのが『風とライオン』（七五年）である。ノーベル平和賞受賞にもつながるモロッコ紛争収拾にからむ一九〇四年の話である。

　テディの甥に当たるフランクリンが登場したのは、『パール・ハーバー』（〇一年）だ。真珠湾攻撃を受けて、参戦を告げる様子があまりにもローズヴェルト大統領に似ていて、苦笑を誘った。この頃から実写が多く残っているために、観客は映画と現実の間をさまようことになる。

　テロ事件以前に「映画のようだ」と最初に国民に実感させた一九六三年の事件が映画化されたのが、『ＪＦＫ』（九一年）だ。ケネディ大統領の暗殺場面と死亡確認はテレビで伝えられた。オリバー・ストーン監督は、実写とフィクションを実に見事に組み合わせ、闇に葬られたかに見えた暗殺の真実を暴こうとした。

同監督は連作として『ニクソン』（九五年）を制作し、ウォーターゲート事件のために歴代で唯一辞任した大統領の人生を描いた。苦悩するニクソン大統領がお忍びで、夜リンカン記念堂に出かけていき、若者たちと語り合う場面は、彼の人間性を表現して余りあったと思う。

『ＪＦＫ』でも主人公ギャリソン検事がニューオリンズから出てきて、黒幕Ｘから話を聞く場面はリンカン記念堂前のベンチだった。ケネディ大統領が尽力した黒人の公民権をめぐって、その運動の一つの頂点とも言える六三年八月、キング牧師の演説で有名なワシントン大行進の会場もリンカン記念堂前であった。

記念堂前のリフレクティング・プールで幼なじみと再会を果たす場面が印象的な『フォレスト・ガンプ』（九四年）では、ケネディ、ジョンソン、ニクソンという主人公フォレストが生きた同時代の大統領が実写で登場する。ＣＧを駆使して、大統領とフォレストが握手したり、会話したりする場面は微笑ましかった。まさかウォーターゲート事件発覚のきっかけまでフォレストだったとは……。

実際のウォーターゲート事件は、「ワシントン・ポスト」紙の二人の記者によって暴露されたが、その顚末が『大統領の陰謀』（七六年）で映画化された。大統領辞任からわずか二年目の映画公開で、いかにハリウッドが政治に直結しているかがわかる。ダスティン・ホフマンが演じた記者カール・バーンスタインをモデルに、ジャック・ニコルソンが演じた後日談が『心みだれて』（八六年）であった。

実写を用いた映画としては、真珠湾攻撃五十周年記念式典で演説をするブッシュ大統領が映画の最初に登場するのが『沈黙の戦艦』（九二年）だ。今は放映が躊躇されるテロリスト映画の一つだが、九一年の記念式典から一年後の映画公開だった。

全くのフィクションとは言え、前大統領夫妻がモデルであることは誰もが認める映画に『パーフェクト・カップル』（九八年）がある。スタントンの名字でわかるように、パロディかと思える配役設定も納得できるほど、南部出身の大統領候補がいかにして地元選挙民の心をつかんでいくのかがわかる映画だ。

ハリウッド映画がどこまでも現実を見つめる限り、大統領は格好の題材であり続けることだろう。

（岩本裕子）

第39代

カーター　ジェームズ・アール

民主党／任期一九七七年一月二十日～八一年一月二十日

James Earl CARTER Jr.:1924.10.1-

サインと肖像。Photo by C.M.Rafshoon

ジョージアの農夫

ジェームズ・アール・カーターは、一九二四年にジョージア州の片田舎のプレーンズに生まれた。プレーンズには当時、電気もなかった。後にジミー・カーターは、語っている。

「私たちがホワイトハウスに入って、光栄あるもてなしを受けるべきときなのに、漫画が私のＩＱは五〇ぐらいだと冷やかしたのを覚えている。母親が裸足、隙間から光りの漏れる屋外のトイレ、私は藁が耳から突き出ている顔などの戯画でからかわれたものだ。私はアウトサイダーだと感じた。そう願ってはいなかったのだが。だが私の背景——ジョージアの孤立した農夫で、周囲に助けの手を求めている——からすれば当然のことだったかも知れない」

このようなイメージとともにホワイトハウス入りしたジミー・カーターはワシントンの政治に新風を吹き込んだ。ウォーターゲート事件で、国民は政治に幻滅していた。ニクソン辞任の後を継いだフォード大統領も「ニクソンの犯罪」の追及を敢えておこなわない判断を示した。多くの国は、それに満足しなかった。それに比しジミー・カーターのスローガンは「私は嘘を言わない」だった。

大統領選挙の直前に出版された自伝『なぜベストをつくさないのか』で彼はこう述べる。「『嘘をつきません』などと自ら公言する候補者は有罪になった前政府関係者が自ら断言した『自分は清廉である』という言葉や、敬虔な誓いをいやでも我々に思い起こさせる」「今日、政治家たちは国民から余りにも遠く離れすぎてしまっている。……市民に直接影響を与える政府施策の結果を、自分の目で確かめようとする政治家は殆どいなかったのである。……政府と国民との疎外関係を改める時期が今ここにきている。またアメリカ国民が将来の国づくりに参与するのも今を措いてはないのだ」（酒向克郎訳、英潮社）

就任式の日、ジミー・カーターは、あっということをやって見せた。戦車のような大型防弾リムジンを捨てて、議事堂からホワイトハウスまでの一・五マイルを歩いたのだ。ロザリン夫人と娘のエミーと手をつないで歩き、熱狂する沿道の市民に手を振って応えた。この日のカーターのいでたちは、一七五ドル（当時の日本円で三万五千円）のつるしのビジネス・スーツの上に黒いオーバー。ロザリン夫人もドレスを新調することなく、夜のパーティでは着古したサテンのドレスを身にまとって登場した。庶民のジミー・カーターをアピールする「正直ジミー」が大統領になったのである。

1976年、当選を喜ぶカーター（左）とモンデール副大統領。Keystone

フー・イズ・ジミー？

このような新風をアメリカ国民は必要としていた。それはウォーターゲート事件で、あまりにも醜い政治家の姿を見せつけられて、それを打ち消すような善意に満ちた、誠実で信心深いように見える政治家が求められていたからだ。それだけではない。ベトナム戦争がもたらした心理的な傷、そして六〇年代後半からの大都市での黒人暴動に見られるような人種間の対立、それらを癒してくれるような時代の変化がどうしても必要だったのだ。

カーター大統領は、ある程度その期待に応えた。そのことをまず書いておこう。ベトナム戦争時の徴兵拒否者や逃亡兵には恩赦を与えた。人権外交を看板にして、アメリカの対外政策が正義に基づいたものであることをアピールしようとした。また人種対立を緩和するためのさまざまな手をうった。

カーターの父親は、人口六百人のプレーンズでピーナッツ農場を経営していた。高校時代までプレーンズで過ごしたジミー少年は、通りでゆでピーナッツを売り、小遣いの足しにしていたという。やがてアナポリスの海軍兵学校に行き、一九五三年までは原子力潜水艦の父といわれるハイマン・リコーバー提督の副官として各地を転々とした。しかし父親が急死したので、プレーンズに戻り、家業を継いだのである。

父親は厳格な人だったらしいが、母親はコミュニティの面倒をよく見て——南部では希なことだが——人種差別に反対していた。それはジミー少年にも影響を与えた。大統領選挙戦のなかでカーター候補は、次のような演説をしていた。

「マーティン・ルーサー・キングJr.と私は同じ南部に生まれた。

彼は牧師の子として、私は百姓のせがれとして。二人は人種差別の見えない壁を互いに反対側から見つめあっていた」

一九七〇年に知事に当選したカーターは六年後に大統領選挙に挑戦するのだが、全国的にはまったく知られない存在だった。「フー・イズ・ジミー？（ジミーって誰？）」と揶揄された。しかしキング牧師の片腕だった黒人のアンドリュー・ヤングが選挙戦に参加したこともあり、九四パーセントの黒人票を獲得した。そして小差だったが現役のフォード大統領を破った。

カーター大統領はヤングを閣僚級のポストである国連大使に任命した。ヤングはカーターの人権外交の歩く広告塔だった。まだ白人支配が続いていたポルトガル領アフリカや、南アについては黒人解放勢力の肩をもつようなジェスチャーをとった。ソ連の反体制物理学者サハロフには激励の書簡を送った。韓国の朴政権には民主化を迫り、米地上軍撤退の脅しをかけた。アルゼンチン、ウルグアイ、エチオピアには国内弾圧を理由に援助の削減をおこなった等々。もっともヤング大使は、パレスチナ問題でのユダヤ人を怒らせる発言がたたって辞任を余儀なくされたのだが。

イラン革命が命取り

さて、ワシントンの政治に新風を吹きこんだカーターは当初、人気が高かった。一ヵ月後の支持率は七一パーセント、二ヵ月後には七五パーセントだった。しかし一年半後には三〇パーセントそこそこに落ち込む。また「カーターは政府の信頼感を取り戻したか」という世論調査では、三ヵ月後には六七パーセントだったのが一年五ヵ月後には三五パーセントに落ちた。何があったのか。

まず経済の悪化だ。すでにフォード政権下で、インフレとデフレが同時進行するスタグフレーションに悩まされていたアメリカの経済は、カーター政権になっても上向きにはならなかった。カーターは減税と公共投資による景気刺激策をとったが、インフレは二ケタ、失業率も高いままであり、自動車や鉄鋼などの世界市場での競争力が低下し、アメリカの経済の先行きは不透明だった。エネルギー危機も深刻だった。カーター大統領はホワイトハウスの室温調節器の目盛りを下げさせるなどして、エネルギーの有限性や生活スタイルの変化を訴えたりしたが、それはむしろ政府の暗いイメージと重なった。それに追討ちをかけるように、一九七九年にイラン革命がおこった。第二次オイルショックだ。

確かにカーターは外交で頑張った。そのハイライトはキャンプデービッドにサダト・エジプト大統領とベギン・イスラエル首相を招き、仲介することによって両国の和平を成立させたことだ。ニクソン＝キッシンジャーの秘密外交と対比させて「オープンな外交」を標榜した。もっとも、パレスチナ問題抜きのイスラエルとエジプトの和解はイスラム原理主義者の反発を招き、サダトは暗殺され、またパレスチナ解放勢力も闘争を激化させたのだが。カーターの時代に中東ではイスラム原理主義が力を持つようになった。

イラン革命はカーター政権の命取りになった。アメリカ大使館員五十二人が、大使館を占拠した学生によって人質になった。人質救出作戦は無残に失敗した。彼らが解放されたのは一年後に、「強いアメリカ」を掲げて、大統領選挙でカーターを破ったレーガンの就任式の日だ。その間、アメリカ国民の関心は人質の運命に翻弄され、苛立ちが高まった。

カーターの家族。ロザリン夫人（左）との間に三男一女をもうけたカーターだったが、その三男はすべて結婚。手前の末っ子エイミーはホワイトハウスのアイドルだった。Photo by C.M.Rafshoon

人権外交はカーター政権末期には、急速に色褪せたものになった。ソ連との軍縮交渉も、ソ連がアフガニスタンに侵攻したため、第二次戦略兵器削減交渉の批准をカーターは見送った。それはモスクワ・オリンピックを西側諸国がボイコットすることにつながる。善意の人、カーターに現実は厳しかった。

結局、ジミー・カーターは二期目に再選されることもなく、「弱いアメリカ」「暗いアメリカ」を演出したというネガティブな評価をうけることになる。

しかしその信念は今も変わらず、元大統領として、人権や平和のための市民外交を積極的に続けていて、人道主義へのコミットメントを賞賛する人もまた多い。

（芝生瑞和）

ジェームズ・アール・カーター James Earl CARTER Jr.
一九二四年ジョージア州プレーンズ生まれ。四六年海軍士官学校を卒業し、ロザリン・スミスと結婚。五三年まで海軍。六二年ジョージア州上院議員、七〇年ジョージア州知事、七七年大統領（五十二歳）。閣僚に女性二人（一人は黒人）を起用。ベトナム戦争徴兵忌避者を恩赦。中国と国交樹立。七九年SALTⅡ調印もソ連のアフガニスタン侵攻により失効。八〇年モスクワ五輪参加を拒否し、再選を目指すも落選。

第40代

レーガン ロナルド

共和党／任期一九八一年一月二十日～八九年一月二十日

Ronald Wilson REAGAN: 1911.2.6-

偉大なコミュニケーター

ロナルド・レーガンが大統領になったのは六十九歳のときだ。就任式の数週間後には七十歳、ホワイトハウスを去ったのは七十七歳、史上でもっとも年長の大統領だった。しかしこの高齢の大統領は、一九八〇年代が、後に「レーガンの時代」と呼ばれるようになったように、ひとつの時代を築いた。第二次大戦後において再選され、二期目をまっとうした大統領はアイゼンハワー以来のことだ。レーガンは戦後ではケネディに次いで人気が高い。

レーガンを特徴づけるのは、その楽観主義だ。アメリカは暗い時代にあり、ひとびとは自信を失いかけていた。ベトナム戦争、人種間の対立、ウォーターゲート事件、そして米国の経済競争力の低下、カーター大統領のもとでの景気の悪化、イラン革命で人質をとられた屈辱感……。それらを拭い去り、忘れさせてくれる歌を誰かに唄ってもらいたかった。レーガンは歌手ではなかったが、俳優出身だった。そして任期八年のあいだ、そのパフォーマンスで、アメリカについての「嫌なこと」を忘れさせ続け、「強いアメリカ」を唄い続けた。その歌とは、たとえば次のような演説の一節に見られる。

「アメリカは、小さな夢には偉大すぎる。この地には、精神の回復への飢えがあった。いわば再生への改革運動（クルセード）だ。アメリカの民衆は主張した。『自信を持って将来を見よう。国内でも外国でも……。〝自由〟にチャンスを与えよう』と……」

首を少し傾けながら、ソフトな口調で語りかけるレーガンは「偉大なコミュニケーター」と言われた。八年後、アメリカ国民は自信を——程度の差はあれ——取り戻した。楽観主義は前向きに働いた。

サインと肖像。Ronald Reagan Library

だから八〇年代、つまり「レーガンの時代」に、今ノスタルジアを感じるアメリカ人は多い。しかしレーガンの「よき時代」は、五〇年代のアイゼンハワーの「古きよきアメリカ」とは、決定的に何かが違っている。「嫌なこと」に目をつぶり、矛盾に蓋をしたうえで、アメリカ人は耳に心地よい「強いアメリカ」の歌に酔い、自信を取り戻したのだ。

ここで、レーガンとは何者かについて話を戻そう。

B級映画スター

レーガンは、中西部イリノイ州の人口千二百人の小さな町タンピコに、一九一一年に生まれた。父親は靴の卸行商人、州内を転々とするセールスマンで、アル中だった。家柄のいい、お坊ちゃんだったわけではない。学校の授業で得意だったのは朗読することだった。地域の小さな大学、ユーレカ大学を卒業したレーガンは、その声を生かして、地元ラジオ局のスポーツ中継アナウンサーになった。そして一九三七年、ワーナー・ブラザーズ社のスクリーンテストに合格したレーガンは、ハリウッドでの俳優生活を始める。

B級スターのレーガンと人気女優ジェーン・ワイマンの結婚式（1940年）。子供が二人生まれたが、ワイマンがアカデミー主演女優賞をとった1948年に離婚した。

レーガンに与えられた役のほとんどは、オール・アメリカン・ボーイ、つまり模範的なスポーツや学問に励む、白人の好青年とでもいったものだった。しかし、ゲイリー・クーパー、クラーク・ゲーブル、ロバート・テイラーなどの大スターの素質には欠けていた、と指摘するむきもある。だから「女にもてないナイスガイ」とか「B級映画の二流役者」とかいう、レーガン嫌いによる、好ましくない評価が一生つきまとった。

召集されたが、近視のため前線に行かず、陸軍映画部で訓練用映画のナレーションを受け持った。戦後も、映画スターとして目覚ましい活躍はなく、ナイトクラブへの出演などで急場を凌いだ。追討ちをかけるようだったのが、一九四〇年に結婚した有名女優ジェーン・ワイマンとの離婚。ワイマンによれば、離婚の理由はレーガンが「退屈だった」からだった。

強硬な反共主義者

伝記などによると、転機は女優のナンシー・デイヴィスと一九五二年に再婚したときに訪れた。ナンシーはそれ以後良き伴侶として、やがて政治活動にものり出すレーガンを支えることになる。ついでだがレーガンは、再婚の経験を持つ初めての米国大統領だ。

もうひとつの転機はテレビの登場だ。ジェネラル・エレクトリック（GE）社の提供する番組のホスト役にレーガンは起用されたのだ。このことによってレーガンはアメリカのお茶の間におなじみの顔になった。さらに、GE社のスポークスマンとして、レーガンは全米で講演活動をおこなった。それは企業精神を鼓舞するもので、また自由競走の美徳を訴えるものだったという。

さらにもうひとつの大きな転機は一九六二年にレーガンが民主党員を辞めて、共和党員になったことだ。彼の父親は熱心なニューディール政策の信奉者だったのである。しかし企業家の応援をすることによって、レーガンの政治哲学は、ビジネスマンの政党と呼ばれる共和党のそれに近づいていった。またレーガンは強硬な反共主義者だった。一九五〇年代にはマッカーシー上院議員による反共旋風がハリウッドでも吹き荒れたのだが、レーガンは映画俳優組合の委員長として反共活動の先頭に立った。

共和党は、将来の政治家としてのレーガンに注目し始めた。説得されたレーガンは、一九六六年のカリフォルニア州知事選挙に出馬し勝利する。そして二期八年間にわたってカリフォルニア州知事をつとめた。

一九八〇年の大統領選挙で、レーガンは五一パーセントの票を獲得し、投票人獲得数では、四八九票対四九票という大差で現職のカーター大統領を破った。これはアメリカの投票人口が右傾化したからではなかった。むしろカーター大統領への失望が、レーガン大統領を生んだ最大の原動力だった。民主党内がまとまらず、リベラル派のなかから、ジョン・アンダーソン議員が党を離れ、第三の候補として七パーセントの票を獲得したこともレーガンの勝利に寄与した。筆者は、投票日前にイランのアメリカ人人質が解放されれば、カーターが勝利すると予想していたが、そうはならず、レーガンが大統領に選ばれた。

就任して三ヵ月もたたず一九八一年三月に暗殺未遂事件がおこった。凶弾を受けて一命をとりとめたレーガンは、虚勢をはらず、パニックにも陥らず、手術をする医師団に向かって「皆さん方が共和党員だったらいいんだが」とジョークを飛ばした。レーガンの人気は、同情による支持も含めて、急上昇した。五一パーセントの票で当選した大統領の支持率は六八パーセントに達した。

新保守主義／レーガノミックス

「レーガンの時代」にアメリカの社会は保守化した。レーガンは、ことあるごとにリベラルを批判し攻撃した。保守的な社会価値観を標榜する団体、モラル・マジョリティのジェリー・ファルウェル師や、テレビ伝道師のキリスト教原理主義者たちはレーガンを支持し、レーガンは彼らを重用した。いわゆる六〇年代の過剰、スチューデントパワー、性革命やベトナム反戦運動などに違和感を持ち、疎外されたと感じていた白人都市労働者階級は、レーガンの熱狂的な支持者になった。本来この階層はニューディール政策の支持者であり、民主党員だったのだが……。南部の白人も、リンカンの共和党が奴隷解放をおこなったことから、もともとは堅固な民主党員だった。しかしこの層も、ケネディ＝ジョンソン政権が公民権運動を促進し、黒人優遇政策をおこなったことを理由に、次第に民主党から離れていった。

ナンシー梅木がアカデミー助演賞をとった日米親善用映画『サヨナラ』（1957年）のプレミア・ショーでインタビューをうけるレーガンとナンシー夫人。

　レーガンの二回の大統領選挙で、これらの民主党員はレーガンに投票した。「レーガン民主党員（デモクラッツ）」なる言葉が生まれた。レーガンの八年間のあいだに、民主党基盤のいわゆる「ニューディール連合（北部の白人労働者階級と南部の白人からなる）」の崩壊は決定的なものになった。八年後には、これらの民主党員のほとんどは共和党員になってしまった。

　レーガンの経済政策は新保守主義（ネオコンサーヴァティズム）と呼ばれた。イギリス保守党のサッチャー首相と同様、減税により「小さな政府」を求めたのである。サプライサイドの経済とも、レーガノミックスとも称された。すでにカーター前大統領が議会に提出していた予算案を、数百億ドル削減し、議会に六九五〇億ドルという切りつめた予算を承認させた。さらに三年間にわたって二五パーセントの減税をおこなう提案をし、これも議会を通過した。

　だが、その一方で、国防支出には大幅な上乗せをおこない、国防関係費は増大し続けた。これは選挙中に訴えたように、カーターがソ連の脅威を無視し、アメリカの威信の失墜を招いたことに対し、国防を強化し、「強いアメリカ」を取り戻すためだった。レーガンは、ソ連を「悪の帝国（イーブル・エンパイア）」と決めつけ、ソ連との対立を善と悪との戦いになぞらえた。一九八三年には「戦略防衛構想（ＳＤＩ）」をぶちあげた。

これは核攻撃に対して人工衛星から発するレーザー光線で対抗するための兵器開発であり、莫大な予算をともなうだけでなく、宇宙まで核戦争を拡大したものとして批判者たちは「スターウォーズ計画」と呼んだ。この頃、欧州でも日本でもまた米国内でも反核運動が盛り上がった。

レーガンは、カリブ海の小国グレナダに侵攻し、社会主義を掲げた政権を転覆した。中米ニカラグアのサンディニスタ革命政権に対しては、隣国から攻撃する反革命勢力「コントラ」に大規模な軍事援助をおこなった。これらが本当にアメリカの威信を高めたかどうかは定かでない。ことに小国グレナダへの侵攻は、アメリカの傲慢さを絵に描いたようだとも見られ、国際的には批判にさらされた。

だが多くのアメリカ国民にとり、レーガンは〝アメリカの威信を取り戻した〟のだ。一九八四年、レーガンは、カーター政権の副大統領だったウォルター・モンデール候補に対して六〇・四パーセントという得票率で大差をつけ、地滑り的勝利によって再選を勝ち取った。

レーガンが再選されたもうひとつの理由は経済だ。一九八二年の後半から、手のつけられなかったインフレに、ようやくブレーキがかかり始めた。その理由のひとつは世界市場で石油がだぶつきだしたことだ。カーターが訴えたエネルギー節約政策が効果をあげ、代替エネルギーの開発も進んでいたのである。通貨の供給を厳しく抑える連邦準備制度理事会の方針もインフレ抑制に寄与した。そういうなかだからこそ減税は、消費を刺激し、経済が拡大し、景気が上向きになった。失業率も五パーセント台に低下した。

双子の赤字／イラン・コントラゲート

しかしこれはさまざまな犠牲と矛盾の上に成立した〝繁栄〟だった。減税したうえで連邦予算を縮小したにしても、国防費が急増した。結果、連邦予算の削減は社会福祉費のカットや、学校給食や保育所への援助削減、公立学校へ提供する連邦資金の縮小などにしわ寄せされた。また減税は、高額所得者に有利なものだったが、低所得層は無視された。レーガンは最高累進税率を七〇パーセントから五〇パーセントに引き下げた。二期目にはさらに三一パーセントまで下げて、金持ち層にサービスしたのである。

だから「レーガンの時代」をつうじて、金持ちはますます金持ちに、貧乏人はますます貧乏になった。大都市のスラムでは最低層（アンダークラス）と呼ばれるようになったマイノリティの生活者が、失業、麻薬、暴力のなかで絶望的な人生を送ることになった。それまでホームレスは、アメリカで決して目立つ存在ではなかったが、どの都市でもその姿が目立つことになり、その数は全米で数百万人に及んだ。「レーガンの時代」に始まった貧富の差の拡大は今も続いている。それはまた白人と黒人のあいだの人種対立をより激しいものにした。

減税をしたうえでの軍事費増大は連邦政府の財政を破綻させた。一九八五年にアメリカは七一年ぶりに債務国に転落した。連邦予算は二千億ドルの財政赤字をかかえ、それとともに年間千二百億ドルの貿易赤字が出るようになり「双子の赤字」と呼ばれた。

しかしこの頃、レーガンが「悪の帝国」と決めつけたソ連でも変化が起こり始めていた。ミハイル・ゴルバチョフ書記長は「ペレストロイカ（改革）」と「グラスノスチ（情報公開）」を掲げ、アフガニスタンからも軍事撤退した。一九八七年にワシントンで調印されたＩＮＦ（中距離核戦力）全廃条約は画期的な軍縮をもたらした。やがてソ連は崩壊するのだが、これもレーガン支持者によれば、レーガン時代の対ソ強硬姿勢の成果だった。

冷戦の終焉を期待させたゴルバチョフ（右）とレーガン。

レーガン政権末期には景気の後退のきざしも見え、またレバノンにいるアメリカ人人質を釈放させるために、イランにこっそりと武器を売却し、その利益をニカラグアのコントラへの武器援助にまわしていた疑惑が議会で問題になり、レーガンは真実を述べていなかったと認めた。イラン・コントラゲートだ。そのため大統領としての支持率は四〇パーセント台に落ちたが、「強いアメリカ」を演出した、個人としての支持率は七〇パーセント台をキープした。

そして国民の多くから惜しまれつつ、ホワイトハウスを去ったレーガンは、アルツハイマー病が進行中であることを公表し、公の舞台からは姿を消した。

（芝生瑞和）

ロナルド・レーガン　Ronald Wilson REAGAN
一九一一年イリノイ州生まれ。三二年ユーレカ大学卒業後、ラジオのスポーツ・アナウンサーとして売り出す。三七年映画界入り、五四年からはテレビ司会で人気を得る。六二年共和党入り、六六～七四年カリフォルニア州知事。七六年大統領選の党指名を現職のフォードと争い敗れるが、八一年に大統領（六十九歳）。八三年グレナダ侵攻、八六年リビア空爆、八七年ペルシア湾に艦船派遣。福祉支出削減、大幅減税などのレーガノミックスにより「双子の赤字」を招いた。

第41代

ブッシュ ジョージ

共和党／任期一九八九年一月二十日～九三年一月二十日

George Herbert Walker BUSH: 1924.6.12-

東部上流社会出身のエリート

ジョージ・ハーバート・ウォーカー・ブッシュは一九二四年に東部マサチューセッツ州に生まれた。父親のプレスコット・ブッシュは、裕福な実業家で、後にコネティカット州から上院議員に選出される。家系はさかのぼればイギリス王室にも行きあたるというような名門だ。

私立の有名高校フィリップス・アカデミー・アンドーバーに在学中に兵役につき、海軍でもっとも若いパイロットになった。太平洋の島で日本軍の対空砲の砲撃をうけパラシュートで洋上に降下したブッシュは、味方の潜水艦に奇跡的に救出されるなど、さまざまな輝かしい戦歴を誇りにした。

復員してイェール大学に入学する直前、バーバラ・ピアースと結婚した。彼女は十四代大統領のフランクリン・ピアースの子孫、こちらも名門だ。バーバラ夫人は後に品のいい、アメリカの家庭の伝統的価値をまもる人気のあるファーストレディになった。その銀髪から「銀ぎつね」とも呼ばれた。ブッシュは大学では野球部の主将をつとめ、学業でもスポーツでも活躍した。彼は、生粋の東部上流社会出身のエリートだった。

大学を卒業したブッシュは家族とともにテキサス州に移り、石油で富を築いた。そして政界にのりだす。一九六四年の上院議員選挙では落選したが、その二年後にテキサス州選出の下院議員になった。ニクソン政権のもとで、国連大使に起用され、さらに米中関係が改善されると、北京でアメリカ政府の代表をつとめた。一九七五年にはCIA(中央情報局)の長官になった。

一九八〇年の大統領選挙に出馬したブッシュは、予備選でロナルド・レーガンに打ち負かされるが、レーガンはブッシュを副大統領候補に指名した。レーガンの八〇年代、ブッシュは副大統領としてレーガンの陰にいた。そして決して目立つ副大統領ではなかった。

サインと肖像。Bush Presidential Materials Project

湾岸戦争と景気後退

ブッシュは、もともと共和党のなかでは、レーガンに比べると穏健派であり、キリスト教原理主義勢力などが主張する社会保守主義とは一線を画す、よりリベラルな政治的立場だった。レーガンと予備選を争ったさいにも、減税して軍備増強をするレーガノミックスについては、ブードゥ経済学（おまじないの経済学）だと嘲笑し批判した。しかし八年間のあいだレーガン政権の忠実な僕《しもべ》だったブッシュは、一九八八年の大統領選挙に出馬すると、なりふりかまわぬ選挙を展開した。

それは史上最低の汚い選挙ともいわれた。世論調査とテレビの広告映像を駆使した有権者の心理操作のテクニックが精巧なものになり、いわゆるネガティブ選挙《キャンペーン》が横行したのである。

アメリカ軍を主力とする多国籍軍のイラク軍事施設への爆撃は連日連夜続いた。写真はイラク軍の対空砲火がきらめくバグダード上空。

またそのためにこの頃から選挙に莫大なカネがかかるようになった。

ブッシュは対立候補のデュカキス・マサチューセッツ州知事がリベラルで、犯罪に甘く、人種問題でも黒人の側に立っていることをこの選挙の隠れた争点にした。そのため黒人の凶悪殺人犯のウィリー・ホートンがデュカキス知事に保釈されたさいに犯罪をおこしたことを、テレビのコマーシャルでとりあげ、白人の人種主義の感情を煽って選挙に利用した。これらのリベラル叩きが功を奏して、選挙結果はブッシュが五四パーセントの票を獲得し勝利した。

しかしブッシュが再選されず、一期限りの大統領にとどまった最大の理由は経済だった。ブッシュは経済政策を無視して、外交問題に熱中しすぎたと選挙民にはとられたのだ。

それはさておき、ブッシュの四年間のあいだに世界が大きく変わったことをまず書いておかねばならない。

ベルリンの壁が崩れ、東西ドイツが統一された。東欧は民主化の波に洗われた。そしてソ連が崩壊した。

一九九〇年八月、イラクが隣国クウェートに侵攻したことを契機に湾岸戦争がおこった。ブッシュ電話《ホーン》と異名をとった気軽さで、ブッシュは各国の指導者（ソ連の崩壊前でゴルバチョフ大統領も含まれた）に連絡をとり、二十八ヵ国からなる多国籍軍をでっちあげた。さらに国連安保理によるイラク制裁容認決議をとりつけ、翌年一月にイラク攻撃を開始、「砂漠の嵐《デザート・ストーム》作戦」を展開した。一ヵ月半後、イラクは敗北し、クウェートから撤退した。

もっともフセイン体制打倒までは至らず、後々このことで国内では批判されることにもなるが。

また、その半月前には、中米パナマに二万の兵を投入して侵攻、麻薬犯罪の容疑者である同国の支配者マヌエル・ノリエガ将軍を逮捕し米国に連行した。たとえ麻薬根絶のためとはいえ、主権国家への突然の侵攻は、国際的には必ずしも評判はよくなかった。

湾岸戦争で勝利し、ブッシュ大統領の支持率は九一パーセント、ギャロップ社が世論調査を始めてから歴代のどの大統領も達しなかった数字だった。

しかし湾岸戦争と併行して景気の後退が始まっていた。レーガン時代のバブルがはじけたのである。不良投資の行き過ぎと社会的インフラ改善の無視が経済のネックになった。土地投機にかかわった金融業界の一部で倒産が出始め、銀行の危機が囁かれた。消費が冷え込み、企業の閉鎖、リストラが相次ぎ、失業率は八パーセントにまで上昇した。

史上最低の得票率で敗北

ある意味でブッシュは「レーガンの時代」のツケを支払わされた。財政赤字と貿易赤字の双子の赤字が深刻なものになっていた。一九九二年の大統領選挙でブッシュは自分の息子ほども若いアーカンソー州知事のクリントンに再選を阻まれた。この選挙に第三の候補として参入した億万長者の実業家ロス・ペローは、歯に衣を着せずブッシュ政権下のアメリカ経済の問題点を指摘し、人気が上昇した。そしてペローは惜しげもなく自分のポケットマネーを自らの選挙に投入した。

民主党の大統領候補、ビル・クリントンも選挙の争点を経済問題に集中させた。ブッシュは四年前の選挙で、対立候補のデユカキスを「大きな政府を目指す増税主義者」と決めつけただけでなく、予備選の段階でも自党のボブ・ドール候補を増税主義者と呼んで、「とんでもない話だ」と彼の激怒をかっていた。そして多くの集会で「ノー・ニュー・タックス（増税はしない）」と発音はせずに唇だけを動かし「わたしの唇を読め」と言って支持者に発声させ、拍手喝采をあびていた。しかし任期中に増税を余儀なくされた。クリントンやペローは、そのことを激しく批判し、経済悪化を招いたブッシュの責任を追及した。

経済問題への鈍感さを示した、後々まで語り継がれるエピソードになったのは、第二回目の、タウンミーティングの形式がとられたテレビ公開討論だ。このとき聴衆のなかにいた黒人女性が「不況があなたの生活にどのような影響を与えているのか話してほしい」と質問をすると、ブッシュはその意味をなかなか摑めず、あわてふためいたうえに、トンチンカンな答えをしたのである。そして討論中に何度も自分の腕時計を見た。これを見ていた私は、多くのアメリカ国民と同様に、ブッシュの敗北を確信した。

　ブッシュの任期中には環境問題への世界的な取り組みが問題にされた。ブラジルのリオで初めて開かれた国連主催の国際環境開発会議（地球《グローバル》サミット）にブッシュはやっと最後になって姿を見せたが、経済成長を鈍化させるという理由でCO_2規制条約に消極的な立場をとり反対した。

　結局、八九年にオゾン層破壊を阻止する国際条約に同意し、翌年に大気汚染防止法に署名したが、環境問題に不熱心なのは、石油ビジネスから身をおこしたためだというイメージが定着した。クリントンが副大統領候補に指名したアルバート・ゴアが環境問題に積極的に取り組んでおり、クリントンの票獲得のために点を稼いだのと対照的だ。

1992年の地球サミットでブッシュの演説が行われた6月12日、リオ・デ・ジャネイロでは「ブッシュ帰れ」の反米デモのシュプレヒコールがこだました。

　四年前に成功したリベラル叩きは通用しなかった。その都度クリントン側の効果的な反撃にあったのだ。現職の大統領としては史上最低の三七・四パーセントという得票率でブッシュは敗北した。ペローは一九パーセントの得票で、四三パーセントで当選したクリントンの勝利に寄与した。八年後、息子のW・ブッシュがゴア副大統領を大統領選挙で破り、雪辱を果たすことになる。

　息子の大統領就任式に元大統領の父親が立ち会うというのは、一八二五年に息子のジョン・クィンシー・アダムズの就任式に第二代大統領のジョン・アダムズが列席して以来のことだった。

（**芝生瑞和**）

ジョージ・ブッシュ　George Herbert W. BUSH
一九二四年マサチューセッツ州ミルトン生まれ。第二次大戦で海軍に志願、最年少パイロットとして太平洋戦線で戦う。四五年現役兵のままバーバラ・ピアースと結婚。四八年イェール大学卒業。六六年下院議員。七一～七三年国連大使、七六～七七年CIA長官、八一年副大統領、八八年大統領。八九年冷戦終結を宣言、八九年パナマに軍を派遣しノリエガ将軍を逮捕、九一年多国籍軍の主力としてイラクと戦い、九二年ソマリアの内戦に介入。九二年四月ロサンゼルス暴動で社会不安が増大、十一月の大統領選で敗北。

第42代 クリントン ウィリアム・ジェファソン

民主党/任期一九九三年一月二十日〜二〇〇一年一月二十日

William Jefferson CLINTON:1946.8.19-

ベビーブーマー世代

ビル少年は、一九四六年八月、すなわち第二次世界大戦のほぼ一年後に、アーカンソー州の小さな町ホープで生まれた。彼が大統領に選出される少し前にホープに行ってみた。西瓜畑が広がるなか、彼の生家は、黒人と白人の居住区が分かれるあたりにあり、風でバタバタしそうなドア、白いペンキが剥げた粗末な二階屋に、年老いた黒人の夫婦が住んでいた。この家はかつて彼の母方の祖父母の家だった。ビルが生まれる前に父親、ウィリアム・ブライスは交通事故で死んでいる。

看護婦をしていた母親のヴァージニアはやがて再婚し、ビル少年も継父の姓、クリントンを名乗るようになった。継父はアル中で、しばしば暴力をふるった。ときにビル少年は母親をかばうために、あいだに入って立ちはだかったという。少年時代のトラウマが誰をも喜ばせなければという強迫観念になり、右も左も満足させようとする政治主義になったとか、後の浮気癖の遠因になったとも言われている。

サインと肖像。

しかし、貧しく不幸な家庭に育ったとはいえ、クリントンは戦後アメリカの繁栄のなかで青少年時代を送ったいわゆるベビーブーマー世代のひとりである。アメリカの未来は無条件で良いものになると、誰もが楽観主義的に信じていた。米ソ対決という不安はあったが、分裂をもたらすベトナム戦争も人種対立も、まだ意識にはのぼっていなかった。

そんななかで、クリントン少年は一九六三年の夏、米在郷軍人会主催の青少年の催しに参加し、首都ワシントンに行き、ケネディ大統領と握手する機会を得た。これが契機でクリントン少年は政治家を志すようになったという。その四ヵ月後にケネディは暗殺された。他のアメリカ人にとってと同様、いやしばらく前に握手していたからそれ以上に、ケネディの暗殺はショックだった。大人になる入り口でそれを経験したことの意味は大きい。その頃からアメリカは大きく変わり始める。ベトナム戦争と人種対立が社会を揺さ振り始めたのだ。クリントンは、その荒波に揉まれる。ついでだが、一九九二年の大統領選挙に出馬したクリントンは、ケネディと握手したときの写真を前面に掲げる。自分はケネディの後継者だという自負だ。もちろん九〇年代のアメリカは六〇年代のそれと大きく変わっており、クリントン政権はケネディ政権とはその性格がまったく違ったものになった。

ケネディと握手する高校時代のクリントン。1963年、ワシントンD.C.で行われた「ボーイズネーション」にて。

アメリカでもっとも若い知事

一九九二年の大統領選挙で現職のブッシュ大統領（第四十三代大統領の父親）はクリントンが学生時代にベトナム反戦運動に参加したことを問題にした。きわめつけはクリントンがアーカンソー州のＲＯＴＣ（予備役将校訓練隊）の責任者に書いた手紙が発見されたことだ。これはジョージタウン大学を卒業した彼が、ローズ奨学生としてオックスフォード大学に留学していたさい、一九六九年に書かれたものだったが、そのなかでベトナム反戦の立場がはっきり述べられていた。また、徴兵を逃れるために工夫をこらした形跡が窺えたのである。ベトナム戦争時の醜い対立感情が蒸し返され、「クリントン・ヘーターズ（憎悪者）」と呼ばれる一群のひとびとが出現した。これらの人たちはクリントンの任期中も、それ以後も、価値観の違うクリントンを許そうとはしなかった。それにこの大統領選挙の予備選の最中に、クリントンが十二年間にわたるアーカンソー州知事時代、売れない歌手と情事関係にあったという疑惑がもちあがった。クリントンはそれを激しく否定したが、これは任期中に議会で弾劾されるきっかけになったホワイトハウスの若いインターンとのセックス・スキャンダルの伏線になった。このとき疑惑を信じなかった多くのアメリカ人も、やがて「クリントンの嘘」にがっかりさせられることになる。いわゆるクリントンの「性格問題」だ。

それはさておき、クリントンは選挙戦の争点を経済問題に集中させることで、ブッシュに勝利し、第四十二代大統領に就任した。それまでのクリントンの政治家としての軌跡を簡単に見ておこう。クリントンはイェール大学ロースクール（法律大学院）に在学中に、同級生のヒラリー・ロダムと会い、やがて卒業後に彼女と結婚する。アーカンソー大学ロースクールで教鞭をとり始めたクリントンは、その二年後には連邦下院議員の選挙に立候補し、僅差で敗れた。ヒラリーはこの選挙に参加し、それ以後も彼のあらゆる選挙で参謀として重要な役割をつとめた。彼女自身も弁護士としての活動を開始し、学生時代から熱心だった公民権や、子供の権利などの運動にもかかわり続けた。やがて彼女は働く女性として、まったく新しいタイプのファーストレディになる。「クリントン憎悪者」たちは、これまた自分たちとは価値観の違う彼女を憎しみの対象にした。

一九七六年、アーカンソー州の司法長官に選ばれたクリントンは、その二年後のカーターの大統領選挙で州の選挙委員長をつとめた。ウォーターゲートに疲れたアメリカ社会に、南部から吹く刷新の風の一翼を担ったのだ。さらに二年後クリントンはアーカンソー州知事に立候補し、選出された。三十二歳のアメリカでもっとも若い知事が誕生した。一九八〇年再選に失敗し、一時不遇だったが次の選挙ではカムバックし、やがて一九九二年の大統領選挙に挑戦する。

ニュー・デモクラッツ

このような軌跡からはっきりするように、クリントンは本質的にはリベラルだった。六〇年代に、アメリカはベトナム戦争、人種問題、そのライフスタイルなどにおいて価値観がまっぷたつに割れ、対立するようになるのだが、クリントンは明らかにその一方の側に立っていた。

そしてクリントンは戦後生まれの初めての大統領だった。レーガンやブッシュとは親子ほどの歳の違いがあり、一九九二年の選挙で大統領の世代交代がおこったのだ。そのさい大統領になったのは、一方の側の価値観をもつクリントンだった。その八年後には、それとは反対の価値観をもつ同じ世代のジョージ・W・ブッシュが大統領選挙で勝利してホワイトハウスの同世代人による入れ替わりがおこったが。

クリントンは人種問題でも、カーターと同様、いや多分それ以上に、南部の白人では、桁はずれに進歩的だった。少年の頃からキング牧師を尊敬していたというのにはケネディの影響があったかも知れない。しかしそれ以上に不幸な家庭に育ったことが、弱者の側に立つということと関係していたように思われる。クリントンは感情移入（エンパシー）の天才とも言われた。「きみの苦しみが分かるよ」という表情、涙で目がうるむように見えることもしばしばだった。クリントンは黒人の友人を多くもち、閣僚にも党中枢にも黒人や女性を多用し、「多様性のアメリカ」をアピールした。今まで黒人の大統領が誕生したことはない。しかし歴代の大統領のなかでクリントンは黒人がもっとも親近感をもった大統領だ。セックス・スキャンダルでクリントンが窮地に立たされたとき、まず救いの手を差し伸べたのは黒人議員団（コーカス）であり、公民権運動家のジェッシー・ジャクソンはクリントンとともに祈った。

しかしクリントンはその政策において決してリベラルだったわけではない。クリントンはもともと「新しい民主党員（ニュー・デモクラッツ）」を掲げて一九九二年の大統領選挙に臨んだ。「新しい民主党」とは、ニクソンに始まり、レーガンがそれを決定的にした「小さな政府」を肯定することだった。「大きな政府の時代は終わった」とクリントンは述べた。そして一九九六年の大統領選挙で民主党候補に再指名される数週間前に、共和党主導の福祉改革法案に署名した。それは連邦福祉予算の大幅なカットだった。また連邦政府がおこなってきた福祉政策のほとんどが州政府に委ねられることになった。フランクリン・ローズヴェルト以来の民主党の伝統的な政策が覆されたのだ。貧困層向けのほとんどのセイフティネットがはずされた。貧困層には、クリントンが同盟関係にあるはずのマイノリティが圧倒的に多い。クリントンは、ある意味でその同盟関係を裏切ったのである。

ヒラリー・クリントン

二十世紀最長の経済繁栄

クリントン政権はその出だしから躓きが多く、平坦な道を歩いたわけではなかった。ヒラリーを責任者にすえて遮二無二成立させようとした医療保険制度改革は、議会の反対にあい無残に挫折した。アメリカでは医療費と大学の教育費が異常に高くなっており、中産階級の家計の負担になっている。この改革は大統領選挙の公約でもあった。しかし世論や議会工作を無視して、性急に法案をつくりあげたことが仇になった。クリントンはやはり「大きな政府を目指している」と、共和党はそれをリベラル叩きに格好の材料にした。

一九九四年の中間選挙でクリントンの民主党は大敗北する。連邦議会の上院でも下院でも過半数がとれず少数党に転落してしまうのだ。このときクリントンの再選はまずあるまいというのが大方の見方だった。下院の議長に就任したニュート・ギングリッチは、いわゆる「ギングリッチ革命」なるものを遂行しようとした。その旗じるしの下に、議会の多数を頼んで、「大きな政府」に終止符をうち、「強いアメリカ」を再生させようという計画だ。だが図にのりすぎて、勇み足が目立った。クリントンの予算案を議会で通過させず、連邦政府の機能を二度にわたってストップさせてしまったことなどだ。役所が閉鎖されるなどの異常事態が発生した。ギングリッチは頑迷だというイメージが広がった。

クリントンは中間選挙での敗北を反省し、徹底的な世論調査と、それにもとづいた広報活動——というよりは世論操作を展開した。その焦点は、ギングリッチの政策ではメディケア（高齢者のための医療扶助）とメディケイド（低所得者のための医療扶助）がカットされるだろうというものだった。こうして支持率を徐々に上げていった。大統領候補になることを予想されていたギングリッチへの好感度が決定的に低下し、彼は出馬をあきらめた。

代わりに共和党の大統領候補に指名されたのは、ボブ・ドール上院議員だった。しかしドールは最後まで有権者の想像力をかきたてることはできなかった。彼は第二次世界大戦に参戦した古い世代の政治家であり、候補者としての魅力も今ひとつのところだったのだ。そしてクリントンは、前述のように用意周到に福祉改革法案に署名し、「大きい政府」への批判を事前に封じた。しかし、その時点ですでに支持率でドールを引き離しており、その必要はなかったという声もある。

しかし再選のもっとも大きな原動力になったのは経済だ。任期八年のあいだ景気は二十世紀のアメリカでは最長の、かつてなかった経済繁栄が続いていた。これがクリントンの功績かについては議論もある。ブッシュ政権末期にすでに景気が上向きになる予兆があったというのだ。ともあれＩＴ革命に象徴されるハイテク産業、サービス業の増大などが景気を支えていた。ただ、ひとつのことは付け加えておかねばならない。経済のパイは大きくなったが、レーガンの時代に始まった貧富の差は縮小するどころか増大し続けた。クリントン大統領は、それについて何ら新しいイニシアティヴはとらなかった。

弾劾裁判

二期目のクリントンは議会で弾劾されるという政権最大の汚点を残した。これはもともと知事時代のクリントン夫妻の権力濫用、不正な金もうけ、献金疑惑などいわゆるホワイトウォーター疑惑を解明するために任命されたケニス・スター独立検察官が、それらについては何ら成果がなかったばかりでなく、クリントンの知事時代の州職員ポーラ・ジョーンズへのセクハラ疑惑への捜査にのめりこんでいったことからおこった。そしてクリントンがホワイトハウスで若いインターンのモニカ・ルインスキーと性行為をおこなったという証拠となる精液のついたドレスとか、彼女の生々しい証言などから、大統領は宣誓したうえで偽証し、証拠隠しの司法妨害もしたとスター独立検察官は議会に報告書を送った。下院は過半数で弾劾を決議した。上院の弾劾裁判では三分の二が賛成しなかったので辞任は免れたが。米大統領史のなかで弾劾されたのは百数十年前の第十七代大統領アンドリュー・ジョンソン以来のことだった。ついでだが、クリントンは大陪審へ宣誓証言をした三日後、そしてルインスキーが二回目の証言をした日、オサマ・ビンラディンらによる在ケニアと在タンザニアの米大使館爆破の報復としてアフガニスタンの六ヵ所を空爆した。

1999年2月6日、公開された弾劾裁判でのモニカ・ルインスキーの証言ビデオの映像。AP

クリントンの外交は最初いきあたりばったりと見られたが、八年が終わると、自らが戦争に反対したベトナムとの国交回復、南北朝鮮の対話促進、アイルランド紛争への調停介入、最後までこだわった中東平和プロセスなど、それなりの成果をあげた。

クリントンの時代、大きな戦争はなくアメリカは平和で経済繁栄が続いた。そのことと、セックス・スキャンダルがもとで弾劾されたことでクリントン大統領は記憶されるだろう。

新しいタイプのファーストレディ、ヒラリーは、二〇〇〇年の上院議員選挙にニューヨーク州から出馬し当選した。クリントン夫妻はホワイトハウスを去ったが、ヒラリー夫人は人気のある上院議員として活動を続けることになる。（**芝生瑞和**）

ウィリアム・ジェファソン・クリントン
William Jefferson CLINTON

一九四六年アーカンソー州ホープ生まれ。六八年ジョージタウン大学卒業。オックスフォード大学で修士課程修了後、七三年イェール大学で法学博士号を取得。七五年ヒラリーと結婚。七七〜七九年アーカンソー州検事総長、七九〜八一年、八三〜九二年同州知事。九二年大統領。九三年第二次戦略核兵器削減条約（ＳＴＡＲＴⅡ）調印、九四年北米自由貿易協定（ＮＡＦＴＡ）、ブレイディ法（短銃規制法）、九五年ベトナムと国交正常化。九六年再選、九八年不倫もみ消し疑惑、イラク空爆、九九年コソボ問題への介入、二〇〇〇年中東和平問題解決失敗。任期を通じて経済再生を実現した。

続 映画と大統領

二〇一六年大統領選挙は、誰もが驚愕する予想外の結果となった。選挙運動中、共和党候補者説明のために紹介された映画が『ホームアローン2』と『バック・トゥ・ザ・フューチャー』三部作だった。前者では主人公の少年が宿泊したニューヨークのプラザホテルで、当時の所有者自ら出演した場面があった。後者では本人がモデルの嫌われ者「ビフ」として紹介された。ハリウッドに忌み嫌われた第四十五代大統領をモデルとした映画は作られるのだろうか。

民主党支持者が多いハリウッド映画人による二十一世紀以降の映画で、大統領が関わった映画を見ていきたい。共和党創設と共に当選したリンカン大統領は、国を二分し南北戦争の契機となったが、人気の高い大統領であり続けた。

スピルバーグ監督の『リンカーン』（二〇一二年）では、合衆国憲法修正第十三条を議会で通過させるために尽力したリンカン大統領の足跡をたどっている。一八六三年に奴隷解放宣言を出したとは言え、戦時下だったため南部諸州には適応されないので、合衆国憲法を修正して、憲法で奴隷制度廃止を明記したかったのである。「民主主義とは何なのか？」「リンカン大統領が遺したものは何か？」を監督は観客に問いかけたかったのだろう。

他方、『リンカーン／秘密の書』という奇想天外な映画がある。原作『ヴァンパイアハンター・リンカーン』（新書館）では、奴隷制存続の諸悪の根源は吸血鬼種族だとして、リンカンは彼らを絶滅すべく戦ったらしい。国家的危機に限って、リンカン大統領の幽霊がホワイトハウスに出るという噂を思い出す。世界が混乱に陥りそうな一七年年始に、急ぎホワイトハウスに登場してくれないだろうか。

第二次大戦参戦の理由となった真珠湾攻撃を描いた『パール・ハーバー』（〇一年：コラム6で既述）では、攻撃翌日、半身不随のFDRが参戦に反対する閣僚たちの前で、側近の援助なく自力で立ち上がり「自分の前で不可能と言うな」と叫んでいた。真珠湾攻撃七十五年目に、日米両首脳がアリゾナ記念館で献花した様子を見ながら、五十周年式典を思い出した。当時のブッシュ（父）大統領の演説実写場面

『リンカーン』
©2014 Twentieth Century Fox Home Entertainment LLC.All Right Reserved.

が『沈黙の戦艦』(九二年)冒頭で用いられた。式典場所の戦艦ミズーリ号は、終戦直後に日本国降伏文書調印式のために東京湾を訪れていた。現在真珠湾でミズーリ記念館として、アリゾナ記念館のそばに永久停泊している。

一九四五年二月の硫黄島攻防戦を描いた二部作、日本側から『硫黄島からの手紙』、米国側から見た『父親たちの星条旗』が作られた。後者には四月のFDR死去で昇格したトルーマン大統領が、硫黄島のすり鉢山に星条旗を掲げた兵士たちとホワイトハウスで面会する場面で登場した。

アイゼンハワーからレーガンまで、七人の大統領に通算三十四年間仕えた実在の黒人執事をモデルにした映画『大統領の執事の涙』は黒人監督リー・ダニエルズの作品である。黒人の権利獲得のために展開された公民権運動を丹念に追いながら、黒人執事の私生活をからめて同時代を描いた。オバマ大統領就任で、退職後の執事が招待され、懐かしいホワイトハウスへ入っていく場面で映画は締めくくられた。

公民権運動と言えば『グローリー/明日への行進』では、キング牧師とジョンソン大統領との関係が描かれた。原題SELMAの通り、一九六五年の「セルマの行進」における活動家たちと大統領側のやりとりが話の核となっていて、史実を知る者にも刺激的な映画になっている。

ジョンソンの後、やっと大統領になれたニクソンの半生は、オリバー・ストーン監督により『ニクソン』(九五年)となった。その後ロン・ハワード監督が舞台演劇の映画化『フロスト×ニクソン』(〇八年)を制作した。一九七七年放送のイギリスの司会者デービッド・フロストによるニクソン元大統領へのインタビュー番組を描いた作品だった。

ニクソン同様、結果的に物議を醸したのはブッシュ(息子)大統領である。マイケル・ムーア監督によるドキュメンタリー『華氏911』(〇四年)では、「九月十一日」以降のブッシュ政権の対応を批判し、イラク戦争に突入した米国を非難した内容だった。事件から三年後のカンヌ映画祭で最高賞パルム・ドールを受賞したが、米国内では配給上問題が起きた。配給元の映画会社がディズニー社の傘下で、同社の圧力で米国内配給が拒否されたのだった。

大統領職退任直前公開の伝記作品『ブッシュ』(〇八年)を制作したストーン監督は、退職時点「歴代支持率ワースト1」の大統領を「傷つけるためではなく、イラク戦争に至った彼の判断は、彼という人物や個人史と相関関係にあることを示そうとした」と映画公式サイトで発言した。

黒人初のオバマ大統領の伝記作品は待たれるが、就任直後の新大統領に何も語る言葉はない。

(岩本裕子)

第43代 ブッシュ ジョージ・W

共和党／任期二〇〇一年一月二十日〜二〇〇九年一月二十日

George Walker BUSH:1946. 7. 6.-

父子二代の大統領

アメリカ大統領史上、父子で大統領になった二組目が第四十一代と第四十三代のブッシュ父子だった。一組目は「建国の父祖たち」の一人、第二代大統領ジョン・アダムズとその長男ジョン・クインシーで、クインシーは第六代大統領となった。

ジョージ・Wは、父親ブッシュがまだイェール大学の学生だったときに、当地コネティカット州ニューヘブンで、バーバラとの間の第一子、長男として生まれた。父親の大学卒業に伴い、二歳のとき家族共々テキサス州に移った。

父親のような生粋のエリートでなかったとは言え、学歴的には祖父と父同様、十五歳でテキサスを離れて東部の名門私立高校からイェール大学へと進学したし、歴代大統領で唯一ハーヴァード・ビジネススクールでのMBA取得者でもある。

ところが、歴史知識の欠如、希薄な世界認識、語彙の貧困、不明な発音などが伝えられ、Wの「頭が悪い」印象は拭えなかった。本人自身も母校で演説したときに「成績がCでも大統領になれた」と語ったほど、学生時代の成績は良くなかった。

一九九四年に四十八歳でテキサス州知事となり、その六年後に大統領となった。クリントン政権のアル・ゴア副大統領を民主党対立候補とした二〇〇〇年選挙は、歴史に残る物議を醸した選挙となった。W・ブッシュのことをマイケル・ムーア監督は「いかさまfictitious」大統領と形容したほどだった。

全得票数ではゴア候補が数十万票上回っていたにも拘わらず、フロリダ州の票差が数百票で、最終的にこの州の選挙人数をブッシュが獲得したために逆転勝利となった。選挙人数の多いフロリダ州では、弟ジェフ・ブッシュが州知事をしていたので、最終票読みで不正が行われたとも報道された。州最高裁や連邦最高裁が介入する騒ぎとなり、結局ゴア候補が敗北を認めたのは、投票日から一ヶ月余りも後のことだった。

サインと肖像。
White House Photo by Eric Draper

やっとの思いで第四十三代大統領に就任した直後に、前クリントン政権時の好景気の悪化が始まり、ITバブルははじけて、支持率は五十%と低迷した。歴代大統領とWの相違点と言えば「九月十一日」という、これまでの大統領の誰も経験しなかった危機に直面したことだろう。

同時多発テロ事件

同時多発テロから3日後、グラウンド・ゼロで演説を行うブッシュ。
Photo by Eric Draper

就任後八ヶ月足らずの二〇〇一年九月十一日当日、フロリダの小学校を視察中の彼がテロ攻撃を知らされたときの、呆気にとられた顔を忘れられない。国家の一大事に、適確な指導力を発揮できたかどうか、今となっては怪しい。事件直後は足踏み状態だったが、前代未聞の出来事に、国民ばかりか世界中が恐怖にさらされていたとき、事件三日後の世界貿易センター跡地を訪れ演説するブッシュの存在は、頼れるリーダーに見えたのかもしれない。

「テロに対する戦争」を宣言し、国民を一つにまとめるべく、危機管理能力を示した。約一ヶ月後には、アフガニスタンのタリバン政権の拠点に空爆を開始し、地上軍も投入したのだった。テロリストのリーダーとされたオサマ・ビンラディンの組織アルカイダを破壊させること、彼らを庇護したタリバン政権をつぶすことを目的とした。

たちまち支持率は九十%を超え、湾岸戦争当時の父親の八十九%を上回ったのだった。しかも「まるでリンカン大統領のよう」という評価さえ出た。アフガン攻撃中の合衆国においてWの人気は鰻登り、悪口を言われることもなく、まさに「リンカンのよう」になった。国民の評価は時流に流されて信用できない、と思わずにいられない。さて二〇一六年現在は……。

ブッシュ政権の閣僚は、湾岸戦争の立役者ばかりで、父親から譲られた参謀たちに守られたようだった。当時統合参謀本部長だったパウエルは国務長官、当時国防長官だったチェイニーは副大統領となった。さらに父親のロシア外交担当の側近だったコンドリーサ・ライスは、第一期で安全保障担当大統領補佐官、第二期では国務長官を担当して、Wを支えた。この三人にラムズフェルド国防長官を加え、いわゆるネオコンの側近たちに後押しされて、「対テロ国際同盟」を呼びかける積極的な外交に転じていったのだった。

イラク戦争へ

「対テロ戦争」は、アフガニスタンだけに留まらなかった。二〇〇二年一月の一般教書演説で、「悪の枢軸」という表現を用いて、イラク、イラン、北朝鮮を、大量破壊兵器を開発保持する「ならず者国家」と名指しして非難した。特にイラクについては、国連の全面査察を受け入れさせたが、武装解除が進まないことを理由に、国内外で非難に晒されながらも、国連安保理決議を待たずに、二〇〇三年三月にイラク戦争に突入したのだった。ところが四月九日のバグダッド陥落時点でも、戦争に至った大義名分であったはずの大量破壊兵器を見つけることはできなかったのである。

イラク戦争を「ブッシュとブッシュの石油屋仲間のための」の戦争だと表現したのは、ドキュメンタリー映画『華氏911』(〇四年)を制作したマイケル・ムーア監督だった。カンヌ映画祭で最高賞パルム・ドールを受賞したが、米国内では配給上問題が起きた。配給元の映画会社がディズニー社の傘下だったため、同社の圧力で米国内配給が拒否されたのだった。ディズニーワールドはフロリダ州にあり、ここでも弟ジェフ・ブッシュ知事の圧力が働いたと言われている。

大統領職退任直前に公開された伝記映画『ブッシュ』(〇八年)の原題は、ミドルネームの「W」で、オリバー・ストーン監督作品だった。退職時点で「歴代支持率ワースト1」の大統領を「傷つけるためではなく、イラク戦争に至った彼の判断は、彼という人物や個人史と相関関係にあることを示そうとした」と映画公式サイトで発言した。イラク戦争は、アメリカの映画人にとっては大きなトラウマとなったのだった。

世界同時不況と支持率の低下

「九月十一日」以降、物議を醸した四年間を過ごして、二〇〇四年選挙では辛うじて再選された。一九九一年の湾岸戦争で支持率を高めた父親ブッシュだったが、翌年の大統領選挙では再選を果たせなかったので、息子W・ブッシュはその雪辱を果たしたことになる。

二期目の一般教書演説でイラン、北朝鮮に触れながら「世界を自由にする」と決意を述べた。外交に追われていた二〇〇五年八月二十九日、国内で重大な自然災害が起きた。ハリケーン・カトリーナがカリブ海を北上し、ルイジアナ州ニューオリンズを直撃したため、過去最大級の犠牲者を出したのだった。政府対応の不十分さと遅れが非難の的となった。災害から住民を守る役目の州兵までイラクへ派兵されていて、地元に対応できなかったのである。この年十一月のニューズウィーク誌の世論調査では、ブッシュ政権支持率は三十六%にまで落ちた。

二〇〇六年六月、日本の小泉首相が訪米した。ホワイトハウスからエアフォースワンに乗ってWが案内したのは、テネシー州メンフィスにある、エルビス・プレスリー邸宅（博物館）のグレースランドだった。エルビスファンだという小泉へのブッシュからの精一杯のもてなしだったのだろう。

左からライス、パウエル、ブッシュ、ラムズフェルド。
White House Photo

ところが当地での小泉首相のはしゃぎすぎに、アメリカのメディアもあきれたような報道をした。「小泉のそばにいるとブッシュもまともに見える」とさえ伝えた。メディア以上に、W自身があきれたようだった。なにしろ邸内でエルビスの物まねをして歌ったのは「リパブリック賛歌」だったのである。エルビスの代表曲に盛り込まれた曲だが、この曲は南北戦争当時の北軍の進軍歌なのだから、テキサス出身の南部人ブッシュにとって、快適な曲とは言えない。日米文化の不均衡の一例だった。

大統領選挙年二〇〇八年の九月、サブプライムローンを契機とした世界同時不況が起こった。選挙月十一月のCNNの世論調査では不支持率七十六%となってしまい、ニクソンを上回る戦後最悪の不支持率であった。

W・ブッシュの八年間は支持率の乱高下が続き、彼は最高と最低を記録した大統領となった。「九月十一日」と世界同時不況という、前代未聞の出来事に浮き沈みしながら、なんとか八年間を乗り切った。その「負の遺産」をすべて、黒人初の大統領が率いる次期民主党政権に預けながら……。

（岩本裕子）

ジョージ・W・ブッシュ George Walker BUSH
四十一代大統領ジョージ・ブッシュの息子。一九四六年コネティカット州ニューヘブン生まれ。二歳のときテキサス州に移る。六八年イェール大学卒業、七五年ハーヴァード大学経営大学院に入学している。六八〜七三年はテキサス州兵隊パイロット。七七年ローラ・ウェルチと結婚。九四年、テキサス州知事。二〇〇一年、五十四歳で大統領就任。同年九月十一日に同時多発テロ事件が起こる。テロとの戦いを標榜し、一ヶ月後にはアフガニスタン空爆を開始。〇三年にはイラク侵攻を指示。〇八年の世界同時不況などもあり任期終盤には求心力が著しく低下、支持率が急落した。

第44代
オバマ　バラク・フセイン
民主党／任期二〇〇九年一月二十日～一七年一月二十日
Barack Hussein OBAMA II :1961.8.4.-

三つの「はじめて」

最初の黒人大統領と認識されるオバマ大統領だが、他にもまだ二つ「はじめて」があった。歴代の大統領四十二人は皆、本土（四十八州）生まれだったが、オバマはハワイ州ホノルル生まれ、さらに一九六〇年代生まれの初めての大統領でもあった。

母親はカンザス州出身の白人で、ハワイ大学の学生時代、ケニアからの留学生だった父親と出会い、一九六一年に結婚した。同年八月にバラクが生まれたが、二年後に両親は別居、翌六四年に離婚したため、バラクは母親と共に暮らした。

父親がアフリカ人で黒人ということで、バラクには黒人の血が入り、アメリカ社会では混血ではなく黒人と規定された。人種的に黒人であるだけで、アメリカ本土に生きる「奴隷の子孫」の位置づけとは異なった。このために後に大統領選挙戦で、黒人社会から受け入れられるのに時間がかかったのだった。

母アンは、その後インドネシア人留学生と再婚して当地へ移ったため、バラクは六歳から十歳までジャカルタの小学校へ通った。中学生になるときバラクは、祖父母が暮らすホノルルに戻り、祖父母に育てられた。一九八〇年に母アンも、離婚してハワイに戻った。ただアンは病死、ケニアの父も自動車事故死、とバラクは早い時期に両親を亡くしたのだった。

大学教育は、ハワイから出てロサンゼルスで受け、さらにニューヨークのコロンビア大学へ編入して、活動の場を本土東海岸へと移した。コロンビア大学を卒業後、シカゴのサウスサイド地域で教会を拠点とするコミュニティ組織者の仕事をした。当時シカゴの公営住宅企画に携わり成果も上げたが、バラクはさらなる前進を望んで法科大学院進学を決めたのだった。

サインと肖像。
White House Photo by Pete Souza

ミシェルとの出会い

一九八九年夏、ハーヴァード法科大学院一年生だったバラクは、夏期学生勤務弁護士としてシカゴにあるシドリー・オースティン法律事務所で研修したが、そこで将来の「黒人初のファーストレディ」となるミシェルと出会うのだった。法律事務所の同僚たちがバラクを高く評価するのを見て、当初ミシェルは抵抗していたらしい。肌の色こそ同じ黒人とはいえ、バラク・フセイン・オバマという名前の特異さと、ハワイ生まれということで、黒人として「同胞」のようには感じられなかったのである。「半分黒人で、半分白人、ハワイで育ち、インドネシアに住んでいた」異邦人であり続けたのだろう。

研修中にバラクはミシェルを連れて、かつてのコミュニティ組織者として活動した場を訪れた。そこで地域の人々に向かって「自分たちに不利な状況にあるときには、現状を変えるために全力を尽くそう」と語りかけた。後にミシェルは、バラクのことを尊敬する理由の一つとして「多くを与えられた者は多くを求められる」ことを実践して、恵まれた人は恵みの上にあぐらをかかず、その恵みをどのように活用すればより多くの人々に分けられるかを理解していることだと語った。

2008年、ピッツバーグのソルジャーズ＆セイラーズ・メモリアムホール＆ミュージアムにて
Photo by Blake Caughenor

ハーヴァード法科大学院卒業後、企業法曹界よりも、公民権関連の法律事務所に勤めることを選択し、シカゴにあるバーンヒル・ガラント法律事務所に勤め、シカゴに根ざしたコミュニティと教会の一員になっていった。一九九二年にミシェルと結婚、九八年に長女マリア、二〇〇一年に次女サーシャが生まれた。二人の娘の父親になる前に、すでに政界進出を果たしていた。

「大いなる希望」とノーベル平和賞

バラクは一九九六年に、イリノイ州議会の上院議員の座を獲得後、わずか三年で連邦上院議員に立候補した。時機が熟していなかったため、人気ある現職には勝てず敗北したが、その四年後の二〇〇四年の選挙では圧勝したのだった。

同年の大統領候補者指名のための民主党大会はボストンで開催されたが、この党大会で基調演説をしたのがバラクだった。「大いなる希望」(The Audacity of Hope) と題されて、今や伝説的な演説となったのが、この基調演説である。バラクをイリノイ州選出連邦上院議員にしたばかりか、その四年後には大統領選挙に名乗りを上げる、まさに画期となった瞬間だった。

若々しく演説も上手で、カリスマ性もあった彼のCHANGEとかYES, WE CANの英語表現は、国境を越えて世界中の人々

2009 年、ヒラリー・クリントンと大統領執務室で。
White House Photo.

に共感を持たれたことだろう。

彼の演説力が聴衆の気持ちを捉える力を持っていたことは、八年間に様々な場所で確認できた。その代表的な例は、就任直後の二〇〇九年四月に欧州連合との初首脳会談のためにチェコの首都プラハを訪問したときだった。「アメリカは世界で唯一核兵器を使用したことのある核保有国として、行動を起こす責任がある」として「核兵器のない世界の平和と安全をめざす」と宣言したのだった。「プラハ演説」と称されたこの演説が、年末にはオバマ大統領にノーベル平和賞をもたらした。

アメリカ大統領の同賞受賞者には、日露戦争講和に尽力したセオドア・ローズヴェルトと、第一次世界大戦講和への努力でウィルソンがいた。二〇〇二年にカーター元大統領も受賞したので、大統領経験者としては四人目の受賞となった。ただ、演説だけで結果が出ていない受賞に対して、時期尚早との声も多かったが、ノーベル委員会の平和祈願を見たようだった。

受賞翌年四月にプラハにおいて、ロシアのメドベージェフ大統領（当時）との間で、新戦略兵器削減条約が結ばれて、世界的な核軍縮への気運が盛り上がった。ところが、アメリカ社会での景気回復の遅れが貧困層を直撃して失業率十%となっていた当時、共和党多数の議会から不満の声が出て対立し、同年の中間選挙では、民主党が大敗することになってしまった。

二〇〇八年選挙当時のアメリカ社会は、閉塞感と危機に直面していたためオバマ候補が救世主のように見え、アメリカの変革を予感させる黒人初の大統領に期待したのだった。オバマ第一期政権においては、リーマンショックで疲弊した経済危機と、アフガン、イラクと長引く戦争の火消しの役割、「守り」にとどまった。紛争地帯への積極的な介入や軍事行動を回避する外交を続け、二〇一一年には米軍をイラクから撤退させた。国民皆保険をめざす医療保険制度法（オバマケア）こそ達成できたとは言え、ブッシュ共和党前政権の負の遺産の後始末に追われたような第一期の四年間だった。

第二期就任式は二十日が日曜日で、翌日第三月曜日となり、連邦祝日「キング牧師の誕生日」と重なった。宣誓式で、オバマ大統領が宣誓時に手を置いたのは、第一期就任式で使ったリンカン大統領が愛用した赤く小さな聖書に加えて、その下には一回り大きい、キング牧師が使った聖書があった。

リンカン大統領の奴隷解放宣言から百五十年目、キング牧師がワシントン大行進で夢を語ってから五十年目、アメリカ黒人史にとっては、一つの節目になるこの二〇一三年という年に、先人二人の聖書に手を置いて誓ったバラク・オバマの決意は「この今の時代に行動する責任」に照準が絞られた。

第二期就任演説の冒頭では、独立宣言前文に触れ「人間は生まれながらにして平等である」と「生命、自由、及び幸福の追求を含む不可侵の権利を与えられている」ことを再確認した。五十年前一九六三年八月に、キング牧師も同様に引用した部分だった。さらに史上初めて、同性愛者の権利拡大に触れて、多様な人々が団結するリベラルな合衆国像を打ち出した。

一期目の積み残し課題の財政再建や、地球温暖化対策にも積極的に取り組む姿勢が示された。後者では二〇一六年十一月四日、京都議定書に代わる新しいルール「パリ協定」が発効したことで、世界は「脱炭素社会」に向け舵を切ったかに見えた。世界各地で多発する異常気象の解決策と期待されたが、四日後の大統領選挙の結果が、今後どう悪影響を与えるのだろう。

キューバとの国交回復と広島訪問

アメリカ合衆国は二十世紀転換期以降、セオドア・ローズヴェルト大統領の元で「世界の警察官」を自覚して以来、二十一世紀までそうであり続けた。ところが二〇一三年九月、シリア空爆を事実上中止することを表明した会見において、オバマは「アメリカは世界の警察官ではない」と語り、国際秩序への積極的な関与からアメリカが退くことを宣言したのだった。

シリア内戦が深刻化し、ＩＳＩＳが台頭していた当時、ロシアではクリミア半島編入、中国の南シナ海進出、北朝鮮の核開発など、国際関係の緊張が増していた時期だっただけに、オバマの声明は、世界に失望感を与えてしまった。現実は、就任直後の彼の理想とは裏腹な方向へと進んでいた。

外交で希望をつなげたのは、二〇一五年七月のキューバとの国交回復だった。一九五九年のキューバ革命を受けてアメリカは六一年に国交断絶を通告し、キューバも「社会主義革命」を宣言した。六二年十月にソ連が、当地に核弾頭搭載のミサイル基地建設を進めるに至って、「キューバ危機」が起こった。ケネディ大統領の元、第三次世界大戦を回避できたが、内海のカリブ海に浮かぶキューバは、アメリカの「恐怖」であり続けた。

九一一テロ容疑者収容先であるグアンタナモ米軍基地問題を抱えつつ、オバマ大統領の元で五十四年ぶりに正常化が実現した。二〇〇八年大統領選挙でのオバマのマニフェストには、キューバとの国交正常化が掲げられていた。それから五年、二〇一三年十二月南アフリカ共和国でのネルソン・マンデラ追悼式に出席したオバマは、自らのスピーチの前にラウル・カストロに握手を求め、両首脳の歩み寄りを世界に知らせたのだった。

その後、隣国カナダによる協力、さらにローマ教皇フランシスが重要な役割を果たした。二〇一四年十月、教皇が両国の代表団をバチカンに集めて合意交渉に取り組み、同年十二月にオバマはキューバとの国交正常化交渉を始める声明を発表し、二〇一六年三月には、オバマ大統領が三日間キューバを訪問するに至った。現職の大統領がキューバを訪問するのは、一九二八年のクーリッジ大統領以来で、八十八年ぶりのことだった。

外交面でもう一点、歴史に残る成果は、アメリカ大統領として初めての広島訪問だった。二〇一〇年八月六日の広島平和記念式典に、米駐日大使として初めてルース氏が参列、二〇一四年には彼の後継大使キャロライン・ケネディが出席した。彼女は一九七八年一月、叔父のエドワード上院議員と共に平和記念公園を訪問して被爆者と面会もしていた。オバマの広島訪問には、キャロラインの尽力があったことが伝えられている。

ノーベル平和賞受賞七年後、二〇一六年五月二十七日、オバマは伊勢志摩サミット終了後に広島を訪問した。核廃絶に向けた国際的な気運のために重要な機会となった。この広島訪問に呼応するように、二〇一六年暮れに日米両首脳がハワイ真珠湾のアリゾナ記念館で、戦死者を慰霊して献花するという歴史的な事実も残った。この事実を日米共に重く受け止めて、次の段階へ繋げるべきだろうが、新政権では希望は持てない。

二〇一六年六月にはイギリスでの国民投票の結果、EU離脱が決定して政権交代、女性首相がイギリスを率いることになり、BREXITの造語まで誕生した。EU残留諸国でも難民問題などをめぐり、不安定要素は増えている。こうした世界の潮流の一つ、あるいは刺激となったのが、二〇一六年アメリカ大統領選挙だったかもしれない。同年十一月の結果に対して、欧州諸国では新大統領を好意的に受け入れる政治家の発言も聞かれ、今後の世界の動きは予断を許さない。

最後のメッセージと「第二幕」

二〇一七年一月十日、政治家オバマの出発地だったシカゴで「あと四年、あと四年」の聴衆のかけ声を受けながら「告別演説」を行った。初代大統領ワシントンの告別演説によって、大統領職二期八年を決定させ、欧州から距離を置いた孤立外交の方針が徹底された。史上最年少のJFKに引き継ぐアイゼンハワー大統領は、軍産複合体への警告を行った。歴代大統領の告別演説は、その後のアメリカ社会に影響を与え続けてきた。世界中が驚愕した結果となった二〇一六年選挙の結果、政治家経験のない未知数の後継者に引き継ぐことになったオバマ大統領の告別演説は、今後にどのような影響を残すだろうか。

最後のメッセージでオバマは「民主主義」という言葉を十一回も繰り返した。二〇一六年選挙戦では、民主主義とポピュリズムの矛盾が盛んに議論されたが、オバマはこの言葉に彼の最後の望みを託したのだろう。理想を語り、期待を受けて誕生したオバマ政権は、数々の壁にぶつかり妥協を余儀なくされ、国民を失望させてしまった。内政外交共に、オバマ政治を全否定することで始まろうとする新政権を迎える国民に対して「民主主義を切望する用心深い番人であり続けてほしい」と訴えた。

就任演説のあとに群衆に手を振るオバマとミシェル夫人。
Photo by Master Sgt. Cecilio Ricardo, USAF.

告別演説最中、ミシェル夫人に向けて謝辞を言うオバマ大統領は涙していた。理想と希望に溢れた若い頃から「同志」として地域の人々、さらには国民のために仕事を重ねてきた二人にとって、この八年間は厳しい試練だったのだろう。退任時点で五十五歳という若さのバラクと、地元シカゴからは政界進出の期待もかかっているミシェルの今後に期待したい。

第二期政権発足直後の一三年二月「日経新聞」でミシェルの「第二幕」を論じていた。「ミシェルはヒラリーの道を歩むのか」に人々の関心は集まり、オバマ大統領引退後のミシェルの身の振り方をヒラリーに投影させていた。「黒人女性としてどこまで米国社会で大きな役割を果たせるのか。ミシェル氏への期待はまだまだ膨らみそうだ」と記事は結んでいた。

二〇一六年大統領選挙では、そのヒラリーをしても女性大統領誕生に至ることができなかったアメリカ合衆国に、いつ女性大統領が登場するのだろうか。現実に悲観するだけでなく、やはり期待をこめながら、オバマの物語を閉じることにしたい。

（岩本裕子）

バラク・オバマ Barack Hussein OBAMA II
一九六一年ハワイ州ホノルル生まれ。ケニア人の父と白人の母の間に生まれる。二歳のときに両親が離婚。六歳から十歳までをジャカルタで過ごす。中学進学とともに祖父母の暮らすハワイに戻る。八三年コロンビア大学卒業。八八年ハーヴァード法科大学院に入学、九一年法学博士の学位取得。九六年、イリノイ州議会上院議員。二〇〇四年、連邦上院議員。〇九年、四十八歳という若さでアメリカ史上初の黒人大統領となる。〇九年、ノーベル平和賞受賞。一〇年、医療保険改革法案成立（オバマケア）。一五年、キューバとの国交回復合意。一六年、広島を公式訪問。

第45代

トランプ ドナルド・ジョン

共和党／任期二〇一七年一月二十日〜

Donald John TRUMP:1946.6.14.-

トランプ旋風

二〇一七年一月二十日を境に、世界中がひっくり返ったような騒ぎになってしまった。同日正午、ドナルド・ジョン・トランプは、宣誓式を終えて第四十五代アメリカ大統領に就任した。二〇一六年十一月の大統領選挙で、ヒラリー・クリントン民主党候補を選挙人獲得数で破って以降、次期大統領（President-elected）と呼ばれるようになったが、その瞬間から就任式までの二ヶ月余り、すでにトランプ旋風を起こしてきた。

二〇一五年六月に大統領選挙にトランプが立候補した時点で、共和党候補者として彼が勝ち残ると誰が予想しただろうか。正式に候補になるかもしれない空気になった翌年五月においても、アメリカはもちろん、世界中のメディアや知識人たちが否定していた。日本の有識者の一人は「トランプなんてありえない！アメリカ人の友人の多くが、もし彼が大統領になったら、アメリカを出ると言っている」と語っていた。

世の中予期せぬことが起きることは、すでに二〇一六年六月イギリスがEU脱退を決めた国民投票の結果を見て、学習したはずだった。ところがアメリカ大統領選挙では多くの人がヒラリー当選を信じて「まさか」と安心していた。BREXITなる新語が誕生した現在、何が起こっても仕方がないと同時に、起こったことに対し賢明な対処が必要で、長期的な視点での冷静な判断が、政治家ばかりか一般市民に求められている。

世界を仰天させたトランプという男は、一体何者なのだろう。就任時四十八歳、五十五歳で退任という若々しく国民に希望を与えた前任者オバマから、そのバトンを受けたのは、十五歳年上の七十歳、古希を迎えた身長一九〇センチのドイツ系白人だった。就任時に七十歳というのは、歴代大統領でも最高齢である。

サインと肖像。White House Photo

アメリカの不動産王

　アメリカでのトランプ家は、一八八五年にドイツから移民してきた祖父フリードリッヒから始まった。TRUMPFが元々の独語綴りだったが、Fを取ったらしい。自由の女神がニューヨーク湾に建立される前年で、祖父は「新移民」の一人だった。白人でプロテスタントとは言え、アングロサクソン民族ではないので、アメリカ社会の主流をなすWASPではなかった。

　フリードリッヒはエリザベートと結婚して、三人の子どもに恵まれた。第二子フレッド、つまりトランプの父親は、ニューヨーク市クイーンズ区で不動産業を営んで成功した。一九三〇年にスコットランドから移民してきたマリー・アンと三六年に結婚し、三男二女の五人の子どもをもうけた。ドナルド・ジョン・トランプは四番目で次男だった。

　兄フレッド・ジュニアは、祖父同様にアルコール依存症の合併症で亡くなった。その兄から「酒とタバコに触れるな」と言われたそうで、トランプはそれを忠実に守り、酒とタバコだけでなく、ドラッグはもとより、コーヒーさえ飲まないらしい。ニュースのインタビューで、その理由を「輝いていた優秀な人たちが人生を台無しにするのを見たから」と答えたという。

　移民三世代目のトランプは、クイーンズ区ジャマイカ・エステート界隈で裕福な家庭の子どもとして育った。小さい頃からやんちゃで、十三歳までは地元の学校に通っていたが、素行不良のために陸軍幼年学校へ転校させられたのだった。一九六四年に地元ニューヨークのブロンクス区にあるフォーダム大学に通ったが、父親の不動産業を手伝うために、不動産の専門学科があったペンシルヴァニア大学経営学部に転校した。

　六八年に経済学士号を取得して卒業と同時に、父親が経営する会社に勤務した。社名は母の名に因んだのかエリザベス・トランプ・アンド・サンで、地元クイーンズ区の有力会社であり続けていた。トランプはこの会社で働くことで、不動産管理や投資に関する知識を身につけ、一九七一年には父親から認められ、同社の経営権を与えられた。それを機に社名を現在の「トランプ・オーガナイゼーション」に改めたのだった。

　一九七〇年代にはオフィスビル開発、ホテルやカジノ経営など積極的に進出して、レーガン政権下の一九八〇年代には大成功を収めて「アメリカの不動産王」の名をほしいままにした。四十代半ばのことだった。自己顕示欲が旺盛なことは、二〇一七年現在、世界中で連日目撃されている。その典型例は彼の不動産に、トランプの名を冠したことだろう。ホテル、カジノ、ゴルフコースなど次々建設する不動産にトランプの名を冠した。

　その代表格が、一九八三年建設当初からニューヨークの観光名所となり、現在は別の意味で万人の注目を浴び、大統領私邸として国家警護下にある、マンハッタン中心地五番街にそびえ立つ金ぴかの「トランプタワー」だろう。最上階にはトランプ家族が住んでいるが、上層部の居住階には、設立当初にはスピルバーグ監督、マイク・タイソン、ハリソン・フォードやビヨンセといった有名芸能人が暮らしていた。

テレビ番組への出演

トランプの知名度を高めた契機は、二〇〇四年に放映開始したNBCのリアリティ番組「アプレンティス」(THE APPRENTICE／奉公人の意)の司会兼制作者としてトランプが参加し、メディアに進出したことだろう。トランプの関連企業役員の椅子をかけて、番組内で丁稚奉公に挑戦する視聴者参加番組である。トランプの決め台詞「お前はクビだ(You're fired.)」で空前の人気番組となり、トランプは全米の人気者となった。

現在の番組司会者は、俳優で前カリフォルニア州知事のアーノルド・シュワルツェネッガーである。二月二日に「シュワちゃん」が「ドナルド、仕事を替わらないか。そうすれば皆眠れるようになる」と、ツイッターでトランプ大統領に呼びかけた。後述するが、無類のツイッター利用者であるトランプとの間で、しばし応酬が続いた。確かに、トランプが大統領を辞めて番組司会者に戻れば、世界は「平和」になるかもしれない。世界中の多くの人たちが、トランプの一挙手一投足を見聞きしながら、毎日"You're fired."と心の中でつぶやいているに違いないのだから。

ただ問題が一つ。相対するシュワちゃんは大統領にはなれない。彼はオーストリア生まれで、一九八三年にアメリカ国籍を取得した。ハリウッド映画人を経て政治家になったが、州知事止まりで大統領にはなれない。大統領はアメリカ国土で生まれたアメリカ人でなければならないからである。オバマ大統領がアメリカ国土で生まれたかどうかの「出生証明書」問題を、二〇一二年選挙で取り上げたのはトランプだった。

近来まれに見る「中傷合戦」となったヒラリー候補との大統領選挙戦終盤で、二人の候補者による三回に渡ったテレビ討論会すらも、両者間で内政や外交をめぐる実質的な政治論議が行われることはなく、ただの中傷の応酬に留まっていた。

テレビ討論会が最初に行われたのは、一九六〇年選挙だった。従来はラジオ討論会だったが、テレビの普及で全米注視の中、ニクソン副大統領とJFKマサチューセッツ上院議員によって展開された。政策をめぐる議論であれば、アイゼンハワー政権のニクソン副大統領が当然有利だと信じられていた。ところがテレビという魔物のために、若々しくハンサムなJFKに全米の女性たちが魅了され、票を集めてしまったのだった。

二〇一六年討論会では、参加した一般市民からの質問を受ける場面で、ある男性が「お互いの中傷はもう十分なので、お互いに何か相手のいいところを述べてほしい」と発言して、会場が大いに盛り上がった。その時ヒラリーからの答えは「トランプの子どもたちは、みな素晴らしい」だった。

大統領就任宣誓を行うトランプと家族たち。White House Photo

トランプ・ファミリー

どんな素晴らしい子どもたちなのか、トランプ自身の家族を見ていこう。

三回の結婚を経て、トランプには五人の子どもがいる。最初の妻イヴァーナとの間に二男一女、二番目マーラには一女、現在三番目の妻メラニアとの間に十歳の息子がいる。ヒラリーが特にほめたのは、イヴァーナとの娘イヴァンカのことだった。イヴァーナはチェコスロバキアからの移民で、娘にはロシア系の名前を付けた。イヴァンカとは、ロシア人を指すイワンの女性形で、イワン雷帝で知られる。日本で言えば「太郎」、女性だから「花子」にもあたるだろう。

このイヴァンカの夫は、ユダヤ人実業家で、イヴァンカ自身も父の信仰プロテスタントの長老派からユダヤ教に改宗したと言われる。イヴァンカはトランプの中核会社の副社長で、長男も次男もトランプ企業に勤めているが、トランプからの信頼が一番厚いのはイヴァンカのようである。本来ならば、三番目の妻メラニアがホワイトハウスでファーストレディの役をするのだろうが、メラニアはニューヨークに残り、実質的にイヴァンカが代行すると伝えられる。娘がファーストレディの役目をしたことで思い出すのは、就任時に寡夫だったジェファソン大統領である。娘の出来はさておき、大統領資質は雲泥の差だが。

公式ファーストレディのメラニアと言えば、候補者確定の共和党全国大会でのスピーチが、二〇一二年の前ファーストレディ、ミシェル・オバマのスピーチを真似たり、大統領就任式での洋服は、JFK夫人ジャッキーを連想させたり。スロベニア出身のモデルだったメラニアの個性や主張が全く読み取れない、ただの「人形」のように見える。

選挙戦中にメラニアの過去を中傷されたときにも、トランプはツイッターで反撃した。個人アカウントは二〇〇九年三月に開設したが、大統領就任後にはオバマから引き継いだホワイトハウスの公式アカウントも別に持つことになった。トランプの「つぶやき」の利用者は二千二百万人（二〇一七年一月二十六日時点）とされる。これまでもツイッターを多用して、特定の企業や個人をやり玉に挙げる「指先介入」で物議を醸し続けてきたが、大統領になってもその勢いは衰えない。大統領のツイートは公文書と同様、国立公文書記録管理局で保存される。後世の人々は、彼のツイートをどのように解釈するのだろうか。

「アメリカ・ファースト」の行方

大統領職が七十年の人生で初めての政治家体験で「初めてのツイッター大統領」と形容されるトランプは、政権人事も就任三週間後でも議会の承認が一部得られず、最終確定していない。イヴァンカの夫、娘婿を大統領上級顧問に迎えたり、就任直後に来日した国防長官は「狂犬」とあだ名された軍人マティスだったり。マティスはイラク戦争の総司令官だった。どの方向に国防が向かうのか、容易に想像できそうな恐怖感すら覚える。

選挙中にはヒラリー一辺倒だった日本の首相は、手のひらを返して、当選直後に即刻NYを訪問し、金色のゴルフクラブを土産とした。それが「幸い」したのか、二月の日米首脳会談では手厚い歓迎を受けて、フロリダにあるトランプの別荘でゴルフ三昧だった。ゴルフと言えば、安倍首相の祖父岸信介は訪米時にアイゼンハワーとゴルフに興じた経験があった。

日米首脳間での親交では、「ロン・ヤス」と呼び合ったレーガン大統領と中曽根首相による一九八四年の東京都日の出村訪問、二〇〇一年にブッシュ（息子）大統領が小泉首相をキャンプデービッドへ招待などが思い出される。後者は戦時下のFDRが、首都に近く蒸し暑さを避けて執務ができる場所としてメリーランド州に作った別荘で、アイゼンハワー大統領のとき、彼の孫の名に因んで、キャンプデービッドと改名した。

二月訪米時の日本首相の対応を、世界はどう評価するのだろうか。諸外国首脳はその対処方法を模索しているようである。イギリスのメイ首相は、ホワイトハウス訪問時には、良好な英米関係を強調していたが、帰国後の議会ではトランプ批判を公然と行っていた。就任して三週間、世界中が踊らされている。

執務室オーバルルームで連日トランプは、まるでサイン会のように大統領令（executive order）に署名し続けている。裁判所まで介入した「中東・アフリカ七カ国の国民の入国を一時禁止する大統領令」は、物議を醸し続けて油断ならない。七カ国が選ばれた理由は不明で、タブロイド誌情報では、この七カ国にはトランプの名を冠したホテルはないとか。すべて経済的な視点で国益に繋がるかどうかだけが判断基準のように見える。

“AMERICA FIRST”という英語表現を、選挙戦最中から繰り返してきたトランプだった。日本のメディアでは「アメリカ第一主義」と訳し、アメリカの国益最優先という意味に理解した。果たしてそうなのだろうか。この表現を最初に使ったのは一九一六年選挙で、ウィルソンのスローガンの一つだった。

さらに欧州で第二次世界大戦が勃発した後、一九四〇年九月に「アメリカ・ファースト委員会」が組織された。アメリカの参戦反対を主張して創設され「外国のことに関わるな」「アメリカ人の息子たちを外国の戦争で死なせるな」と唱えた。「空の英雄」チャールズ・リンドバーグも会員の一人で、積極的に反戦演説を繰り返したが、彼らの努力も空しく、真珠湾攻撃三日後には、この団体は活動停止を余儀なくされたのだった。この史実をふまえると、第一主義ではなく「国内問題優先主義」と理解した方がよいかもしれない。

2016年11月、安倍首相は他国に先がけて就任前の次期大統領とNYのトランプタワーで会談をもった。
提供・内閣官房内閣広報室

トランプ政権は大統領就任式参加人数を捏造し「もう一つの事実」(alternative facts)と発表した。自分に都合の悪い事実を隠して、今後も国内外を煙に巻いていくのだろうか。ネット社会に便乗した「初めてのツイッター大統領」は、嘘のニュース(fake news)を構築して世界中を混沌とさせるつもりだろうか。

事実と虚構の境が曖昧になる現在、一月八日に開催されたゴールデングローブ賞授賞式では、大統領の言動を「監視」していこうという大御所女優の提案に、会場は賛同の拍手で溢れた。世界中がトランプ大統領を凝視し続けなければならない。

（岩本裕子）

ドナルド・ジョン・トランプ Donald John Trump
一九四六年ニューヨーク生まれ。ペンシルヴァニア大学卒業後、父の経営する不動産会社に入社し経営を学び、実業家として頭角を現していく。七〇年代以降、ホテル、カジノ経営、オフィスビル開発などを手がけて大成功をおさめ、不動産王と呼ばれる。二〇〇四年からTV番組「アプレンティス」に司会者として出演し、一躍全米の人気者に。一五年、大統領選挙への出馬を表明。大方の予想を覆して共和党候補となり、大統領選挙では民主党候補ヒラリー・クリントンとの一騎打ちとなる。選挙人数を制し勝利を収めたが、総得票数はクリントンが上回った。

前　職	政　党	就任時年齢	大統領選次点者	副大統領	ファーストレディ	大統領評価順位	アメリカの人口
アナウンサー／俳優	共和党	69	カーター (1980)	モンデール (1984) G・ブッシュ (1981-89)	ナンシー・レーガン (1921.7.26-2016.3.6)	9	22,947万 (1981)
実業家(石油会社経営)	共和党	64	デュカキス (1988)	クウェール (1989-93)	バーバラ・ブッシュ (1925.6.8-)	20	24,682万 (1989)
弁護士	民主党	46	G・ブッシュ (1992) ドール (1996)	ゴア (1993-2001)	ヒラリー・クリントン (1947.10.26-)	15	25,992万 (1993)
実業家(石油会社経営)／プロ野球オーナー	共和党	54	ゴア (2000)	チェイニー (2001-09)	ローラ・ウェルチ・ブッシュ (1946.4.11-)	33	28,497万 (2001)
弁護士／大学講師(憲法)	民主党	47	マケイン (2008)	ロムニー (2012) バイデン (2009-17)	ミシェル・オバマ (1964.1.17-)	12	30,677万 (2009)
実業家(不動産会社経営)	共和党	70	ヒラリー・クリントン (2016)	マイク・ペンス (2017-)	メラニア・トランプ (1970.4.26)	?	32,440万 (2017)

		生没年月日 (没年齢)	生　地	出身校	宗　教
第40代 1981.1.20- 1989.1.20	**レーガン** Ronald Wilson REAGAN	1911.2.6- 2004.6.5 (93歳)	イリノイ州 タンピコ	ユーレカ	ディサイプル教会派
第41代 1989.1.20- 1993.1.20	**G・H・ブッシュ** George Herbert BUSH	1924.6.12-	マサチューセッツ州 ミルトン	イェール	監督教会派
第42代 1993.1.20- 2001.1.20	**クリントン** William Jefferson CLINTON	1946.8.19-	アーカンソー州 ホープ	ジョージタウン	バプテスト派
第43代 2001.1.20- 2009.1.20	**G・W・ブッシュ** George Walker BUSH	1946.7.6-	コネティカット州 ニューヘブン	イェール	メソジスト派
第44代 2009.1.20- 2017.1.20	**オバマ** Barack Hussein OBAMA II	1961.8.4-	ハワイ州 ホノルル	コロンビア	キリスト合同教会
第45代 2017.1.20-	**トランプ** Donald John TRUMP	1946.6.14-	ニューヨーク州 ニューヨーク	ペンシルヴァニア	長老教会派

前職	政党	就任時年齢	大統領選次点者	副大統領	ファーストレディ	大統領評価順位	アメリカの人口
新聞記者／編集者	共和党	55	コックス (1920)	クーリッジ (1921-23)	フローレンス・ハーディング (1860.8.15-1924.11.21)	40	10,854万 (1921)
弁護士	共和党	51	デイヴィス (1924)	ドーズ (1925-29)	グレイス・クーリッジ (1879.1.3-1957.7.8)	27	11,583万 (1925)
鉱山技師	共和党	54	スミス (1928)	カーティス (1929-33)	ルー・フーヴァー (1875.3.29-1944.1.7)	36	12,177万 (1929)
弁護士	民主党	51	フーヴァー (1932) ランドン (1936) ウィルキー (1940) デューイ (1944)	ガーナー (1933-41) ウォーレス (1941-45) トルーマン (1945)	エレノア・ローズヴェルト (1884.10.11-1962.11.7)	3	12,558万 (1933) 13,212万 (1940)
農民／洋品店経営	民主党	60	デューイ (1948)	バークレー (1949-53)	エリザベス・トルーマン (1885.2.13-1982.10.18)	6	13,993万 (1945)
軍人	共和党	62	スティヴンソンII (1952/1956)	ニクソン (1953-61)	メアリ（マミー）・アイゼンハワー (1896.11.14-1979.11.1)	5	16,018万 (1953)
なし	民主党	43	ニクソン (1960)	L・ジョンソン (1961-63)	ジャクリーン・ケネディ (1929.7.28-1994.5.19)	8	18,369万 (1961)
教師	民主党	55	ゴールドウォーター (1964)	ハンフリー (1965-69)	クラウディア（レディバード）・ジョンソン (1912.12.22-2007.7.11)	10	19,430万 (1965)
弁護士	共和党	56	ハンフリー (1968) マクガヴァン (1972)	アグニュー (1969-73) フォード (1973-74)	パット・ニクソン (1912.3.16-1993.6.22)	28	20,268万 (1969)
弁護士	共和党	61	なし	ロックフェラー (1974-77)	エリザベス（ベッティ）・フォード (1918.4.8-2011.7.8)	25	21,385万 (1974)
ピーナッツ農園主	民主党	52	フォード (1976)	モンデール (1977-81)	ロザリン・カーター (1927.8.18-)	26	22,024万 (1977)

		生没年月日（没年齢）	生地	出身校	宗教
第 29 代 1921.3.4-1923.8.2	**ハーディング** Warren Gamaliel HARDING	1865.11.2-1923.8.2（57 歳）	オハイオ州モロー	オハイオ・セントラル	バプテスト派（幼児洗礼を認めない）
第 30 代 1923.8.3-1929.3.3	**クーリッジ** Calvin COOLIDGE	1872.7.4-1933.1.15（60 歳）	ヴァーモント州プリマス・ノッチ	アマースト	会衆派（個々の教会が独立自治、教会員が牧師を決める）
第 31 代 1929.3.4-1933.3.3	**フーヴァー** Herbert Clark HOOVER	1874.8.10-1964.10.20（90 歳）	アイオワ州ウエスト・ブランチ	スタンフォード	クェーカー派（絶対平和主義）
第 32 代 1933.3.4-1945.4.12	**F・D・ローズヴェルト** Franklin Delano ROOSEVELT	1882.1.30-1945.4.12（63 歳）	ニューヨーク州ハイド・パーク	ハーヴァード	監督教会派
第 33 代 1945.4.12-1953.1.20	**トルーマン** Harry S. TRUMAN	1884.5.8-1972.12.26（88 歳）	ミズーリ州ラマール	カンザスシティ法律学校	バプテスト派
第 34 代 1953.1.20-1961.1.20	**アイゼンハワー** Dwight David EISENHOWER	1890.10.14-1969.3.28（78 歳）	テキサス州デニソン	ウエストポイント陸軍士官学校	長老教会派
第 35 代 1961.1.20-1963.11.22	**ケネディ** John Fitzgerald KENNEDY	1917.5.29-1963.11.22（46 歳）	マサチューセッツ州ブルックリン	ハーヴァード	カトリック
第 36 代 1963.11.22-1969.1.20	**L・ジョンソン** Lyndon Baines JOHNSON	1908.8.27-1973.1.22（64 歳）	テキサス州ストーンウォール	南西テキサス州立教育大	ディサイプル教会派
第 37 代 1969.1.20-1974.8.9	**ニクソン** Richard Milhous NIXON	1913.1.9-1994.4.22（81 歳）	カリフォルニア州ヨルバ・リンダ	ウィッティ	クェーカー派
第 38 代 1974.8.9-1977.1.20	**フォード** Gerald Rudolph FORD	1913.7.14-2006.12.26（93 歳）	ネブラスカ州オマハ	ミシガン	監督教会派
第 39 代 1977.1.20-1981.1.20	**カーター** James Earl CARTER Jr.	1924.10.1-	ジョージア州プレーンズ	アナポリス海軍士官学校	バプテスト派

前　職	政　党	就任時年齢	大統領選次点者	副大統領	ファーストレディ	大統領評価順位	アメリカの人口
弁護士	共和党	54	ティルデン (1876)	ホイーラー (1877-81)	ルーシー・ヘイズ (1831.8.28-1889.6.25)	32	4,714万 (1877)
大学教授 (古典文学)	共和党	49	ハンコック (1880)	アーサー (1881)	ルクレシア・ガーフィールド (1832.4.19-1918.3.14)	29	4,937万 (1880)
弁護士	共和党	51	なし	なし	エレン・アーサー (1837.8.30-1880.1.12)	35	5,150万 (1881)
弁護士	民主党	47	ブレイン (1884) B・ハリソン (1892)	ヘンドリクス (1885) スティーヴンソン (1893-97)	フランシス・クリーヴランド (1864.7.21-1947.10.29)	23	5,590万 (1885) 6,890万 (1895)
弁護士	共和党	55	クリーヴランド (1888)	モートン (1889-93)	キャロライン・ハリソン (1832.10.1-1892.10.25) メアリー・ハリソン (1858.4.30-1948.1.5)	30	6,212万 (1890)
弁護士	共和党	54	ブライアン (1896-1900)	ホバート (1897-99) T・ローズヴェルト (1901)	アイダ・マッキンレー (1847.6.8-1907.5.26)	16	7,758万 (1901)
作家	共和党	42	パーカー (1904)	フェアバンクス (1905-09)	イーディス・ローズヴェルト (1861.8.6-1948.9.30)	4	8,382万 (1905)
裁判官	共和党	51	ブライアン (1908)	シャーマン (1909-12)	ヘレン・タフト (1861.1.2-1943.5.22)	24	9,049万 (1909)
大学教授 (政治学)	民主党	56	T・ローズヴェルト (1912) ヒューズ (1916)	マーシャル (1913-21)	エレン・ウィルソン (1860.5.15-1914.8.6) イーディス・ウィルソ (1872.10.15-1961.12.28)	11	9,723万 (1913)

		生没年月日 (没年齢)	生　地	出身校	宗　教
第 19 代 1877.3.4- 1881.3.3	**ヘイズ** Rutherford Birchard HAYES	1822.10.4- 1893.1.17 (70 歳)	オハイオ州 デラウェア	ケニヨン	メソジスト派
第 20 代 1881.3.4- 1881.9.19	**ガーフィールド** James Abram GARFIELD	1831.11.19- 1881.9.19 (49 歳)	オハイオ州 オレンジ	ウィリアムズ	ディサイプル教会派（聖書原理主義の一派）
第 21 代 1881.9.20- 1885.3.3	**アーサー** Chester Alan ARTHUR	1829.10.5- 1886.11.18 (57 歳)	ヴァーモント州 フェアフィールド	ユニオン	監督教会派
第 22 代 1885.3.4- 1889.3.3 **第 24 代** 1893.3.4- 1897.3.3	**クリーヴランド** Grover CLEVELAND	1837.3.18- 1908.6.24 (71 歳)	ニュージャージー州 コールドウェル	なし	長老教会派
第 23 代 1889.3.4- 1893.3.3	**B・ハリソン** Benjamin HARRISON	1833.8.20- 1901.3.13 (67 歳)	オハイオ州 ノースベンド	マイアミ	長老教会派
第 25 代 1897.3.4- 1901.9.14	**マッキンレー** William McKINLEY	1843.1.29- 1901.9.14 (58 歳)	オハイオ州 ナイルズ	アレガニー	メソジスト派
第 26 代 1901.9.14- 1909.3.3	**T・ローズヴェルト** Theodore ROOSEVELT	1858.10.27- 1919.1.6 (60 歳)	ニューヨーク州 ニューヨーク	ハーヴァード	オランダ改革派教会
第 27 代 1909.3.4- 1913.3.3	**タフト** William Howard TAFT	1857.9.15- 1930.3.18 (72 歳)	オハイオ州 シンシナティ	イェール	ユニテリアン派
第 28 代 1913.3.4- 1921.3.3	**ウィルソン** Thomas Woodrow WILSON	1856.12.29- 1924.2.3 (67 歳)	ヴァジニア州 スタントン	プリンストン	長老教会派

前　職	政　党	就任時年齢	大統領選次点者	副大統領	ファーストレディ	大統領評価順位	アメリカの人口
軍人	ホイッグ	68	ヴァン・ビューレン (1840)	タイラー (1841)	アンナ・ハリソン (1775.7.25-1864.2.25)	38	1,770万 (1841)
弁護士	ホイッグ	51	なし	なし	レティティア・タイラー (1790.11.12-1842.9.10) ジュリア・タイラー (1820.5.4-1889.7.10)	39	2,020万 (1845)
弁護士	民主党	53	クレイ (1844)	ダラス (1845-49)	サラ・ポーク (1803.9.4-1891.8.14)	14	2,270万 (1849)
軍人	ホイッグ	64	キャス (1848)	フィルモア (1849-50)	マーガレット・テイラー (1788.9.21-1852.8.18)	31	2,330万 (1850)
弁護士	ホイッグ	50	なし	なし	アビゲイル・フィルモア (1799.3.13-1853.3.30)	37	2,570万 (1853)
弁護士	民主党	48	スコット (1852)	W・R・キング (1853)	ジェーン・ピアース (1806.3.12-1863.12.2)	41	2,900万 (1857)
弁護士	民主党	65	フリーマント (1856)	ブリキンリッジ (1857-61)	ハリエット・レイン (1830.5.9-1906)	43	3,118万 (1860)
弁護士	共和党	52	ダグラス (1860) マックレラン (1864)	ハムリン (1861-65) A・ジョンソン (1865)	メアリ・リンカン (1818.12.13-1882.7.16)	1	3,520万 (1865)
仕立屋	民主党	56	なし	なし	エリザ・ジョンソン (1810.10.4-1876.1.15)	42	3,910万 (1869)
軍人	共和党	46	シーモア (1868) グリーリイ (1872)	コルファックス (1869-73) H・ウィルソン (1873-75)	ジュリア・グラント (1826.1.26-1902.12.14)	22	4,440万 (1875)

		生没年月日 （没年齢）	生　地	出身校	宗　教
第9代 1841.3.4- 1841.4.4	**W・H・ハリソン** William Henry HARRISON	1773.2.9- 1841.4.4 （68歳）	ヴァジニア植民地 チャールズシティ	ハンプデン・ シドニー	監督教会派
第10代 1841.4.6- 1845.3.3	**タイラー** John TYLER	1790.3.29- 1862.1.28 （71歳）	ヴァジニア州 チャールズシティ	ウィリアム・ アンド・メア リー	監督教会派
第11代 1845.3.4- 1849.3.3	**ポーク** James Knox POLK 1795.11.2-	1849.6.15 （53歳） ノースカロ	ライナ州 メクレンバーグ	ノースカロ ライナ	メソジスト派
第12代 1849.3.4- 1850.7.9	**テイラー** Zachary TAYLOR	1784.11.24- 1850.7.9 （65歳）	ヴァジニア州 モンテベロー	なし	監督教会派
第13代 1850.7.10- 1853.3.3	**フィルモア** Millard FILLMORE	1800.1.7- 1874.3.8 （74歳）	ニューヨーク州 ロック	なし	ユニテリアン派
第14代 1853.3.4- 1857.3.3	**ピアース** Franklin PIERCE	1804.11.23- 1869.10.8 （64歳）	ニューハンプシャー 州 ヒルズボロー	ボードン	監督教会派
第15代 1857.3.4- 1861.3.3	**ブキャナン** James BUCHANAN	1791.4.23- 1868.6.1 （77歳）	ペンシルヴァニア州 マーサーズバーグ	ディキンソ ン	長老教会派
第16代 1861.3.4- 1865.4.15	**リンカン** Abraham LINCOLN	1809.2.12- 1865.4.15 （56歳）	ケンタッキー州 ホジェンヴィル	なし	長老教会派
第17代 1865.4.15- 1869.3.3	**A・ジョンソン** Andrew JOHNSON	1808.12.29- 1875.7.31 （66歳）	ノースカロライナ州 ローリー	なし	メソジスト派
第18代 1869.3.4- 1877.3.3	**グラント** Ulysses Simpson GRANT	1822.4.27- 1885.7.23 （63歳）	オハイオ州 ポイント・プレザント	ウエストポ イント陸軍 士官学校	メソジスト派

前職	政党	就任時年齢	大統領選次点者	副大統領	ファーストレディ	大統領評価順位	アメリカの人口
農園主	なし	57	J・アダムズ (1789-1792)	J・アダムズ (1789-97)	マーサ・ワシントン (1731.6.21-1802.5.22)	2	490万 (1797)
弁護士	連邦党	61	ジェファソン (1796)	ジェファソン (1797-1801)	アビゲイル・アダムズ (1744.11.11-1818.10.28)	19	508万 (1800)
弁護士／農園主	共和党	57	バー (1800) ピンクニー (1804)	バー (1801-05) G・クリントン (1805-09)	マーサ・ジェファソン (1749.10.19-1782.9.6)	7	680万 (1810)
法律家	共和党	57	ピンクニー (1808) D・W・クリントン (1812)	G・クリントン (1809-12) ゲリー (1813-14)	ドリー・マディソン (1768.5.20-1849.7.12)	17	830万 (1815)
弁護士	共和党	58	R・キング (1816) なし (1820)	トンプキンス (1817-25)	エリザベス・モンロー (1768.6.30-1830.9.23)	13	890万 (1817)
弁護士	国民共和党	57	ジャクソン (1824)	カルフーン (1825-29)	ルイザ・アダムズ (1775.2.12-1852.5.14)	21	1,130万 (1825)
弁護士	民主党	61	J・Q・アダムズ (1828) クレイ (1832)	カルフーン (1829-32) ヴァン・ビューレン (1833-37)	レイチェル・ジャクソン (1767.6.15-1828.12.22)	18	1,279万 (1830)
弁護士	民主党	54	W・H・ハリソン (1836)	R・M・ジョンソン (1837-41)	ハンナ・ヴァン・ビューレン (1783.5.8-1819.2.5) アンジェリカ・シングルトン・ヴァン・ビューレン (1816-1878.12.29)	34	1,699万 (1840)

歴代アメリカ大統領データ集

（大統領評価順位は C-SPAN Survey of Presidential Leadership, 2017 による）

		生没年月日（没年齢）	生　地	出身校	宗　教
初代 1789.4.30- 1797.3.3	**ワシントン** George WASHINGTON	1732.2.22- 1799.12.14 (67 歳)	ヴァジニア植民地 ウェストモーランド	なし	監督教会派（教権を司教団に委ねる一派、英国国教会の流れをくむ）
第2代 1797.3.4- 1801.3.3	**J・アダムズ** John ADAMS	1735.10.20- 1826.7.4 (90 歳)	マサチューセッツ植民地 ブレイントリー	ハーヴァード	ユニテリアン派（イエスの神性を否定する一派）
第3代 1801.3.4- 1809.3.3	**ジェファソン** Thomas JEFFERSON	1743.4.2- 1826.7.4 (83 歳)	ヴァジニア植民地 アルベマール	ウィリアム・アンド・メアリー	ユニテリアン派
第4代 1809.3.4- 1817.3.3	**マディソン** James MADISON	1751.3.16- 1836.6.28 (85 歳)	ヴァジニア植民地 ポート・コンウェイ	プリンストン	監督教会派
第5代 1817.3.4- 1825.3.3	**モンロー** James MONROE	1758.4.28- 1831.7.4 (73 歳)	ヴァジニア植民地 ウェストモーランド	ウィリアム・アンド・メアリー	監督教会派
第6代 1825.3.4- 1829.3.3	**J・Q・アダムズ** John Quincy ADAMS	1767.7.11- 1848.2.23 (80 歳)	マサチューセッツ植民地 ブレイントリー	ハーヴァード	ユニテリアン派
第7代 1829.3.4- 1837.3.3	**ジャクソン** Andrew JACKSON	1767.3.15- 1845.6.8 (78 歳)	サウスカロライナ植民地 ワックスホウ？	なし	長老教会派（教職者同権を唱える一派。カルヴィンの流れ）
第8代 1837.3.4- 1841.3.3	**ヴァン・ビューレン** Martin VAN BUREN	1782.12.5- 1862.7.24 (79 歳)	ニューヨーク州 キンダーフック	なし	オランダ改革派教会

執筆者紹介（五十音順）

猿谷 要（さるや・かなめ）
一九二三年東京生まれ。東京開成中学、旧制二校を経て、四八年東京大学文学部西洋史学科卒。同大学院（旧制）修了。ハーヴァード大学、コロンビア大学、エモリー大学、コロラド大学、ハワイ大学客員研究員。七一年東京女子大学教授、九二年東京女子大学名誉教授。編著『アメリカ史重要人物101』（新書館）、著書『アメリカ黒人開放史』（サイマル出版会）、『遥かなアメリカ――ある歴史家の回想』（実業之日本社）、『アメリカ南部の旅』『西部開拓史』（岩波書店）、『物語アメリカの歴史』（中公新書）など多数。二〇一一年没。

*

岩本裕子（いわもと・ひろこ）
一九五五年愛媛県生まれ。津田塾大学卒、立教大学大学院博士前期課程修了。立教大学博士（比較文明学）。浦和大学教授。著書『物語 アメリカ黒人女性史』（明石書店）、『語り継ぐ黒人女性』『スクリーンに投影されるアメリカ』『スクリーンに見る黒人女性』『スクリーンで旅するアメリカ』（メタ・ブレーン）など。

北詰洋一（きたづめ・よういち）
一九三二年東京生まれ。慶應義塾大学文学部卒。産経新聞ロンドン特派員、ワシントン支局長、論説委員、天理大学教授を歴任。共著書『アメリカ史重要人物101』（猿谷要編・新書館）、『アメリカからアメリカスへ』（創元社）、訳書『戦争回避のテクノロジー』（河出書房新社）など。二〇〇九年没。

芝生瑞和（しぼう・みつかず）
国際ジャーナリスト、国際問題評論家。一九四五年東京生まれ。七〇年米アモースト大学卒。七一年ソルボンヌ大学卒。東海大学ほかで講師を務める。九六～九八年ハーヴァード大学ロースクール客員研究員。二〇〇〇年米ニューポート・アジア・パシフィック大学より名誉博士号。著書『アメリカよ、驕るなかれ』（毎日新聞社）など。二〇〇五年没。

砂田一郎（すなだ・いちろう）
一九三七年生まれ。早大卒。カリフォルニア大学バークリー校大学院修了。学習院大学法学部教授。アメリカ政治学。著書『新版 現代アメリカ政治――二十世紀後半の政治社会変動』（芦書房）、『現代アメリカの政治変動――リベラル政治のらせん状発展』（勁草書房）など。二〇一四年没。

田中美子（たなか・よしこ）
東京生まれ。東京女子大学卒。ジョージア州立大学・コロンビア大学両大学院修了（修士）。自治医科大学教授・国際医療福祉大学教授を歴任。共著書『アメリカ史重要人物101』（猿谷要編・新書館）、『アメリカ文学における科学思想』（渡辺正雄編・研究社）、『アメリカ入門12講』（中屋健一編・三省堂）など。

中村安子（なかむら・やすこ）
東京生まれ。イリノイ大学大学院シカゴ校M.A.。アメリカ史。大東文化大学、神奈川大学ほか非常勤講師。共著書『アメリカ史重要人物101』（猿谷要編・新書館）など。

藤田文子（ふじた・ふみこ）
一九四四年札幌生まれ。津田塾大学英文学科卒。東京大学大学院（国際関係論）修士。ニューヨーク市立大学（歴史学）博士。津田塾大学英文学科名誉教授。著書『北海道を開拓したアメリカ人』（新潮新書）、『アメリカ文化外交と日本――冷戦期の文化と人の交流』（東京大学出版会）など。

山本茂美（やまもと・しげみ）
一九五七年名古屋市生まれ。東京女子大学卒。愛知学院大学大学院博士課程単位取得退学。名城大学・中部大学・愛知大学ほか非常勤講師。共著書『アメリカ史重要人物101』（猿谷要編・新書館）、『アメリカ教育の文化的構造』（田浦武雄編・名古屋大学出版会）など。

【ヤ 行】

【ラ 行】

【ワ 行】

【マ 行】

人名索引（太字は大統領名および本書中の解説ページ）

右頁=〈ジョージ・ワシントン〉ギルバード・スチュアート画
油彩、カンヴァス、243.8×152.4cm、1796年
ナショナル・ポートレート・ギャラリー、スミソニアン協会

184頁写真=『リンカーン』
DVD発売中　20世紀フォックス ホーム エンターテイメント ジャパン

アメリカ大統領物語 増補新版

2002年4月5日　初版発行
2017年4月5日　増補新版　初版発行

編　者　猿谷《さるや》 要《かなめ》
発　行　株式会社 新書館
〒113-0024　東京都文京区西片2-19-18
電話 03(3811)2966
振替 00140-7-53723
（営業）〒173-0043　東京都板橋区坂下1-22-14
電話　03(5970)3840　FAX 03(5970)3847
装　幀　SDR（新書館デザイン室）
印刷・製本　図書印刷株式会社

落丁・乱丁本はお取り替えいたします。

Printed in Japan ISBN978-4-403-25110-8